거래량 투자 기법

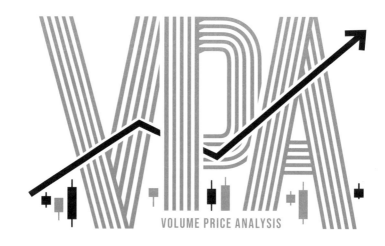

A COMPLETE GUIDE TO

VPA

VOLUME PRICE ANALYSIS

거래량 투자 기법

거래량과 가격의 비밀을 밝힌다!

애나 쿨링 지음 | 송미리 옮김

이레미디어

투자 경고

선물, 주식, 현물 통화 매매는 잠재적 보상도 크지만 그만큼 내재한 위험도 큽니다. 선물, 주식, 외환시장에서 매매하려면 위험을 인식하고 기꺼이 감수할 수 있어야 합니다. 손실을 감당할 수 없는 금액으로는 절대로 매매하면 안 됩니다. 선물, 주식 또는 외환 매매를 권유하거나 제안하기 위한 책이 아니며, 이 책의 정보는 교육 목적으로만 제공합니다. 시장 지표 또는 방법론의 과거 실적이 미래에 유사한 결과를 보장하지 않습니다. 이 책에 포함된 조언과 전략은 여러분 투자 상황에 적합하지 않을 수 있습니다. 저자는 그 어떠한 물리적, 심리적 손해에 대해 책임지지 않습니다.

누구를 위한 책인가

성공을 위해 고군분투하고 시장을 거래하는 동안 스트레스를 받고 있는 사람에게 이 책을 추천합니다. 책을 끝마칠 때쯤이면 여러분은 감정을 배제한 채 순전히 논리와 상식에 기반해 의사를 결정하는, 자신감 있는 트레이더가 될 수 있을 겁니다. 그리고 시장의 다음 움직임을 빠르고 쉽게 확신할 수 있게 될 겁니다. 확신은 성공을 낳고 성공은 부를 낳습니다. 감정 없이 매매한다면 트레이더든, 일반 투자자든 어떤 시장에서도 성공할 수 있습니다. 외환시장에서도 마찬가집니다. 이 책은 20년 넘게 이 접근법으로 매매한 사람이 썼으니, 여러분은 말로만 떠들지 않고 '행하는' 사람에게 검증된 방법을 배우는 셈입니다.

매매의 과정에는 오로지 두 개의 지표만 존재합니다. 하나는 가격이고, 다른 하나는 거래량입니다. 각각은 약한 지표이며 드러내는 것이 거의 없지만, 함께했을 때 이 둘은 화약처럼 폭발적인 조합이 됩니다. 거래량 가격 분석법의 힘을 직접 본다면 '지금까지 왜 이 분석법을 이용하지 않았을까!' 하며 아쉬워할 수도 있습니다. 어쩌다가 시장이 움직이기도 전에 이를 예측하는 경험을 하게 되면 충격을 받을 수도 있습니다. 그러다가 점점 진실에 다가가고, 어느덧 두 지표를 이용해 시장의 다음 움직임을 예측할 수 있는 지식과 힘을 갖추게 될 것입니다.

간단히 말하자면, 거래량 가격 분석법은 시장의 생리를 밝힐 놀라운 힘을 키워 줍니다. 자신감 있고 확신에 찬 트레이더가 될 것이며, 감정적인 트레이딩과 스트레스와는 영원히 이별하게 될 것입니다.

차례

> 🍃 미래의 성공을 위해 과거에서 배우려는 사람들에게 지금이 공부하고,
> 배우고, 일하는 데 있어 최고의 시기이다.
>
> _로버트 기요사키(Robert Kiyosaki, 1947~)

분석 트레이딩 기법 하나를 공유하려고 한다. 오래전 트레이딩에 처음 관심이 생겼을 때 나는 이 방법론을 비현실적으로 느껴질 정도의 우연한 경로로 발견했다. 잠시 후 더 자세히 이야기하겠지만, 배우는 데 많은 비용이 들었다. 그러나 지금은 이 방법을 배우게 되어 무한한 고마움을 느낀다. 이 방법을 배운 후 나는 인생과 트레이딩 경력에서 전환점을 맞이했다. 이 기법은 여러분의 트레이딩에도 근본적이고 깊은 영향을 미칠 것이다. 이 책이 읽는 이의 인생을 바꾸는 계기가 되길 바란다.

나는 수년간 이 책을 준비했고, 드디어 공개하게 되어 기쁘게 생각한다. 자, 그러면 이 트레이딩 기법은 무엇이며 무엇이 그토록 특별할까? 이 접근법은 100년 이상 사용되었으며 과거의 모든 트레이딩의 상징적인 인물들도 이 접근법을 사용했다. 그러나 오랜 전통에도 오늘날 많은 트레이더가 엄청나게 효과적인 이 분석법을 무시하거나 알지 못한다. 그 이유는 나도 모르겠다. 이 방법은 20년 넘게 나의 트레이딩과 투자에 초석이 되었고 지금도 마찬가지

다. 엄청나게 강력하고 여러 면에서 '말이 되는 타당한' 방법이다. 그래서 나는 많은 사람이 이 접근법을 받아들일 수 있도록 확신을 주기 위해 이 책을 썼다.

여러분이 이제 할 일은 그저 마음을 열고 내가 줄여서 VPA$_{\text{volume price analysis}}$라고도 하는 이 거래량 가격 분석법의 단순한 논리와 힘을 받아들이는 것이다. 거래량 가격 분석법은 내가 만든 용어다. 다른 곳에서는 이 용어와 정의를 찾을 수 없을 것이다. 내가 이 용어를 사용하는 이유는 세 마디의 간단한 단어로 이 방법론이 설명되기 때문이다. 트레이더로서 매매할 때마다 확실하게 답을 얻고 싶은 질문은 단 하나다. 바로 '가격이 다음에는 어디로 향할까'다. 거래량 가격 분석법은 이 질문에 대한 답을 준다.

거래량 가격 분석법은 모든 시간대와 모든 시장에 적용할 수 있으며 모든 투자 상품을 매매하는 데 이용할 수 있다. 내 성공의 핵심은 거래량으로 향후 가격 움직임$_{\text{price action}}$을 검증하고 예측한 데 있다. 여러분이 이 책을 읽고 트레이딩에 대한 접근 방식을 영구적으로 바꾸기를 바란다. VPA라는 단순한 논리에 마음을 열자. 그러면 이 책을 읽은 직후부터 차트를 해석하고 가격 움직임을 예측할 수 있을 것이다.

이를 처음 예측할 수 있게 된 바로 그때, 가장 강력한 트레이딩 기법이 자기 손끝에 있다는 것을 갑자기 깨닫는 그때가 인생이 바뀌는 순간이 될 것이다. 그때부터 여러분은 트레이더로서 자신감을 얻고 침착해진다. 논리 그리고 가격과 거래량 간의 관계를 스스로 분석한 것을 바탕으로, 매매에 관한 의사를 결정할 수 있다. 하지만 앞서 말했듯이 이렇게 하는 데 새롭거나 신비로울 것은 전혀 없다.

앞으로 소개할 방법론은 과거 상징적인 인물들이 사용했던 접근 방식을 근거로 한다. 그들에게는 컴퓨터나 인터넷이 없었다. 모든 것은 수작업이었다. 손으로 차트를 그리고 종이테이프에 찍힌 가격을 일일이 읽었다. 우리는 운이 좋다. 지금은 이 모든 것이 전자 차트로 제공되기 때문에, 우리는 가격과 거래량 간의 관계를 해석하기만 하면 된다.

그런데 네가 어쩌다가 거래량에 대해 듣게 되고, 또 공생적이고 상호 의존적인 거래량과 가격 간의 관계에 대해 알게 되었을까? 다소 이상한 이야기지만, 여러분이 공감할 만한 것이길 바란다. 비록 엄청난 비용이 들었지만 돌이켜 보면 나는 운이 좋았다. 트레이딩이라는 여정을 거래량이라는 개념을 익히고 출발했기 때문이다. 많은 트레이더가 수년간 다양한 트레이딩 접근법을 시도하다가 기대한 결과를 내지 못하면 점점 희망이 깨지면서 결국 같은 결론에 도달한다.

시간이 흐른 후 뒤돌아보며 내가 얼마나 운이 좋았는지 깨달았다. 이제는 내 지식을 공유하고 싶다. 만약 당신이 초보 트레이더이고 이 책을 읽고 있다면, 길고 결실 없는 여정에서 오는 고통과 비용을 피할 것이니 당신도 운이 좋다. 당신이 경험 많은 노련한 트레이더라 해도 환영이다. 이 책이 기대에 부응하기를, 당신에게 트레이딩에 관한 책을 한 권 더 읽을 만한 열정이 남아 있기를 바란다. 이 책에 등장하는 사람들의 이름은 바꾸지 않았다. 그들 중 많은 이가 여전히 트레이딩 업계에 종사하고 있기 때문이다.

1990년대 후반 나는 엄청나게 강세였던 주식시장에서 일어나는 일들이 왜 내 연금과 투자에는 반영되지 않는지 이해할 수 없었다. 인터넷 시대 이전 암흑기였던 이 시기에 내가 의존할 수 있는 것은 신문뿐이었다. 1998년 1월《선데이 타임즈》에서 트레이딩으로 큰돈을 번 트레이더가 훈련생을 모집한다는 기사를 보게 되었다. 트레이더의 이름은 앨버트 라보스_{Albert Labos}였다.

2주 후 일요일 이른 아침, 기대에 찬 수백 명의 다른 지원자들과 합류해 HMS 프레지던트호 선실로 들어갔다. 프레지던트호는 1918년에 완공된 유명한 대잠수함선인 Q 함선으로 템스강 블랙프라이어스 다리 근처에 정박해 있었다. 나는 수표책을 손에 들고 무엇이 나오든 신청할 준비를 하고 있었다.

행사는 시작부터 미스터리에 싸여 있었다. 우선 앨버트는 선실에 있던 '스파이'들에게 나가라고 했다. 그는 그들이 누구인지, 왜 그곳에 있었는지 알고 있다고 했는데, 나중에 앨버트에게 들은 바로는 앨버트의 매매 비법을 배우러 온 주요 은행의 스파이였다. 이 비밀 트레이딩 기법은 시장 조성자_{market makers}(매수 및 매도 호가를 동시에 내며 시장에 유동성을 공급하는 주체. 매도와 매수 호가의 차이인 스프레드_{spread}로 이익을 본다—역주)가 활용하는 카르텔을 상대할 수 있는 방법이었다.

잠시 후 톰 윌리엄스_{Tom Williams}가 소개되었다. 그는 부분적으로 시력을 잃었다고 했고 흰 지팡이를 짚었던 것 같다. 톰은 전직 '신디케이트 트레이더_{syndicate trader}'라고 했는데, 나는 지금까지도 '신디케이트 트레이더'가 무엇인지, 무슨 일을 하는 사람인지 잘 모르지만 당시에는 매우 대단한 것처럼 들렸다 (보통 한 기관이 다루기에 큰 규모의 거래를 여러 기관이 나누어 더 용이하게 진행하는 것을 신디케이트라고 한다—역주). 프레젠테이션에는 다양한 차트가 나왔고 앨버트는 수시로 엘리트 트레이더를 찾고 있다며, 소수만 선발해서 교육한다고 했다. 방에 있던 다른 사람들과 마찬가지로 나도 그 교육에 참가하고 싶었다. 이후에 나는 '일생에 단 한 번 오는 기회'를 잡으며 합격한 것에 감사하면서 기꺼이 2주 과정의 수강료에 5,000파운드를 지불했다(1998년 1월 환율 기준으로 약 1370만 원이다—역주).

위의 이야기가 다소 기묘하게 들릴 수도 있겠다. 그러나 앨버트는 평판 좋은 신문사의 추천을 받았기 때문에 나는 확신을 가질 수 있었고, 또 배우고 싶은 마음이 간절했다. 2주 과정 동안 우리는 과제를 해야 했고 제시 리버모어Jesse Livermore에 관한 살짝 변형된 형태의 전기인 에드윈 르페브르Edwin Lefevre의 『어느 주식투자자의 회상』도 읽어야 했다. 이 책은 모든 트레이더와 투자자가 읽어야 할 책이다.

2주 과정 전체를 아우르는 가장 중요한 교훈은 모든 금융시장은 어떤 식으로든 조작된다는 것 그리고 오직 거래량을 통해서만 가격 움직임이 진짜인지 여부를 알 수 있다는 것이다. 거래량은 감춰지지 않는다. 모든 사람이 언제든 볼 수 있다.

나는 너무나 확신한 나머지 남편 데이비드까지 앨버트 강의를 듣도록 했다. 되돌아보면 이 과정은 이틀로 압축될 수 있었던, 말도 안 되게 비싼 강의였다. 하지만 데이비드와 나는 가격과 거래량에 대한 기본 원칙들을 배웠고, 이때 배운 것을 이후 우리만의 트레이딩 및 투자 방법론으로 통합했다. 그 과정에서 우리는 실질적으로 모든 시장에서 성공적으로 거래했고, 지난 10년간

이 지식과 경험을 개인 웹사이트와 웹세미나를 통해 공유했다.

이 책은 내가 배우고 검증한 지식을 다음 세대의 트레이더와 투자자에게 더 자세히 전수할 수 있는 기회다. 나는 여러분이 그다음 세대 중 한 명이 되길 바란다.

트레이딩에 새로운
것은 없다

> ﾟ 태양 아래 새로운 것은 없다nihil sub sole.
>
> _ 전도서 1:9

강의 첫날 아침, 기대에 찬 마음으로 앉아 있을 때 앨버트가 손에 꼭 쥐며 추천한 교재이자 내가 수도 없이 읽었던 책 이야기부터 하겠다. 에드윈 르페브르가 저술하고 1923년에 출간된 『어느 주식투자자의 회상』이 문제의 그 책이다. 상징적인 트레이더 제시 리버모어의 전기로, 내용은 당시나 오늘날에나 유효하다. 이 책에서 특히 인상적이었던 문구가 있다.

> 월가에는 새로운 것이 없다. 투기적 트레이딩speculation은 호랑이 담배 피우던 시절만큼이나 오래된 것이기 때문에 새로운 것이란 있을 수 없다. 오늘날 주식시장에서 일어나는 모든 일은 이전에도 일어났고 앞으로도 일어날 것이다.

이 문장은 거래량과 거래량 가격 분석법의 본질을 요약한다. 새롭고 흥미로운 트레이딩 접근법을 기대했다면 여러분은 실망할 것이다. 거래량 가격 분석법의 기초는 금융시장에 깊게 뿌리를 내리고 있는데, 우리에게 매일같이 보이는 가격과 거래량의 이치를 받아들이는 트레이더가 거의 없다는 사실이 오히려 놀랍다.

이 기법은 100년 넘게 이어져 왔다. 이를 토대로 개인은 막대한 재산을 형성했으며, 금융계의 상징적인 기관들도 설립되었다. 이쯤에서 다음 세 가지 질문에 답해 보겠다.

1. 오늘날에도 거래량을 보는 것이 타당할까?
2. 내가 거래하는 시장에도 관련이 있을까?
3. 모든 트레이딩 및 투자 전략에 적용될 수 있을까?

첫 번째 질문에 대해서는 《주식과 상품Stock and Commodities》지에 실린 인용문으로 답하고 싶다. 다음은 해당 잡지의 2002년 당시 상주 기자였던 데이비드 펜David Penn이 와이코프에 대해 쓴 글의 일부다.

> 와이코프의 신조 중 많은 부분은 명실공히 기술적 분석의 표준이 되었다. 매집·분산의 개념과 주가 움직임을 판단할 때 가격과 거래량을 그 무엇보다 우선시하는 것이 그 예다.

두 번째 질문에는 개인적인 관점에서만 답변해 보겠다. 나의 트레이딩의 시작점은 선물시장의 지수 거래다. 이후 투자 목적으로 현금 시장으로 옮겼다가 트레이딩을 위해 상품 시장으로 옮겼고, 최종적으로 외환 선물, 현물시장까지 갔다. 이 모든 시장에서—심지어 외환 현물시장을 분석할 때도—거래량과 가격을 주요 접근법으로 이용했다. 그렇다. 외환에도 거래량이 있다. 거래량 가격 분석법은 모든 시장에 적용된다. 한 번 배우면 모든 시간대, 모든 투자 상품에 이 방법론을 적용할 수 있다.

　마지막으로, 거래량 가격 분석법을 모든 트레이딩 및 투자 전략에 적용할 수 있는지 묻는 세 번째 질문에는 곧 여러분이 배울 거래량 가격 분석법의 창시자인 리처드 와이코프Richard Wyckoff의 말을 인용해서 답하겠다. 와이코프는 저서 『테이프 독해 연구Studies in Tape Reading』에 다음과 같이 썼다.

> 시장 자체의 움직임으로 시장을 판단할 때 다음 30분간의 작은 스윙을 예측하려는지 혹은 향후 2, 3주간의 추세를 예측하려는지는 중요하지 않다. 이 둘을 준비하는 과정에서 보이는 가격, 거래량, 주가의 움직임, 지지 및 압력에 대한 징후는 동일하다. 물 한 방울에서 발견되는 요소는 대양에서도 동일하게 발견되며 반대의 경우도 마찬가지다.

　주식, 채권, 통화로 트레이더로서 스캘핑(scalping, 박리다매 방식으로 매우 적은 수익을 노리고 1분, 2분 등 짧은 시간대로 많이 거래하며 수익을 추구하는 방식—역주)을 하든, 스윙(swing, 보통 2~3일에서 2주까지 보유하며 차익을 노리는 거래 방식—역주) 또는 포지션 트레이더(position Trader, 몇 주에서 몇 달까지 비교적 장기로 보유하며 차익을 추구하는 거래 방식—역주)로서 거래하든, 혹은 더 장기로 투자하든 간에 이 책에서 설명할 기법은 100년 전에 그랬던 것처럼 오늘날에도 유효하다. 단, 조건이 있다. 가격과 거래량이 한 차트에 있어야 한다는 것이다.

　이 강력한 기법에 대해 우리는 다우존스, 다우 이론, 《월스트리트 저널》의 창시자이자 기술적 분석의 할아버지라고 불리는 찰스 다우Charles Dow를 포함해서 오늘날 우리가 기술적 분석이라고 부르는 것의 토대를 마련한 지난 세기의 위대한 트레이더들에게 감사를 표해야 한다.

　다우의 기본 신념 중 하나는 거래량으로 가격의 추세가 확인된다는 것이다. 적은 거래량을 바탕으로 가격이 움직일 때는 다양한 이유가 있을 수 있지만 많은 거래량 혹은 증가하는 거래량을 동반할 때는 유효한 이유가 있다. 가격 움직임이 한 방향으로 계속되고 이를 뒷받침하는 거래량이 있다면, 이는 추세의 시작을 뜻한다.

다우는 이 기본적인 원칙을 추세의 주요 3단계로 확장하고 발전시켰다. 강한 상승 추세의 첫 단계를 '매집accumulation phase 단계'라고 정의했는데, 가격이 높아지는 모든 상승기의 시작이다. 두 번째 단계는 '대중 참여public participation 단계'라고 불렀는데 기계적으로 추세를 따라가는 단계다. 일반적으로 세 단계 중 가장 길다. 마지막으로 세 번째 단계는 '분산distribution 단계'다. 이 단계는 전형적으로 투자자들이 황금 기회를 놓칠까 두려워 시장으로 몰려가는 단계다.

일반 투자자들이 행복한 마음으로 매수하는 동안 찰스 다우가 '스마트 머니smart money(기관 투자자, 전문 투자자 등 전문 지식을 지닌 투자자들의 자금. 본래 승률이 높은 도박사들의 판돈을 가리키는 말을 월가에서 차용했다—역주)라고 부르는 투자자들은 그 반대, 즉 매도를 한다. 스마트 머니는 열망하는 대중에게 물량을 넘기며 수익을 실현한다. 이러한 매수와 매도 행위들은 거래량이라는 거울을 통해 모두 나타난다.

찰스 다우는 트레이딩이나 투자 관련해서 정식으로 출판한 적이 없다. 다우는 자신의 생각과 원칙을 《월스트리트 저널》에 싣는 것을 선호했는데, 그의 친한 친구였던 샘 넬슨Sam Nelson이 다우의 사후인 1902년에 이 글들을 모아 처음 책으로 출판했고, 이후 윌리엄 해밀튼William Hamilton이 다시 한 번 출판했다. 이 위대한 투자자의 사상을 통칭하는 용어인 '다우 이론'은 1903년에 출판된 『주식 투기적 투자의 기본The ABC of Stock Speculation』에서 처음 사용된다.

다우의 사상을 이끄는 주요 원리 중 하나는 그가 발전시킨 '추세'라는 개념이었다. 다른 하나는 투자자들에게 시장 움직임을 파악할 수 있는 대안적인 시각을 제공해서 궁극적으로 가격을 검증하도록 하는 '지수'라는 개념이었다. 찰스 다우는 다우존스 운송지수 같은 '관련 산업 섹터'별 다양한 지수를 고안해서 경제 전반을 이해하는 데 필요한 여러 시각을 제시하고자 했다.

경제가 튼튼하다면 종국에는 시장의 다양한 섹터 안에 존재하는 회사의 실적이 반영된다. 이 지수들은 말하자면 시장 교차 분석(예를 들면, 이자율이 채권시장 및 주식시장에 미치는 영향 등을 분석할 때 다른 시장, 섹터, 상품, 지역 등도 다각도로 분석하는 방법—역주)의 초기 형태인 것이다.

찰스 다우가 기술적 분석의 아버지라면 거래량과 가격 분석의 창시자이자 오늘날 우리가 쓰는 방법의 기초를 다진 인물은 리처드 와이코프다. 와이코프는 다우와 같은 시대에 활동한 사람으로, 다우가 《월스트리트 저널》의 초판을 발행한 때와 비슷한 시기인 1888년, 그의 나이 15세 때 주식 러너stock runner(거래 전표를 거래소의 브로커들에게 전달하는 사람—역주)로 월가에서 일을 시작했다. 25세 무렵 벌써 트레이딩으로 충분한 돈을 벌어 증권 중개사무소를 열었는데, 특이하게도 돈 버는 것을 우선적인 목표로 삼지 않고 (돈을 벌긴 했지만) 소액 투자자를 대상으로 교육자로서 치우침 없는 정보를 제공하고자 했다. 이는 와이코프가 찰스 다우와 달리 많은 책을 낸 저자이자 발행인으로서 살게 한 신념이었다.

다작의 시초가 된 『리처드 와이코프의 주식 트레이딩 및 투자 방법론The Richard Wyckoff Method of Trading and Investing in Stocks』은 1930년대 원격 교육과정을 위해 처음 출판되었는데, 오늘날에도 월가의 투자 은행에서 사용하고 있으며, 여전히 기본 개념을 다지는 데 유용한 책으로 남아 있다.

와이코프는 평생에 걸쳐 개인 투자자들에게 시장이 실제로 작동하는 과정을 통찰할 수 있는 방법을 제공하고자 했다. 이에 1907년에는 《티커》라는 월간지를 발행했고, 잡지는 성공을 거둬 이후에 《월스트리트 저널》에 합쳐지고 더 큰 인기를 얻었다. 이 잡지의 성공 요인은 낳았지만, 그중 하나는 시장과 시장 행동에 대한 와이코프의 다음과 같은 견해다. 첫째, 와이코프는 성공을 위해서는 각자가 기술적 분석을 수행하고 '소위' 전문가라고 불리는 사람들의 견해와 금융 관련 언론 매체를 무시해야 한다고 굳게 믿었다. 둘째, 와이코프는 자신의 접근법이 과학이 아닌 예술이라고 믿었다.

와이코프가 독자들과 자신의 교육과정 및 세미나를 들었던 사람들에게 전달한 메시지는 간단하다. 가격은 경제의 기본 원리인 수요와 공급에 따라 움직이며, 가격대별 거래량$_{VAP, volume at price}$을 관찰하면 시장의 미래 움직임을 예측할 수 있다는 믿음이다.

와이코프 그리고 《월스트리드 서널》에 많은 인터뷰를 실은 바 있는 찰스 다우와 제시 리버모어처럼 과거 투자계의 큰 인물들은 한 가지 공통점을 지녔다. 이들은 모두 티커 테이프$_{ticker tape}$(증권 시세 표시기)를 영감을 얻는 원천으로 이용했고, 가격, 거래량, 시간, 추세가 핵심 요소인 수요와 공급을 파악했다. 와이코프는 자신의 저서에서 세 가지 기본 법칙에 대해 설명했다.

수요와 공급의 법칙

가격 움직임이 만들어 내는 싸움에 대해 시장이 각 분 또는 차트의 막대 하나가 바뀔 때마다 어떻게 반응하는지에 관한 가장 기본적인 법칙이다. 수요가 공급보다 크다면 이 수요와 만나기 위해 가격이 올라가며, 반대로 공급이 더 클 때는 가격이 떨어지며 결과적으로 과잉 공급이 흡수된다. 겨울철 할인 행사를 생각해 보면 된다. 가격이 떨어지면 구매자는 과잉 공급량을 흡수하러 들어온다.

원인과 결과의 법칙

유효한 결과가 있으려면 우선 원인이 있어야 하며, 결과는 원인에 비례한다는 것이다. 다시 말하면 적은 거래량은 적은 가격 반응만을 만들어 낸다. 이 법칙에 따라 원인이 영향을 미치는 가격 막대 수가 결정되고, 나타나는 추세의 향후 전개 구간이 확정된다. 원인이 크다면 결과도 클 것이고, 원인이 작다면 결과도 작을 것이다. 파도를 비유로 들 수 있겠다. 배에 부딪히는 큰 파도는 배를 격하게 흔드는 반면, 작은 파도는 영향이 미미하거나 없다.

노력과 결과의 법칙

와이코프의 세 번째 법칙은 뉴튼의 세 번째 물리법칙과 동일하다. 모든 작용은 반드시 동일한 크기의 반작용을 가진다. 곧 차트의 가격 움직임은 그 이면의 거래량을 반드시 반영해야 한다. 노력(거래량)이 결과(가격 움직임)에 나타나며 이 둘은 서로 조화로워야 한다. 우리가 각 가격대를 '과학수사하듯이' 분석해서 이 법칙이 유지되었는지 확인해야 하는 이유다. 만약 법칙이 지켜졌다면 시장은 응당 제대로 반응했을 것이고, 우리는 그다음 막대로 분석을 이어 가면 된다. 만약 법칙이 지켜지지 않았다면 이상 상황이 발생한 것이므로 원인을 파악해야 하며, 범죄 현장에서 그러하듯이 이유를 추정해야 한다.

와이코프는《티커》에 그의 접근법을 완벽하게 설명해 놓았다. 그는 20년간 시장을 연구하고 J. P. 모건 J. P. Morgan이나 제시 리버모어 같은 위대한 투자자들과 생각을 나누었다. 그렇게 티커 독해를 설파하는 옹호자가 되었고, 티커를 해석하고 이해하는 일이 와이코프의 방법론과 분석법의 근간이 되었다. 1910년 와이코프는 현재까지도 티커 테이프 해석에 대한 가장 권위 있는 책이라 일컬어지는 『테이프 독해 연구』라는 책을 본명이 아닌 롤로 테이프 Rollo Tape라는 예명으로 썼다.

리버모어 또한 티커 테이프 독해의 최대 옹호자 중 한 사람이면서 월가의 모든 시대를 통틀어 전설이 된 인물이다. 리버모어는 15세 때 티커 테이프의 가격현황표를 읽어 주는 호가판 주사로 트레이딩 업계에 발을 들였다. 그가 불러 주는 티커 테이프의 최신 가격들이 그가 일했던 증권 중개사무소 페인 웨버의 가격현황표로 옮겨졌다. 어린 제시 리버모어는 곧 일정한 가격 흐름이 매수, 매도 주문과 결합되면 일종의 이야기를 드러낸다는 것을 깨우쳤다. 테이프가 그에게 말을 걸었고 시장 깊숙이 숨겨진 비밀을 알려 주고 있었다.

리버모어는 매매가 일어나면서 가격이 특정 방식으로 움직이면 중대한 가격 움직임이 발생한다는 것을 알아차렸다. 그는 중개사무소 일을 그만두고 치밀하게 이해한 티커 테이프를 이용해서 전업 트레이더가 되었다. 리버모어는 2년 이내에 1,000달러를 당시 가치로 엄청난 금액인 2만 달러로 만들었고, 21세 무렵에는 이 돈이 20만 달러로 늘면서 '꼬마 투기꾼'이라는 별명을 갖게 되었다.

리버모어는 주식에서 훨씬 더 큰돈이 따르는 상품 시장으로 옮겨갔는데, 롤러코스터처럼 심한 부침을 겪으며 몇 백만 달러를 벌고 또 잃었다. 리버모어의 명성을 트레이딩 역사에 명확히 새긴 것은 두 번의 주요 시장 폭락 때 그가 거래한 공매도였다. 1907년의 첫 번째 공매도에서 그는 300만 달러 이상을 벌어들였다. 하지만 이 엄청난 수익도 1929년 월가의 폭락 때 그가 벌어들인 수익 앞에서는 작아진다. 이때 수익은 보수적으로 따져도 1억 달러로 추정된다. 다른 투자자들이 모든 걸 잃고 고통스러워할 때 제시 리버모어는 흥했지만 동시에 언론의 비판을 받으며 대중의 희생양이 되었다. 당시 수많은 이에게 닥친 비극을 생각하면 놀라운 일은 아니다. 막상 리버모어의 아내는 또 한 번 모든 걸 잃었다고 생각하며 집달관이 언제든 들이닥칠 거라는 두려움에 방 23개짜리 집의 모든 가구와 보석을 치웠다. 리버모어는 저녁때가 되어서야 사무실에서 돌아와 차분히 아내에게 그날이 사실 본인의 트레이딩 역사상 가장 수익을 많이 낸 날이라고 밝혔다.

이 전설적인 트레이더들에게 티커 테이프는 금융시장을 들여다보는 창이었다. 와이코프는 티커 테이프를 다음과 같이 언급했다.

현재 테이프에 나타나는 것에서 미래 일을 예측하는 방법이다.

이후 『테이프 독해 연구』에서는 다음과 같이 말했다.

티커 테이프 분석은 엄청나게 빠른 속도로 반응하는, 실전에서 쓰이는 직감적인 일이다. 테이프 독해의 목적은 해당 주식이 매집 또는 분산되고 있는지, 가격이 인상 또는 인하되고 있는지, 큰 기관들에게 외면당하고 있는지 등을 판단하는 것이다. 테이프 독해 연구자의 목적은 연이은 거래 각각을 분석해 귀납적인 결론을 내리는 것, 즉 만화경의 모든 설정을 돌려 가며 모든 각도에서 들여다보듯이 새로운 상황을 번개처럼 빠른 속도로 두뇌라는 계량기에 올려 파악하고, 냉정하고 정확하게 행동하게 하는 결정에 도달하는 것이다. 특정 종목과 시장 전체에 순간적으로 발생하는 공급과 수요 뒤에 숨어 있는 각각의 힘 그리고 그들 간, 각자가 모두에게 미치는 관계를 비교하며 측정하는 것이다.
테이프 분석가는 백화점 관리자와 같다. 관리자는 여러 부서로부터 받는 수많은 매출보고서 속 영업의 전반적인 추세—매장 전체적으로 수요가 두터운지 희박한지—를 눈여겨보면서 수요가 비정상적으로 강하거나 약한 부분에 특별한 주의를 준다. 특정 부서의 진열대가 잘 채워지지 않는다고 생각되면 구매 담당자에게 지시를 내리고, 구매 담당자는 구매 주문을 더 많이 넣는다. 진열대에서 빠지지 않는 물건이 있다면 (시장의) 수요가 거의 없다는 뜻이기에, 잠재적인 구매 고객에게 영향력을 끼치기 위해 가격을 내린다.

트레이더로서 우리가 알아야 할 것은 이것이 전부다. 티커 테이프의 통신 기술은 본래 1860년대 중반에 개발된 모스부호를 이용한 것으로, 주가와 주문 흐름에 대한 정보를 전달하도록 응용되었다. 이후 이 정보는 개장 시간 동안 숫자를 찍어 내는, 가늘고 긴 종이테이프에 찍혔다. 〈그림 1.1〉은 위대한 트레이더들이 부를 이루는 데 이용했던 테이프의 원본이다. 믿기 어려울 수 있는데, 거래량, 가격, 추세 그리고 시간 관계를 이해했을 때 트레이더로서 성공하는 데 필요한 모든 것이 담겨 있다. 찰스 다우, 제시 리버모어, 리처드 와이코프, J. P. 모건 등 대표적인 트레이더들이 그들의 사무실에서 매일같이 본 것이다. 시장가와 매수, 매도, 즉 수요와 공급을 따르는 반응으로 구성된 메시지를 끊임없이 찍어 내는 이 티커 테이프 말이다.

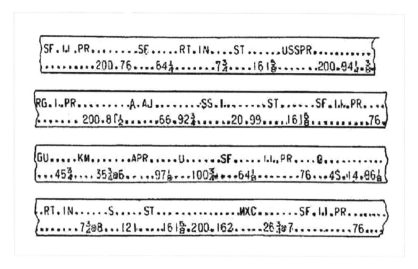

그림 1.1 티커 테이프 예시, 세리노 S. 프랫(Serino S. Pratt, 1909)의 월가의 작업(Work of Wall Street)이라는 자유 이용 저작물 이미지. ⓒHathiTrust(www.hathitrust.org)

모든 정보는 거래소에서 수기로 입력되고, 다양한 증권 중개사무소의 티커 테이프 기계로 전달되었다. 최대한 간결하면서 필요한 상세 정보가 전달될 수 있도록 수년에 걸쳐 축약형 코드가 개발되었다.

〈그림 1.2〉는 가장 유명하면서 동시에 악명 높을, 1929년 10월 29일, 월가에 폭락이 닥친 날 아침의 티커 테이프다.

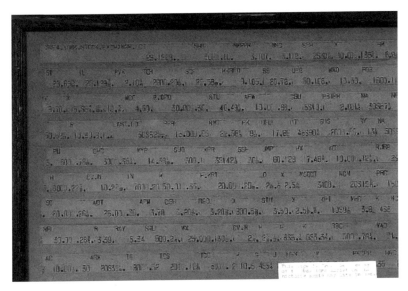

그림 1.2 월가 폭락일의 티커 테이프, ©미국금융박물관(Museum of American Finance)

윗줄에는 굿이어타이어Goodyear Tyre, GT, US스틸United States Steel, X, 라디오코퍼레이션Radio Corporation, R, 웨스팅하우스전기Westinghouse Electric, WX 등 종목 티커가 찍혀 있다. 우선주가 매도된 경우에는 PR(우선이라는 의미의 preferred의 약자—역주)이 옆에 따로 표기되었다.

아랫줄에는 통신 속도를 높이기 위해 모든 가격과 거래량이 축약형 코드로 인쇄되었다. 'S' 자는 거래 주식 수와 가격을 구분하기 위해 이 둘 사이에 종종 찍혔는데 테이프에서 점을 찍는 것과 같은 의미다. 'SS'가 보이는 곳은 보통 100주 미만의 단주를 의미한다. 마지막으로 0은 속도를 높이기 위해 자주 생략되곤 했다.

전설적인 트레이더들이 면밀히 분석하고 파악한 것이 바로 이런 티커 테이프다. 티커의 언어를 이해하면 티커에 담긴 가격과 거래량을 바탕으로 쓴 이야기가 보인다. 이후 더 장기적인 분석을 위해서 이 모든 정보를 차트로 옮겼다.

그때 이후 무엇이 바뀌었을까? 솔직한 대답은 '거의 없다'이다. 우리는 전자 차트를 사용하고 있으니 운이 좋다. 모든 가격 움직임과 거래량이 매 초, 매 단위 호가로 바로 전달되니 말이다. 티커와 그 중요성이 여전히 유효하다는 것을 보여 주기 위해 티커의 현대판을 넣었다(《그림 1.3》). 전자화되었다는 점만 다를 뿐, 티커가 그려 내는 정보는 동일하다.

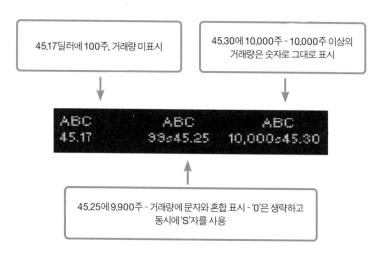

그림 1.3 전자 호가

그림이 친숙하지 않은가? 〈그림 1.3〉에서 무엇이 보이는가?

거래량이 제법 강한 모양인지 가격은 45.17에서 45.30로 올랐다(강한 거래량은 거래가 활발하게 이루어질 때 나타나는 많은 거래량을 의미한다—역주). 이 단계에서 우리는 가격이 변화하기까지 걸린 시간 그리고 이 종목의 지금 거래량이 적은지, 평균 이상인지 혹은 많은지를 알지 못한다. 지금 언급한 요소들은 매우 중요하다.

더불어 과거와 현재의 티커가 비슷해 보여도 엄청난 차이가 있는데, 바로 표시된 정보의 시의적절함이다. 과거의 전설적인 트레이더들은 장중 몇 분에서 몇 시간까지 지연된 정보를 이용해야 했음에도 성공적으로 트레이딩을 했다. 이들이 얼마나 뛰어났는지 가늠할 수 있는 대목이다. 오늘날 우리에게 보이는 정보는 전자 티커이건, 전자 차트이건, 레벨level 1과 레벨level 2 데이터가 함께 보이는 호가창이건 모두 실시간이다(미국 시장에서 레벨 1 시장의 데이터는 실시간으로 가장 좋은 매수, 매도 호가만 제공하는 데 반해 레벨 2 시장의 데이터는 이들 호가가 모두 모인 호가창을 제공하므로 시장의 깊이를 가늠할 수 있다─역주). 과거와 비교하면 우리는 특권을 누리는 셈이다.

마지막으로 여러분에게 다소 생소할 수 있는 '위대한 인물' 한 사람을 더 소개하고자 한다. 그는 다우, 리버모어, 와이코프 등과는 다른 측면에서 전설적인 인물로 '전문가specialist' 혹은 '내부자insider' 또는 우리가 '시장 조성자'라고 부르는 집단을 세상에 드러낸 사람이다.

리처드 네이Richard Ney는 1916년에 태어났다. 그는 처음에는 할리우드 쪽에서 일을 했다가 직업을 바꾸고는 저명한 트레이더이자 저자가 되었고, 이후 주식시장의 내부 작동 방식에 대해서뿐만 아니라 이를 지속적으로 작동 가능하도록 하는 규제 당국과 정부, 거래소, 금융기관 간의 암묵적 협약에 대해 폭로했다. 이런 면에서 네이는 교육자로서 '시장'이 내부적으로 어떻게 조작되는지 개인 투자자들이 이해할 수 있게 도움을 주고자 했던 와이코프와도 비슷하다.

네이의 첫 책『월가라는 정글The Wall Street Jungle』은 1970년《뉴욕타임즈》베스트셀러가 되었고, 이후『월가의 갱단The Wall Street Gang』과『시장에서 성공하기Making It In The Market』를 이어서 출간했다. 이 책들은 근본적으로 동일한 주제를 담고 있는데, 여기에 상원의원 리 메트캐프 ~Lee Metcalf~가 『월가의 갱단』에 쓴 머리말을 소개한다.

> 네이가 증권거래위원회 ~SEC, Securities Exchange Commission~에 대해 쓴 장을 보면, 소수만이 아는 거래소의 특수성에 대해 네이가 얼마나 잘 이해하고 있는지가 드러난다. 시장은 거래 대상이 되는 주식의 실제 가치에 상관없이 모든 종류의 거래 방식에서 이익을 낼 수 있는 특수 정보와 영향력을 갖고 있는 내부자들에 의해 통제된다. 투자자는 논외 또는 무관한 외래적인 요소다. 상장된 주식의 실제 가치도 무관하다. 이곳은 조작이라는 이름을 가진 게임 공간이다.

이 머리말을 쓴 사람이 당시 상원위원임을 기억하자. 리처드 네이가 대중의 영웅이 된 것이 놀랍지 않다. 그의 책은 오늘날에도 팔리고 있으며 지금 현실에 비추어도 내용은 타당하다. 왜일까? 리처드 네이가 그의 책에서 폭로한 모든 것이 여전히 모든 시장에서 행해지고 있기 때문이다. 여기서 말해 두는데 나는 음모론자가 아니다. 단지 트레이딩의 실상에 대해 전달할 뿐이다. 우리가 트레이딩 혹은 투자를 하려고 들어가는 모든 시장은 어떤 방식으로든 조작된다. 암암리에 하건 중앙은행이 정기적으로 또는 매우 공개적으로 외환시장에 개입하건, 주식시장에서 시장 조성자가 하는 방식만 다를 뿐이다.

내부자들이 활동을 감출 수 없는 단 한 가지가 있는데, 바로 거래량이다. 이것이 여러분이 이 책을 봐야 하는 이유로, 거래량은 가격 움직임 이면의 진실을 드러낸다. 가격을 검증한다.

『월가의 갱단』의 요점이 되는 부분을 인용하겠다. '전문가의 공매도 사용'이라는 제목의 장에서 리처드 네이는 다음과 같이 말한다.

전문가들의 방식을 이해하려면 그들을 소매가로 주식이라는 재고를 팔고자 하는 도매상이라고 생각해야 한다. 재고를 선반에서 모두 팔아치웠다면, 그 이익으로 그들은 더 많은 상품을 도매가로 사는 데 쓰려 할 것이다.

이 개념을 이해했다면 아래 여덟 가지 법칙을 받아들일 준비가 된 것이다.

1. 전문가는 도매 가격으로 매수한 것을 소매 가격으로 팔고자 한다.
2. 전문가는 장사를 오래할수록 더 많은 주식을 도매 가격으로 매집할 것이고, 이 물량을 소매 가격으로 팔고자 할 것이다.
3. 미디어의 발달은 더 많은 사람을 시장으로 불러들이며, 그 결과 수급이 확대되어 주가 변동성을 증가시킬 가능성이 높다.
4. 거래소 회원들은 주식을 대량으로 매매하기 위해 대중매체를 이용하는 매도 기술을 더욱 발전시킬 것이다.
5. 계속해서 늘어나는 금융 자원을 활용하기 위해 전문가는 주식 물량을 충분히 털어 내야 하므로 점점 더 큰 폭의 가격 하락을 초래해야 할 것이다.
6. 어느 때보다도 증가한 주식 재고 물량을 소화하려면 대중의 관심을 사로잡아야 하므로 가격 상승은 더 극적이어야 할 것이다.
7. 가장 활발한 반응을 보이는 종목이 분산되는 데는 더 오랜 시간이 걸릴 것이다.
8. 경제는 인플레이션, 실업률, 높은 이자율, 원자재 부족 현상을 발생시키는 점점 더 극적으로 나타나는 붕괴 현상에 취약해질 것이다.

리처드 네이는 이렇게 쓰고, 1960, 70, 80년대에 걸쳐 시장 고점과 저점을 연속적으로 정확히 예측했다. 그는 미국 금융감독원에게 골칫거리였던 반면, 소액 트레이더와 투자자에게는 영웅이었다.

거래량은 숫자 뒤에 숨겨진 진실을 드러내게 되어 있다. 주식시장, 외환시장 같은 조작된 시장에서 트레이딩을 하건 선물시장처럼 대형 시장 참여자들을 마주하건, 거래량은 조작과 주문 흐름의 세부 사항을 선명하게 드러낸다. 주식시장의 시장 조성자도, 외환시장의 대형 은행도 거래량을 감출 수 없다.

A COMPLETE GUIDE TO
VOLUME PRICE ANALYSIS

Chapter 2

거래량과 가격 움직임

> 핵심은 상대방보다 더 많은 정보를 가지는 것이다. 그다음으로 할 일이
> 그 정보를 제대로 분석하고 이성적으로 사용하는 것이다.
>
> _ 워런 버핏(Warren Buffett, 1930~)

오래전 《주식과 상품》에 기고한 글을 싣는다. '엉클 조 우화'라는 제목을 붙였으며, 미미하게 바꾸긴 했지만 글의 본질은 처음 발행된 그대로다.

유난히 트레이딩이 풀리지 않은 어느 날 엉클 조가 나를 밖으로 데리고 나가 위로하며, 시장의 냉정한 현실에 대해 설명하고자 이야기를 들려주었다. 엉클 조는 독특한 회사를 소유해서 주가가 어떻게 변동되는지 내부자의 시선으로 볼 수 있었다.

'상품 상사'라는 그의 회사는 주정부 허가증을 발급받고 소규모 상품을 유통하는 유일한 회사다. 회사는 수년 동안 고유한 상품을 사고팔았다. 이 상품은 내재적 가치가 있고, 절대 망가지지 않으며, 유통되는 물량도 어느 시점에서나 대동소이하다. 오랜 기간 사업을 이어 오던 엉클 조는 상품을 매입해 고객에게 판매하는 사업이 정체기에 있다고 생각했다. 사고팔 때마다 들어오는 돈은 소액이었고, 일일 거래 건수도 많지 않았다. 게다가 사무실,

창고, 직원을 운영하는 비용도 있었다. 무언가를 해야 했다.

문제에 대해 골똘히 생각하던 엉클 조는 이웃에게 상품 공급이 곧 어려워질 것 같다고 말하면 어떤 일이 발생할지 궁금해졌다. 소문내기를 좋아하는 이웃에게 이야기하는 것이 지역신문에 광고를 내는 것과 효과가 비슷하리라는 걸 엉클 조는 알았다. 그는 계획이 성공했을 때 늘어날 수요를 충족할 만한 충분한 재고가 있다는 것도 확인했다.

다음 날 그는 집 앞에서 이웃을 만나 일상적인 대화를 잇다가 혼자만 알고 있으라며 공급이 모자랄 것 같다는 우려 섞인 말을 했다. 이웃은 입을 닫는 시늉을 하며 한마디도 발설하지 않겠다고 했다. 며칠이 지났고 상품 판매 실적은 여전히 별다른 변화가 없었다. 그런데 일주일여가 지났을 때 창고로 와서 구입하는 손님 수가 증가하고, 구입 물량도 커지면서 매출이 증가하기 시작했다. 엉클 조의 계획은 효과가 있었고 모두가 즐거워졌다. 손님들은 상품이 곧 부족해질 것이고, 그러면 상품 가격도 오를 것이므로 이 상황이 즐거웠다. 엉클 조도 매일 더 많은 상품을 판매하고 돈을 벌어들였으므로 즐거웠다.

그러다가 엉클 조는 다시 생각했다. 모두가 상품을 살 때 가격을 올리면 어떻게 될까? 사실 그가 유일한 공급자이고 지금 이 순간 수요가 높으니 말이다. 다음 날 엉클 조가 가격 인상을 발표하자 손님들은 여전히 상품 공급이 곧 부족해질 거라고 믿으며 더 큰 물량을 주문하고 구매를 계속했다! 몇 주가 지나는 동안 그가 가격을 점점 높였음에도 구매는 지속되었다. 손님들 중 예리한 사람 몇몇이 차익을 보고 엉클 조에게 상품을 되팔기 시작했는데, 여전히 구매하려는 손님들이 충분히 많았으므로 엉클 조는 개의치 않았다.

즐거운 날이 계속되었다. 그러다가 어느 날 갑자기 엉클 조는 창고가 현격히 비어 있고 재고가 떨어질 만한 상황임을 깨달았다. 일일 매출도 줄어들었다. 손님들이 상황에 변화가 없다고 생각하도록 엉클 조는 가격 인상을 지속하기로 결정했다. 그런데 새로운 문제가 생겼다. 본 계획이 너무 성공적이었던 것이다. 도대체 어떻게 손님들로 하여금 상품을 되팔게 해서 영업을 계속할 수 있을까?

이 문제에 대해 며칠 동안 고심했지만 엉클 조는 확실한 답을 찾지 못했다. 그러다가 우연히 그 이웃을 다시 만났다. 이웃은 엉클 조를 구석으로 데려가더니 자신이 들은 소문이 맞느냐고 물었다. 소문이 무얼까 궁금하던 엉클 조는 이웃으로부터 자신의 회사보다 훨씬 큰 상품 유통 회사가 이 지역에 입점한다는 것을 알게 되었다. 엉클 조는 하늘이 준 기회임을 깨달았다. 의기소침한 표정을 지으며 그는 소문이 사실이고 사업이 큰 타격을 입을 거라고 확인해 주었다. 무엇보다도 상품 가치가 엄청나게 떨어질 거라고 덧붙였다. 이웃과 헤어지면서 엉클 조는 굴러 들어온 행운과 도움이 되는 소문을 전해 준 이웃을 생각하며 혼자 키득댔다.

며칠 후 창고 문 앞에는 상품을 되사달라고 애원하는 손님들이 줄을 이었다. 너무나 많은 사람이 팔자 그는 가격을 급히 내렸고, 사람들은 상품 가치가 완전히 없어지기 전에 물건을 팔고자 더욱 절박한 몸짓을 보였다! 가격이 더 떨어지자 더 많은 사람이 압박감 때문에 감정에 휩싸였다. 엉클 조는 엄청난 물량을 다시 사들이고 있었다. 몇 주 후에야 투매는 진정되었다. 엉클 조는 창고를 가득 채우고, 다시 예전 가격으로 상품을 팔았다. 몇 달이 조용히 지나갔지만 매우 빨리 많은 돈을 벌었으므로 엉클 조는 개의치 않았다. 충분히 여유를 부릴 수 있었다. 간접비용은 이미 충당했고 직원에게 보너스도 지급할 수 있었다. 모두가 소문이 어디서 어떻게 시작되었는지에 대해 잊고 일상으로 돌아갔다. 물론 어디까지나 엉클 조가 이 작업을 다시 하지 않을 때까지만 지속되는 일상이다.

'엉클 조 우화'는 물론 가상의 이야기다. 내가 리처드 네이의 연구 작업들을 발견하기 전에 쓴 글인데, 우리가 시장 조성자라고 부르는 집단에 대해 같은 비유로 묘사한 것이 흥미롭다.

내가—그리고 리처드 네이가—보기에는 이것이 금융시장의 최대 모순이다.

외부인이 내부자 거래를 하면 긴 형량과 무거운 벌금을 받는 것과 달리, 막상 내부자들은 같은 일을 면허를 가지고 활발히 한다. 거래소와 정부에게는 시장의 도매상이자 주식 거래가 실행되도록 보장하는 시장 조성자 없이는 금융시장이 기능을 하지 못할 때가 문제다. 현물시장에서 우리가 사고팔 때 주문은 항상 체결된다. 그렇게 되도록 하는 것이 시장 조성자의 역할이다. 호가창 또는 물량의 재고를 관리하면서 주문을 이행하는 것은 그들의 임무다.

네이가 직접 말했듯이 시장 조성자는 도매상 그 이상도, 이하도 아니다. 여러분이 사거나 팔고자 하는 '시장을 조성'하도록 법적으로 설립되었으며 면허와 허가를 받았다. 그들은 보통 수천, 수만 명의 직원을 전 세계 곳곳에 둔 대규모 다국적 금융 기업이다. 유명하든 유명하지 않든, 그들 모두는 어마어마한 수익을 올린다는 공통점을 지닌다. 시장 조성자들은 시장의 양 측면, 즉 공급과 수요를 모두 볼 수 있는 독특한 지위를 가진다.

엉클 조처럼 그들은 가격을 설정할 수 있다는 또 하나의 큰 우위를 갖고 있다. 그렇다고 주식시장 전체가 조작되었다는 생각에 빠져들지 않기를 바란다. 그렇지는 않다. 혼자서 그렇게 할 수 있는 시장 조성자는 없다. 하지만 그들이 절호의 기회를 어떻게 이용하는지 그리고 가격을 조작하기 위해 다양한 트레이딩 조건을 어떻게 활용하는지는 이해할 필요가 있다. 그들은 관련성과 별개로 어떤 종류의 뉴스라도 주가를 변화시키는 것이면 이용할 것이다. 직접적인 상관이 없는 세계 뉴스에 시장이 너무나 빠르게 반응했던 것에 의문을 품은 적이 있는가? 왜 시장은 호재에 하락하고 악재에 상승할까?

과하게 단순화된 설명이지만 원리는 동일하다. 뉴욕증권거래소NYSE, 미국증권거래소AMEX, 나스닥NASDAQ에는 시장 조성자 역할을 하는 이들이 있다. 바클레이Barclays Inc, BARC, 겟코Getco LLC를 포함해 주식 트레이딩을 관장하는 빅보드the big boards(제시 리버모어의 색을 띤 부류—역주)라고 불리는 기관이다. 2012년

《블룸버그 비즈니스》에 따르면 '거래소는 거래량을 끌어올리기 위해 더 공격적으로 호가를 내도록 시장 조성자들을 유도한다'. 게다가 같은 기사에 따르면 거래소는 시장 조성자 역할을 할 수 있는 기관 수를 늘리는 데 관심이 많다. 그런데 이 내용들을 제외하고는 리처드 네이 시대 이후에 크게 변한 것이 없다.

그렇다면 이런 기관들이 함께 작업할까? 물론 그렇다. 공개적으로 할까? 아니다. 그들이 보는 건 시장 전반에 걸친, 특히 그들이 보유한 종목의 공급과 수요의 균형이다. 그들은 전반적인 과잉 공급 상태이고 뉴스로 인해 매도할 기회가 생기면 일제히 움직인다. 그들의 창고 상황이 비슷할 것이기 때문이다.

런던증권거래소에는 많은 유가증권을 다루는 시장 조성자들이 있다. (다만 SETS라고 하는 자동 전자 시스템을 이용하는, 가장 크고 많이 거래되는 회사들의 주식은 예외다.) 이쯤에서 전혀 보이지 않는 기관들에 대해 설명하는 데 왜 이렇게 많은 시간을 할애하는지 궁금할 수 있다. 답은 간단하다. '면허를 취득한 내부자'로서 그들은 중간 지점에 자리를 잡고 시장의 양쪽을 본다. 그들은 어떤 순간에라도 수요와 공급의 균형을 알고 있을 것이다. 당연히 여러분은 이 정보를 받을 수 없고, 만약 여러분이 그들의 입장에 섰다면 그들처럼 행동했을 것이다.

이에 맞서 싸울 수 있는 유일한 도구는 거래량이다. 상황의 옳고 그름에 대해 따질 수도 있지만 당신이 주식을 거래할 때 시장 조성자는 피할 수 없는 존재다. 그냥 받아들이고 할 일을 해야 한다.

시장 조성자들은 종종 마감 후 거래 시간에 보고되는 주식의 큰 움직임을 보고하지 않는 방법을 수십 년에 걸쳐 터득했다. 거래량은 완벽과는 거리가 멀지만, '시장의 내부'를 들여다볼 수 있는 최상의 도구임은 분명하다. 시장에서 조작이 있건 없건 간에 거래량은 모든 시장에 통용되며, 모든 시장에서 동일하게 중요하다. 매수와 매도의 가장 순수한 형태인 선물시장에서 거래량은 시장에 물이 마를 때를 알려 준다. 나날이 오르내리는 매수자의 관심은 거래량으로 드러난다. 호가 차트와 분별, 시간별 차트의 풀백~pull back~(일시적인 가격 움직임의 후퇴 또는 조정—역주)이나 가격 반전의 미세한 움직임이 드러난다. 거래량은 시장을 구동하는 연료다. 거래량은 주요 시장 참여자들이 시장을 들어가고 나갈 때를 알려 준다. 거래량 없이는 아무것도 움직이지 않으며, 만약 가격 움직임과 거래량 움직임이 일치하지 않는다면 무언가 잘못되었다는 경고 알람이 울린 것이다.

예를 들어 강세장에서 선물 가격이 급속도로 증가하는 거래량을 동반하며 오르고 있다면, 시장 참여자들이 매수하고 있는 것이다. 시장이 하락하고 있는데 거래량이 증가하는 것 역시 거래량이 가격을 검증하고 있는 것이다. 이 원리는 채권, 이자율, 지수, 상품, 외환 등 어떤 시장이든 막론하고 적용된다. 이 책에서 여러분은 거래량 가격 분석법이 모든 시장에 적용된다는 것을 알게 될 것이다. 조작된 주식 현물시장에서는 가격과 거래량 분석이 시장 조성자에게 당하지 않고 대응할 수 있는 최고의 무기가 된다. 선물 시장에서는 가격 검증과 매매자들의 진정한 투자 정서와 추세 반전의 신호가 거래량을 통해 나타나기 때문에, 거래량이 행동을 취할 최고의 무기가 된다. 결국 시장의 내부를 보는 주요 시장 참여자들을 따라가는 것이다.

외환 현물시장에는 다른 문제가 있다. 제대로 기록되는 거래량이 없다. 있다 해도 거래액 혹은 교환되는 '외국환 금액'으로 나타날 뿐이다. 하지만 다행히 거래량에 대해 알 수 있는 방법이 있다. 바로 틱 거래량~tick volume~이다(틱 호가의 단위 거래량. 유가증권 거래 시 가격 변화의 가장 작은 기초 단위다. 한 예로 가격이 1달러 이상인 주식의 틱 크기는 1센트다—역주). 틱 거래량은 완벽하지 않지만 애

초에 트레이딩에서 완벽이란 없다. 첫째로, 틱 데이터는 온라인 중개사가 제공하기 때문에 한 플랫폼의 거래량이 다른 플랫폼에서 동일하게 보이지 않는다. 둘째로, 중개사가 좀 더 비싼 기관 대상 입력 데이터를 사용하는 은행 간 유동성 풀(liquidity pool)에 직접 연결되어 있는지 여부 등 데이터의 질에 영향을 미치는 요소가 많다. 그럼에도 대부분 괜찮은 중개 회사는 질 좋은 데이터를 제공한다.

그런데 틱 데이터가 거래량을 대표하는 데이터로 유효할까? 짧게 답하면 그렇다. 수년간 다양한 연구를 한 결과, '거래량'을 대리하는 데이터로서의 틱 데이터는 시장의 실제 '움직임'을 반영하는 정도로 보자면 90퍼센트 정도 대표성을 지닌다. 결국 거래량이란 움직임이며, 이렇게 생각하면 틱 데이터는 순수한 가격의 변동을 표시하기 때문에 거래량을 가격에 반영하는 것이다. 그렇다면 주가가 빠르게 변동된다는 것은 시장에 중대한 움직임이 있다는 뜻일까? 그렇다. 이를 증명하자면 중요한 뉴스가 발표되기 전과 직후의 틱 차트 또는 기타의 시간을 기준으로 쓰지 않는 차트를 보면 된다.

예를 들어 외환 트레이더 모두가 알고 좋아하는 월간 비농업고용지수(Non Farm Payroll) 발표가 있다고 하자. 이때 233틱 차트(틱 차트는 시간이 아닌 거래의 기본 단위인 틱을 기준으로 그린 것이다. 틱은 한 주, 한 계약일 수도 있고, 1만 주일 수도 있다. 233틱 차트는 틱 233개를 봉 한 개로 묶어 그린 차트다. 시간 대신 동일한 양의 거래 활동을 기준으로 하기 때문에 적은 거래량으로 만든 가격과 같은 시장의 잡음을 걸러 낼 수 있다는 장점이 있다—역주)를 보고 있다고 가정한다. 발표가 있기 전만 해도 233틱 차트의 봉 하나가 형성되는 데 몇 분이 걸렸는데, 발표 도중 그리고 직후에는 화면을 가로질러 기관총이 발사되듯이 몇 초마다 봉이 형성된다. 봉으로 채워 차트를 만드는 데 한 시간 걸리던 것이 봉들이 후드득 그려지며 몇 분이면 차트가 만들어진다.

이는 있는 그대로의 움직임으로, 거래량이 표시된 것이라 볼 수 있다. 외환선불시장에는 조작이 존재한다. 아마 가장 광범위하게 조작이 일어나는 시장일 것이다. 환율 전쟁은 그 증거가 수면 위로 드러난 것이라고 생각해야 하는데, 트레이더로서 우리는 틱 거래량을 볼 수 있다. 이것이 우리가 이용해야 할 도구다. 완전하지는 않지만 한 가지는 보장할 수 있다. 틱 거래량을 사용하지 않을 때보다 사용할 때 훨씬 더 성공적으로 트레이딩할 수 있을 것이다. 여러분이 다양한 시장의 차트를 보기 시작한다면 그 이유를 알 수 있을 것이다.

아직까지 납득이 되지 않는다면 여러분에게 이야기를 하나 들려주고 싶다. 가구 경매에 참석한다고 가정해 보자. 한겨울에 날씨는 춥고, 축축하고 매서운 가운데 경매장은 작은 지방 소도시에 있다. 몇몇 사람만 있을 뿐 경매장은 거의 비었다. 경매사가 다음 물건인 고가구에 대해 설명하고 시작가를 부르며 경매를 시작한다. 잠시간 정적 후 한 사람이 입찰한다. 경매사가 가격을 높이기 위해 노력했지만 결국 망치를 두들기고 내려놓으며 가구는 시작가에 판매되고 끝난다. 이제 동일한 물품이 다른 시나리오로 판매되는 것을 상상해 보자. 이번에는 경매장이 대도시에 있고 한여름이고 사람들이 경매장을 가득 메웠다. 경매사가 같은 고가구에 대해 설명하고 경매가 시작된다. 신호를 주고받으며 입찰하는 사람들에 더해 전화 입찰자까지 가세하자 가격이 빠르게 올라간다. 마침내 입찰 경쟁이 잦아들며 물건이 낙찰된다. 첫 번째의 경우 가격은 입찰자 수가 부족해서, 곧 거래량이 부족해서 낮은 관심이 반영되며 단 한 번 바뀌었지만, 두 번째의 경우에는 경매장의 관심도, 움직임, 입찰자들의 존재가 반영된, 거래량에 해당하는 가격 움직임 덕분에 가격이 여러 번 빠르게 바뀌었다.

다시 말하면 움직임과 가격 사이의 연결 고리는 전적으로 유효하다. 그러므로 내가 아는 한 외환시장에서 거래량 데이터를 대신해 틱 데이터를 사용해도 동일하게 유효하다. 가격 움직임과 거래량은 나란히 가는 것이다.

이 이야기는 거래량에 대해 중요한 세 가지를 강조한다. 첫째, 모든 거래량은 상대적이다. 예를 들어 처음으로 경매장에 갔다고 치자. 우리가 목격한 입찰 활동들이 평균적인지, 평균 이상인지, 이하인지 우리는 알 수 없다. 판단 기준이 없기 때문이다. 자주 참석했다면 평소보다 사람이 많은지 혹은 적은지 즉시 판단할 수 있고, 이에 근거해 입찰을 결정할 수 있었을 것이다. 거래량이 강력한 지표가 되는 것은 이 때문이다. 우리 인간은 상대적인 크기와 높이를 빠르게 판단할 수 있는 능력을 갖고 있다. 이 같은 인간의 능력 때문에 거래량은 지표로써 강력한 힘을 가진다. 그것이 매우 짧은 틱 차트이건, 장중 시간대별 차트이건, 장기 투자용 차트이건 간에 우리는 상대적인 거래량을 즉시 판단할 수 있다. 중요한 건 관계를 기준으로 상대적인 정도를 판단하는 것이다.

둘째, 가격 정보가 없는 거래량은 의미가 없다. 입찰이 전혀 없는 경매장을 상상해 보자. 차트에서 가격을 지우면 거래량 막대만 남는다. 그런 거래량 막대는 가격 움직임과 결부되지 않았기 때문에 단순히 관심의 정도만 드러낸다. 거래량 가격 분석법의 폭발적인 힘은 거래량과 가격이 만들어 내는 화학적인 반응이 있을 때만 발현된다.

셋째, 시간이 핵심 구성 요소다. 경매장에서 입찰이 몇 분이 아닌 몇 시간—그렇게 허용되었다면—동안 진행되었다고 상상해 보자. 지연된 상황이 알려주는 바는 무엇일까? 완곡히 표현하면 물품에 대한 관심도가 사그라든 것이다. 입찰 전쟁이라고 할 정도의 열광적인 관심을 찾아보기 힘든 것이다.

물로 비유해서 설명해 보자면, 스프링클러가 달린 호스를 생각해 볼 수 있다. 물은 가격 움직임이고 스프링클러는 '거래량' 조절기인 셈이다. 스프링클러의 꼭지를 풀어 놓았다면 물은 수도꼭지에서 나와 큰 힘을 받지 않고 흘러 나간다. 반면, 스프링클러의 꼭지를 잠그면 잠그자마자 수압이 증가하면서 더 멀리까지 물줄기가 뻗어 나간다. 파이프로 공급되는 물의 양이 같지만, 물이 통과하는 틈은 더 좁아졌기 때문이다. 동일한 양의 물이 동일한 시간에 파이프를 빠져나가지만 압력이 높아졌기 때문에 시간이 관련 요소가 되었다.

시장에서도 마찬가지다. 여기서 잠시 리처드 와이코프의 유명한 격언을 살펴보자.

> 트레이딩과 투자도 다른 모든 일을 추구할 때처럼 오래할수록 더 많은 기술을 습득할 수 있다. '구슬땀을 흘리지' 않아도 되는 지름길을 안다고 생각하는 사람은 안 됐지만 착각에 빠진 것이다.

인생에서 노력을 요하는 거의 모든 일에 적용할 수 있는 말이지만, 가격과 거래량을 공부할 때 특히 유효하다. '거래량' 관련 지표는 무료로 제공되는 것도 여러 개 있고, 유료로 구매할 수 있는 고유 거래량 관련 시스템도 많은데, 유료이건 무료이건 모두 한 가지 공통점을 지닌다. 내가 볼 때 이들은 가격대별 거래량을 제대로 분석할 수 있는 능력이나 지식을 전혀 갖고 있지 않다. 이유는 간단하다. 트레이딩은 과학이 아닌 예술이기 때문이다.

앨버트와 2주간 교육을 끝내고 그다음 6개월 동안 나는 오로지 차트만 공부하며 가격과 거래량 간 관계를 해석하고자 했다. 가격을 제공하는 실시간 사이트와 현물시장과 선물시장을 각각 보여 주는 두 대의 모니터 앞에 앉아 가격 막대와 그와 연계된 거래량을 지켜보고 지식을 총동원해 선물시장의 움직임을 예측하는 연습을 했다. 너무나 노동집약적이라서 경악할지도 모르겠다.

와이코프가 말한 대로 성공에는 지름길이 없다고 생각한다. 기술적 분석은 모든 면에 있어서 예술이며, 거래량과 가격 간 관계를 해석하는 것도 별반 다르지 않다. 배우는 데는 시간이 걸리며, 분석을 신속히 수행할 수 있게 되기까지도 시간이 걸린다. 하지만 과거 테이프 분석가들에게서 알 수 있듯이 한 번 습득하면 이 분석법은 강력한 능력이 된다.

기술은 주관적이며 개인적인 의사 결정을 요한다. 절대 자동화할 수 없고 앞으로도 그렇게는 안 될 것이다. 만약 그랬다면 이 책은 땔감으로나 쓰였을 것이다.

마지막으로—여러분이 아직까지 읽고 있고, 앞서 적은 내용에 흥미를 잃지 않았기를 바라며—, 거래량에서 또 한 가지 생각해 봐야 하는 부분은 누구의 편에서 매수와 매도를 이야기하느냐다. 지금 도매상, 즉 기관의 입장에서 이야기하고 있는가 아니면 소매 투자자의 입장에서 이야기하고 있는가? 여기에 대해서 좀 더 설명해 보겠다.

투자자로서 또 트레이더로서 거래량을 공부해야 하는 근본적인 이유는 내부자들이 무엇을 하고 있는지 파악하기 위해서다. 그들이 무엇을 하건 우리는 그걸 따라 해야 한다. 이렇게 하는 데는 그들이 시장의 방향성에 대해 우리보다 훨씬 더 잘 알고 있으리라는 가정을 전제한다. 그리고 이 가정은 비합리적이지 않다.

이 점을 감안하고 다음을 보자. 대량의 거래량이 동반되면서 가격 폭포 price waterfall(시각적으로 폭포수를 연상시키는 하락하는 캔들에 빗대어 표현한 급격한 가격 하락 현상—역주)가 보일 때는 매수가 정점에 있을 때다. 그러나 이때 매수하는 주체는 기관이며, 개인들은 두려움에 휩쓸려 매도하는 중이다. 매수 정점은 우리에게 기회를 의미한다. 마찬가지로, 거래량이 지속적으로 많았던 강세장의 꼭대기라면, 매도가 정점에 있는 것이다. 기관은 매도 중인 반면, 가격이 달나라까지 갈 거라고 기대하는 투자자들은 매수하고 있다. 개인 투자자들이 마주하는 가장 강력한 감정 상태인 나만 뒤처질 것 같은 두려움, 즉 포모FOMO, Fear of Missing Out가 이때 나타난다.

A COMPLETE GUIDE TO
VOLUME PRICE ANALYSIS

주가만으로는 가격
움직임을 알 수 없다

> ☜ 약세에서 너무 낮은 가격도, 강세에서 너무 높은 가격도 없다.
>
> _ 미상의 투자자

거래량과 평형을 이루는 가격에 대해 이야기하기 전에 제시 리버모어가 남긴 많은 명언 중 1장에서 인용한 말을 짚고 넘어가겠다.

> 월가에는 새로운 것이 없다. 투기적 트레이딩은 호랑이 담배 피우던 시절만큼이나 오래된 것이기 때문에 새로운 것이란 있을 수 없다. 오늘날 주식시장에서 일어나는 모든 일은 이전에도 일어났고 앞으로도 일어날 것이다.

이 유명한 명언을 인용해 다시 말하자면 트레이딩에 새로운 것은 없다. 앞에서 언급한 것처럼 거래량 가격 분석법은 100년 넘게 사용되었다. 유일하게 달라진 것이 있다면 1990년대에 새로 도입된 캔들candlestick 차트를 이용한다는 점뿐이다.

트레이딩에도 유행이 왔다가 사라지곤 한다. 몇 년 전의 유행은 더 이상 유효하지 않고 '신'접근법이 유행을 탄다. 지금 대중에게 알려진 접근법은 PAT 라고노 하는 '가격 움직임 매매법Price Action Trading'이다. 말 그대로 가격 분석 이 외에 다른 지표는 사용하지 않고 혹은 사용하더라도 제한적으로 몇 개만 이 용하는 트레이딩 방법인데, 내가 볼 때는 이상하다.

제시 리버모어, 찰스 다우, 리처드 와이코프, 리처드 네이에게 새롭고 크 게 기대할 만한 시장 분석법을 고안해 냈다며 제안한다고 상상해 보자. 이들 에게 티커 테이프에 지금부터 거래량 없이 가격만 찍어 낼 거라고 설명하는 것이다. 그러면 제시를 포함한 모든 사람이 아연실색하리라고 나는 확신한 다. 물론 여러분은 안심해도 된다. 이 책에서 나는 가격 움직임 매매법에 대 해 설명하고, 거래량을 통해 그 유효성을 검증할 것이다. 이 얼마나 일석이조 인가!

본론에서 잠시 벗어나 보자. 나는 한때 런던에 살았는데, 프레지던트 호 텔에서 손만 뻗으면 닿을 법한 가까운 거리에 지금은 없는 런던 국제금융선 물 및 옵션거래소, LIFFELondond International Financial Futures and Options Exchange가 있었 다. 나는 이 지역을 종종 방문했고 거래소 건물을 운전해서 지나가곤 했는데, 장이 열린 동안 밝은색 웃옷을 걸친 채 거래소 입회장으로 돌아가기 전 샌 드위치와 커피를 사려고 급히 달려가는 트레이더들을 보곤 했다. 많은 경우 목소리가 크고 활달한 젊은 남성이었고, 그들은 종종 지금은 객장 트레이더 floor trader(거래소의 입회장에서 큰소리로 직접 거래 상대방을 찾아 거래를 성사시키는 트레이더-역주) 동상이 있는 월브룩가와 캐넌가가 만나는 코너에서 휴대전화 를 들고 서 있었다. 빠른 자동차와 공격적인 트레이딩이 유행하던 시절이었다. FTSE100 선물 주문이 실제 거래소에서 체결되던 이 세계에서 내가 트레이 딩 경력을 시작한 것이 공교롭게 느껴진다.

당시 거래소는 아드레날린에 흠뻑 젖은 트레이더들이 알 수 없는 수신호를 쓰고 소리 질러 가며 매매하는, 소음과 땀으로 뒤범벅된 세상이었다. 두려움이라는 감정이 거래소를 압도한, 긍정적인 의미로 원초적인 세계였으며 관심만 있었다면 누구든지 이를 명확하게 볼 수 있었다.

하지만 전자 트레이딩의 출현으로 모든 것이 변했고 LIFFE 거래소도 이 변화의 희생물 중 하나가 되었다. 트레이더들은 거래소를 떠났고, 거래는 전자 플랫폼으로 옮겨 갔다. 이 중 많은 사람과 이야기를 해 봤는데, 이들 대부분은 거래소 트레이딩에서 전자 트레이딩으로 이전하는 데 실패했다. 단순한 이유 때문이었다.

플로어에서 직접 트레이딩하던 트레이더들은 두려움과 탐욕을 모두 감지할 수 있었을 뿐만 아니라 업장에서 매매가 일어나는 것을 직접 보고 시장의 흐름을 판단할 수 있었다. 말하자면 거래소의 트레이더들에게는 눈앞의 거래가 거래량 또는 주문 흐름이었던 것이다. 그들은 대규모 매수자가 시장에 들어와 거래할 때를 알아차리고 이를 그들에게 유리하게 이용할 수 있었다.

트레이더 대부분은 객장에서 이를 직접 보고, 판단하고, 그 흐름을 느끼지 못하게 되자 화면 트레이딩으로 옮겨 가는 데 실패했다. 성공한 사람도 몇 있었지만, 대부분은 가격 움직임을 받쳐 주는 실체가 있는 환경을 떠나지 못했다.

객장 트레이딩은 오늘날까지 계속되고 있다. 만약 실제로 거래가 이루어지는 광경을 관전할 기회가 있다면 꼭 한 번 보라고 권하고 싶다. 그러면 어떻게 거래량이 가격을 강력하게 뒷받침하는지, 내가 왜 PAT 기법 신봉자들이 실질적인 가치나 효과보다는 새로움이나 차별성을 추구하기 위해 이 기법을 홍보하고 있다고 생각하는지 그 이유를 알 수 있을 것이다.

가격 움직임은 모든 뉴스, 관점, 전 세계의 트레이더와 투자자의 의사 결정을 요약해 담고 있으므로 이를 상세히 분석해서 시장의 향방을 알 수 있다는 데는 의심의 여지가 없다. 하지만 거래량 없이는 가격 분석을 검증할 방법이 없다. 거래량은 기준점이다. (많은 관측을 조합해서 넓은 지역을 직접 측정하지 않고도 삼각형의 성질을 이용해 거리와 좌표를 알아내는) 삼각 측량법을 쓰듯이 다각도로 나누어 관찰하면서 가격 움직임에 대한 분석이 옳았는지를 검증할 수 있다. 객장의 옛 트레이더들이 하던 일도 바로 이것이다. 그들은 가격 움직임을 보고 객장에서 주문 흐름을 파악해서 유효성을 검증하고 이에 따라 적절한 조치를 취했다. 우리가 해야 할 일도 마찬가지다. 차트에 보이는 거래량을 이용하면 된다.

다시 경매장으로 돌아가자. 이번에는 물리적인 공간이 없는 온라인 경매장으로 들어간다. 모든 구매자를 볼 수 있으며 방에 몇 명이 있는지, 전화 입찰 상황은 어떤지, 입찰 속도는 어떤지를 알 수 있었던 물리적인 공간을 떠나 왔다고 상상해 보자. 경매장에 실제로 있었을 때는 어디서 가격이 잠시 멈출지에 대해서 어느 정도 감을 잡을 수 있었다. 가격이 생각했던 한도액에 가까워지면 입찰자들이 다음 가격을 부를 때 찰나이긴 하지만 주저하며 내보이는 두려움을 알아볼 수 있었다. 이제 옛 객장 트레이더들이 처한 어려움을 여러분도 이해할 수 있을 것이다.

온라인 경매에서 우리는 로그인을 하고 경매가 시작되기를 기다린다. 구매를 희망하는 물품이 나오면 입찰을 시작한다. 다른 입찰자가 얼마나 많은지, 공정한 환경에서 입찰하고 있는지 알 수 있는 방법은 없다. 우리에게 보이는 건 입찰자들이 제시하는 가격뿐이다. 우리가 아는 한 경매사가 비정상적인 입찰, 다시 말해 허위 입찰을 받고 있을 수도 있는데, 이런 일은 사람들이 생각하는 것보다 자주 일어난다. 잘하는 경매사들은 경매를 부추겨 열정적으로 이끌어 가고 싶어 한다. 영업에 도움이 된다면 그들은 허용되는 모든 수단을 사용한다.

다시 온라인 경매로 돌아가자. 입찰을 계속해서 물품을 낙찰받았다. 그런데 이 물품을 좋은 가격에 가져온 걸까? 이 이야기에서 우리는 가치가 아닌 가격만 언급하고 있는데, 지금쯤이면 여러분도 감을 잡았겠지만 온라인 경매에서 우리가 보는 건 가격뿐이다.

그렇다면 전자 트레이딩이라는 '경매'에서도 순전히 가격만으로 의사 결정을 내려야 하는 걸까? 과거의 상징적 트레이더들이었다면 이 질문에 매우 단호하게 '아니오'라는 답을 주었을 것이다. 이번에도 불완전하긴 하지만 요점을 잘 전달할 것으로 생각되는 예를 들어 보겠다.

나에게 거래량이 없는 가격 차트는 이야기의 일부분에 불과하다. 비록 가격이 주어진 특정 시간에서의 시장 정서를 집약해서 보여 주긴 하지만, 수많은 시장에 조작이 만연해 있는데 무료인 소중한 도구를 버려 둘 이유는 없다.

가격은 선행 지표로 이미 일어난 일을 보여 줄 뿐이지만, 우리는 이를 해석해 다음에 어떤 일이 일어날지 예측한다. 이렇게 가격만으로 하는 분석이 정확할 수도 있지만, 그림을 완성시켜 주는 것은 거래량이다. 조작된 시장에서 거래량은 가격 움직임의 이면에 있는 진실을 드러낸다.

이제 가격을 더 자세히 살펴봐야겠다. 특히 기술의 변화가 가격 막대를 구성하는 네 가지 요소, 즉 시작가, 고가, 저가, 종가에 미친 영향을 보고 최근 몇 년 동안 네 요소 중 시작가와 종가, 이 두 가지에 근원적인 영향을 끼친 전자 트레이딩에 대해 살펴본다.

네이와 그 이전 시대로 거슬러 올라가면 당시는 실제 장이 열릴 때만 거래가 이루어졌다. 미리 정한 시간에 거래소가 열리면 시장이 열리고, 거래소가 닫히면 시장도 닫혔다. 거래는 거래소 입회장에서 이루어졌고 모두가 장이 열리고 닫히기 직전 시간을 인지하고 있었다. 그렇기 때문에 시작가와 종가에 부여되는 의미가 컸다. 트레이더 및 투자자들은 시작가가 나오기만을 기다리고 있었고 마감 종을 칠 때가 가까워 오면 하루 포지션을 청산하려는 트레이더들이 여기저기 뛰어다녔다. 지금은 정규 시장 시간_{RTH, Regular Trading Hours}이라고 불리는 이 시간대에 거래소가 실제로 열린다. 뉴욕증권거래소는 오전 9시 30분부터 오후 4시까지, 런던증권거래소는 오전 8시부터 오후 4시 30분까지 열리는 등 이 시간 원칙은 여전히 전 세계 주식시장에 적용되고 있지만, 온라인 트레이딩의 출현으로 전 세계적으로 트레이딩이 근본적으로 바뀌었다.

CME가 1992년 도입한 글로벡스_{Globex}라는 플랫폼은 트레이딩의 판도를 완전히 바꾸었다. 그때 이후 실질적으로 모든 선물 계약은 하루 24시간 거래되고 있다. 주식 같은 현물시장은 거래소가 지정하는 물리적 시간대로 거래가 제한되지만 선물 지수의 전자 거래가 도입되면서 현물시장도 사실상 24시간 내내 거래되고 있다. 현물시장의 시작가와 종가의 중요성이 예전에 비해 훨씬 줄어들었다는 의미다.

이유는 간단하다. 현물 지수의 파생 상품인 지수 선물 거래에서 전자 트레이딩 체계가 표준이 되면서 글로벡스가 도입되었기 때문이다. E-mini(S&P500)가 1997년에 도입되고, 1999년에는 NQ E-mini(나스닥100), 2002년에는 YM E-mini(다우존스30)가 연이어 출시되었다. 이제 이런 지수 선물 상품들이 아시아 시장에서 야간 거래되고, 개장되기 훨씬 전에 이미 선물을 통해 시장 심리에 대한 징후를 볼 수 있기 때문에, 현물 지수 시장에서 개장 시간에 갑작스러운 가격 변화는 더 이상 없다. 전자 거래가 등장하기 전에는 트레이더가 장이 열릴 때 발생하는 갭 상승 혹은 하락에서 시장의 의도를 알려 주는 강한 신호를 포착할 수 있었던 반면, 오늘날에는 밤사이 선물시장을 통한 예측이 가능하기 때문에 주요 지수의 개장 시작가가 더 이상 크게 놀랄 일이 아니다.

개별 종목이 여러 시장 지수에 폭넓게 나타나는 심리에 반응하는 이유는 다양할 수 있지만, 일반적으로 밀물일 때 모든 배가 떠오르는 것처럼 종목은 큰 흐름을 따라 움직일 가능성이 높다. 개별 종목의 시작가와 종가는 여전히 중요하지만 예전만큼은 아니다.

종가도 마찬가지다. 물리적으로 거래소가 닫힐 때 당일 주식 거래는 현물시장에서 끝나지만, 지수 선물의 전자 트레이딩은 동아시아 거래 시간대와 그 이후까지 지속된다. 현재 글로벡스 플랫폼에서 24시간 거래되는 상품 시장과 역시 24시간 거래되는 외환 선물 및 현물시장에서도 전자 트레이딩의 이런 양상은 동일하게 보인다.

트레이딩의 전자적인 특성은 가격 차트에도 반영된다. 20년 전, 갑작스럽게 상승하거나 하락하는 가격 움직임은 일반적이었으며, 이전 막대의 종가보다 훨씬 위나 밑에서 시작하는 가격 막대도 많았다. 이는 훌륭한 브레이크 아웃 breakout(가격이 조정 구간을 뚫고 오르는 것, 돌파—역주) 신호였고 거래량으로 검증된 경우 특히 그랬다. 이런 가격 움직임은 지금은 매우 드물고 주식시장에서만 한정적으로 나타난다. 다른 시장들은 외환 현물시장처럼 전자 거래 방식이며, 방금 언급했듯이 지수가 밤사이 선물 움직임을 반영한다.

전자 트레이딩에서는 일반적으로 이전 막대의 종가와 정확히 같은 가격에 막대가 시작하며, 여기서 드러나는 정보는 거의 없다. 이것은 이 방식이 차트의 가격 움직임에 끼친 많은 변화 중 하나이고, 앞으로도 달라지지 않을 것이다. 전자 트레이딩은 사라지지 않을 것이며, 결과적으로 다양한 시장에서 시작가 같은 가격 움직임 요소는 점점 덜 중요해질 것이다.

시장을 하루 24시간 운영하면 막대의 시작가는 주말에 장이 폐장하기 전까지는 그 이전 막대의 종가를 따른다. 부족하지만 나의 견해를 말하자면, 그렇기 때문에 PAT의 관점으로는 어떤 경우에도 유효한 심리와 관련된 신호를 거의 받을 수 없다. 그러므로 전자적인 오늘날의 세상에서 거래량은 더욱 큰 의미가 있다.

그러면 이쯤에서 가격 막대 하나를 더 자세히 보고 거래량 가격 분석법의 관점으로 이를 형성하는 네 가지—시작가, 고가, 저가, 종가—의 중요성을 살펴보자. 이 책의 나머지 부분과 내가 실제 트레이딩에서 사용하는 유일한 가격 막대는 캔들 차트의 막대임을 밝힌다. 앨버트가 오래전 나를 가르칠 때 그리고 내가 트레이딩을 배울 때 이용한 것이다.

막대_{bar chart}(캔들 차트와 비슷하지만 몸통 대신 짧은 가로 선으로 시작가와 종가를 표시한 차트—역주) 차트를 사용해 보고 나니 캔들 차트를 사용하지 않아도 되겠다는 생각이 들었는데, 결국 다시 캔들로 돌아왔고 당분간 다른 차트는 사용하지 않을 계획이다. 물론 봉 차트나 선 차트, 하이킨 아시_{Heikin Ashi}(시작가, 고가, 저가, 종가에 평균값을 써서 방해가 되는 가격 데이터의 영향력을 줄이고 추세를 더 명확히 드러내도록 그린 막대형 차트—역주) 및 기타 차트를 선호하는 트레이더가 많다는 걸 나도 안다. 다만 나는 처음 거래량 가격 분석법을 배우던 때부터 캔들 차트를 사용해서 그런지, 이 분석법의 진가는 캔들을 쓸 때 드러난다고 믿고 있다.

자, 그럼 전형적인 캔들 하나를 철저히 분석하고, 이 분석에서 얼마나 많은 것을 배울 수 있는지를 알아보자. 모든 캔들은 〈그림 3.1〉에 보이는 것처럼 시작가, 고가, 저가, 종가, 윗꼬리, 몸통, 아랫꼬리의 7가지 핵심 요소가 있다. 이들 각자가 가격 움직임을 정의하는 데 역할이 있지만 거래량으로 검증되었을 때 시장의 심리에 대해 가장 많은 것을 드러내는 것은 윗꼬리, 몸통, 아랫꼬리다.

캔들에 담겨 있는 가격 움직임을 시각화하는 간단하고 (틱 차트부터 월간 차트에 이르기까지) 시간대에 관계없이 적용 가능한 방법은 삼각함수의 사인파로

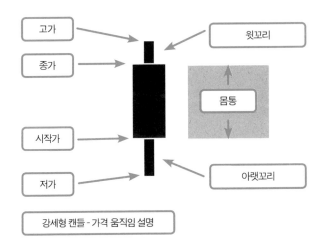

그림 3.1 전형적인 캔들 형태

표시하는 것이다. 매수, 매도자가 우위를 차지하기 위해 싸우면서 나타나는 시장의 진동에 따라 가격 움직임은 사인파로 그려진다.

〈그림 3.2〉는 가격 움직임을 시각화한 것으로, 이 경우 매수자가 승리했다. 이 캔들이 형성되기까지 가격 움직임이 다른 여정을 거쳐 왔을 수도 있지만, 중요한 건 완성된 캔들이다.

해당 기간의 심리를 보여 주는 몸통부터 시작해 보자.

시작가와 종가 사이의 긴 몸통은 심리가 강하게 형성되었다는 의미이며, 종가가 시작가보다 높으면 강세 심리, 낮으면 약세 심리를 의미한다. 시작가와 종가 사이의 짧은 몸통은 약한 심리를 나타낸다. 어느 방향으로도 강한 견해가 없는 것이다. 윗꼬리와 아랫꼬리는 변화를 가리킨다. 구간 중 나타나는 심리의 변화다. 심리가 구간 내내 확고하게 유지되었다면 윗꼬리와 아랫꼬리는 만들어지지 않는다. 앞서 나온 온라인 혹은 실제 경매에서처럼 일정 가격에

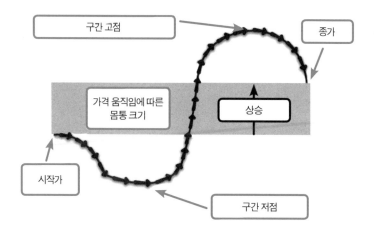

그림 3.2 사인파로 표현한 가격 움직임

서 시작하고, 일단 팔리면 그보다 더 높은 가격에서 마감되는 것과 같은 이치다. 이런 방식의 가격 움직임은 몸통 위, 아래에 윗꼬리와 아랫꼬리 없이 견고한 막대를 만드는데, 이는 트레이딩과 관련해서 생각하자면 캔들 방향으로 강하고 지속적인 시장 심리가 있음을 시사한다.

이것이 꼬리가 가진 힘이다. 윗꼬리와 아랫꼬리를 몸통과 연계한 분석으로, 진정한 시장 심리에 대한 많은 것이 드러난다. 이러한 캔들 분석은 가격 움직임 매매법의 기초를 형성하는데, 이 방법 하나만으로도 완벽하게 유효하다.

그런데 이 지점에서 분석을 멈춘 채 거래량으로 가격 움직임을 검증하지 않을 이유가 있을까? 내가 이해할 수 없는 지점이 여기다. 독자 중 가격 움직임 매매법을 쓰는 트레이더가 혹시 있다면 내 이런 생각을 지적해 주기를 바란다. 이메일로 보내 주면 좋겠다. 나에게 배움은 기쁨이다.

자, 여러분도 봤듯 거래량 가격 분석법에서 윗꼬리의 길이와 맥락, 즉 상승 방향인지 하락 방향인지는 매우 중요한데, 시각적인 예를 통하면 그 요점을 쉽게 설명할 수 있다. 꼬리가 형성되는 과정을 보여 주는 두 개의 예를 살펴보자. 첫 번째 예인 〈그림 3.3〉에서 시장은 하락했다가 반등하며 시작가에 마감했다. 두 번째 예인 〈그림 3.4〉에서는 시장이 상승했다가 반락해서 시작가로 마감했다.

여기서 시장 심리와 관련해서 무슨 일이 일어나고 있는지를 분석해 보자. 두 경우 모두 종가가 시작가로 돌아갔고, 이것은 가격 움직임의 분명한 특징이다. 추측할 것은 없다. 가격 움직임 내에서 상승과 하락, 조정과 반등 등이 있었을 수도 있지만, 이 기간의 어느 순간 가격 움직임은 저점 혹은 고점을 찍고 시작한 곳으로 돌아왔다.

아랫꼬리를 먼저 살펴보자. 가격 막대가 열리고 거의 즉시 시장에 있던 매도자들이 압력을 행사하고 매수자를 압도하며 가격을 낮춘다. 아마 가격이 내려가는 과정에서 멈추고 잠시 반등하려는 시도가 있었을 것이며, 이는 더 짧은 시간대로 봤다면 나타났을 것이고 또 트레이딩에서도 핵심 부분이었을

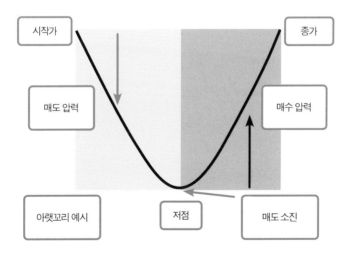

그림 3.3 아랫꼬리 예시

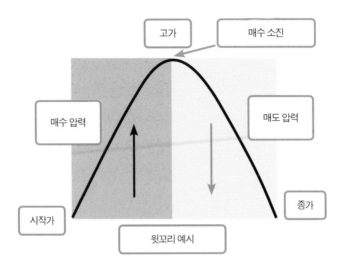

그림 3.4 윗꼬리 예시

것이다. 분명한 건 우리가 아는 한 이 예시의 캔들이 형성되는 초반 내내 매
도자가 주도권을 유지했다.

그러다가 구간의 어느 한 시점에서 시장 가격이 매수하는 분위기로 바뀌
면서 매수자가 시장에 돌아오기 시작하고, 매도자와 주도권을 두고 씨름한
다. 가격 막대의 바닥에 가까워지면서 서서히 주도권을 잡아가던 매수자가
매도자를 점점 압도하고 매도자는 마침내 포기한다. 이제 매도자가 압력을
받을 차례다. 점점 더 많은 매수자가 시장에 유입되며 매도자를 압도하고, 가
격을 더 높이면서 마침내 시작가로 마무리한다.

이 가격 움직임이 드러내는 것은 무엇일까? 두 가지로 매우 중요하다. 첫째,
이 구간에서 어떤 시간대였건 간에 시장 심리가 완전히 반전되었다. 왜일까?
캔들 형성 초반에 명백했던 매도 압력이 후반에는 완전히 압도되고 흡수되
었기 때문이다. 둘째, 막대의 마감 때 심리는 강세다. 가격 움직임이 시작가에

마감되었고, 마감의 순간에 가격은 매수 압력에 힘입어 상승하고 있었다.

그러면 이것이 추세 반전의 신호일까? 대답은 '아니오'인데, 거래량을 살펴보면 비로소 완전한 그림이 보이고, 그 이유를 알 수 있을 것이다. 지금은 그림의 절반에 불과하지만 가격 움직임만 고려한다. 여기서 강조하고 싶은 점은 캔들의 꼬리가 중요하며 캔들의 몸통과 더불어 거래량 가격 분석법의 필수적인 부분이라는 것이다. 이 예에는 몸통이 '0'이었는데, 이는 긴 몸통만큼이나 중요하다.

위 예시가 가격 움직임과 연계된 캔들의 '내부'에서 일어나는 일을 이해하는 데 도움이 되었으면 한다. 〈그림 3.3〉은 가격 움직임이 50/50으로 대칭적으로 분할된, 간단한 예시지만 원칙은 유효하다. 가격 움직임도 25/75 또는 심지어 15/85로 분할되었을 수도 있다. 요점은 캔들이 나타낸 몇 분, 며칠, 혹은 몇 주도 될 수 있는 이 구간에서 매수자가 매도자를 압도한 것이다.

이는 이 책의 뒷부분에서 살펴볼 거래량 분석의 또 다른 영역으로 연결된다. 지금까지 캔들 하나가 생성되고 지속되는 동안 형성되는 거래량과 가격의 관계를 보는 거래량 가격 분석법VPA, Volume Price Analysis을 여러 번 언급했다. 그런데 캔들의 생애에서 구체적으로 무슨 일이 벌어지는 걸까? 실제로 매수와 매도가 일어나는 곳은 어디일까? 이를 보여 주는 것이 가격대별 거래량Volume At Price, 줄여서 VAP다.

거래량 가격 분석법이 캔들이 마감된 후 거래량과 가격 사이의 '선형 관계'에 초점을 맞추는 반면, VAP는 가격 막대가 생성되는 동안 나온 거래량의 특성에 초점을 맞춘다. 즉 가격 움직임 내에서 거래량이 '어디에' 집중되었는지를 보여 준다. 이는 시간 개념을 관계에 도입한다.

거래량 가격 분석법은 캔들 외부에 있는 거래량과 가격 간 관계의 큰 그림인 반면, VAP는 거래량의 특성에 대한 상세 사항, 즉 캔들의 '내부'에 대한 정보라고 할 수 있다. VAP 분석으로 '외부'를 보는 시각에 관점이 추가된다. 동일한 것을 바라보는 서로 검증하는 두 가지 다른 관점을 가지는 셈이다.

이제 캔들에 윗꼬리가 달려 있는 다른 예를 보자(《그림 3.4》). 장이 열리자 매수자들은 즉시 우위를 점해서 가격을 상승시켰고 매도자를 압도했다. 매수 압력에 눌려 매도자는 패배를 인정할 수밖에 없다. 하지만 시간이 경과하면서 매수자가 힘들어지는 지점에 도달하고, 시장은 더 높은 가격에 저항하며 매도자가 점차 통제권을 되찾기 시작한다. 마침내 구간의 최고점에서 매수자는 힘이 빠지고 매도자가 시장에 들어오면서 매수자가 수익 거래를 청산한다. 이 매도 압력은 가격을 낮추고, 캔들은 시작가로 되돌아온다.

다시 한 번 말하지만 이런 가격 움직임에는 근본적이고 매우 중요한 두 가지 사항이 있다. 첫째, 시장 심리의 완전한 반전이다. 이 경우 강세에서 약세로 전환되었다. 둘째, 시작가와 종가가 같으므로 구간의 끝에서 심리는 약세다. 반복하는데, 이는 가격 움직임을 일정한 틀에 맞추어 보는 정형화된 시각이다. 그러나 캔들이 지속된 구간에 실제로 일어난 일이기도 하며, 이는 구간을 보는 시간 기준을 바꾸어도 다르지 않다.

이 캔들은 틱 차트에도, 5분 차트에도, 일간 차트에도, 주간 차트에도 있을 수 있다. 이 지점에서 시간 개념이 중요해진다. 이런 유형의 가격 움직임은 연계된 거래량이 적절한 특성을 보일 때 연동해서 영향력이 생기는데, 그 영향력은 1분, 5분 차트보다 일간, 주간 차트 때 훨씬 더 큰 크다. 이 부분에 대해서는 다음 몇 개 장에서 더 상세히 살펴볼 것이다.

그런데 캔들 형태의 가격 차트에서 이런 가격 움직임은 어떻게 보일까?

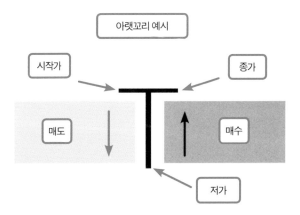

그림 3.5 아랫꼬리 예시의 캔들

결과로 나타난 캔들이 그다지 흥미롭게 보이지는 않는데, 이 캔들은 차트에서 볼 수 있는 가장 강력한 가격 움직임 중 하나이며, 특히 거래량을 더불어 분석했다면 더욱 그렇다.

이 캔들만큼 강력한 캔들이 또 하나 있다.

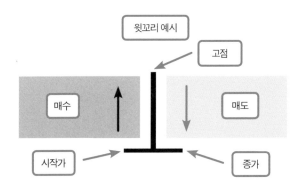

그림 3.6 윗꼬리 예시의 결과로 형성된 캔들

이제 가격 움직임 매매법과 관련된 이야기를 마무리하려고 한다. 결론적으로 말하자면, 캔들 꼬리의 움직임으로 매수와 매도를 간단히 파악할 수 있다. 하지만 〈그림 3.6〉에서 가격 움직임의 힘 그리고 더 중요할 수도 있는 가격 움직임의 유효성은 드러나지 않는다. 가격 움직임이 순수한가, 거짓인가? 순수하다면 그 결과로 형성된 움직임은 얼마나 강력할 것인가? 이 질문에 대해 가격 움직임 매매법은 완벽한 그림을 그려 주지 못한다. 이것이 내가 생각하는 가격 움직임 매매법이 이야기의 반밖에 들려주지 못하는 이유다. 그림을 완성하는 것은 거래량이다.

**A COMPLETE GUIDE TO
VOLUME PRICE ANALYSIS**

Chapter 4

가격 불일치에 주목하라

🍂 주식 투자라는 예측 불가능한 일을 평생 학습하는 과정은
어디서 시작하든 간에 끝이 없다.

_ 존 네프(John Neff, 1931~)

이 장에서는 거래량 가격 분석법, VPA에 대한 몇 가지 기본 원칙을 살펴볼 예정이다. 그런데 그에 앞서 우선 이 접근법으로 트레이더로서 꾸준히 성공하기 위한 지침이 될 기본 원칙부터 설명하겠다. 앨버트의 가르침을 바탕으로 이 기법을 쓰기 시작한 후 20년 동안 나는 이 원칙을 매일 따르고 발전시켜 왔다는 점을 강조하고 싶다. 많은 비용을 들이고 비현실적인 경험도 했지만, 나와 내 남편 데이비드를 올바른 트레이딩의 길로 인도해 준 앨버트에게 감사할 따름이다. 나는 이 책이 여러분에게도 그런 가르침이 되기를 바란다.

이 원칙들은 법칙이 아니라 앞으로 배우게 될 부분을 맥락 속에서 이해하는 데 도움이 될 기본 원리다. 더불어 앞으로는 거래량 가격 분석법을 VPA라고 하겠다.

원칙 1, 과학이 아닌 예술

첫 번째로 이해해야 할 원칙은 VPA를 이용한 차트 독해법을 배우는 것이 과학이 아니라 예술이라는 점이다. 게다가 이 기법은 쉽게 소프트웨어로 구현하거나 자동화할 수도 없다. 능숙해지려면 시간이 조금 걸리겠지만 노력과 시간에 대한 보상은 받을 수 있을 것이다. 일단 능숙해지면 모든 시장과 모든 기준에 적용할 수 있다. VPA가 소프트웨어에서 잘 작동하지 않는 이유는 대부분의 분석이 주관적이라는 간단한 이유에서다. VPA에서 우리는 가격 움직임을 이와 연계된 거래량에 비추어 비교, 분석하는 동시에 거래량의 강도를 과거 거래량과 비교해 판단한다.

이 기법은 소프트웨어만으로는 절대 작동하지 않는다. 소프트웨어 프로그램의 의사 결정 과정에는 주관성이 개입되지 않기 때문이다. 이 기술은 한 번 익히면 평생 동안 무료로 이용할 수 있다는 장점도 있다. 실시간으로 거래량을 받기 위한 정보 이용료 그리고 이 책에 들인 투자금 정도가 드는 비용일 것이다.

원칙 2, 인내심

나는 이 원칙을 배우는 데 꽤 시간이 걸렸다. 그렇기 때문에 여러분이 의미 없는 노력을 크게 들이지 않도록 내가 도움이 되었으면 한다.

금융시장은 초대형 유조선 같다. 여유 없이 급작스럽게 멈추거나 회전하지 않는다. 시장은 모멘텀을 갖고 거의 잠재적인 반전 또는 이상 징후를 나타내는 캔들 및 캔들 패턴 너머로 계속된다. 처음 시작했을 때 나는 반등 신호를 볼 때마다 신이 나서 즉시 포지션에 들어가곤 했는데, 이 신호가 검증되고 시장의 방향이 정식으로 바뀔 때까지 시장은 그대로 지속된다는 걸 알게 되었다.

사실 각 가격 막대에서 그리고 시장에서 실제로 무슨 일이 벌어지고 있는지 생각해 보면 왜 이런 현상이 생겼는지 이해할 수 있다. 비유를 들어 좀 더 설명해 보겠다.

한여름의 소나기를 생각해 보자. 밝은 해가 비추다가 변화가 생겨 구름이 몰려들고 몇 분 내에 비가 내리기 시작한다. 처음에는 가볍게 내리다가, 점점 거세지고 다시 잠잠해지다가 마침내 멈춘다. 몇 분 후 해가 다시 나오고 빗물이 마르기 시작한다.

가격 반전이 일어날 때 무슨 일이 일어나는지 이 비유를 들면 생생하게 시각적으로 그려 볼 수 있다. 여러 개의 하락 캔들이 형성되는, 하락 추세를 예로 들어 보자. 매도세가 지속되다가 어느 순간 매수를 할 만한 신호가 보인다. 매수자가 매도자를 압도하는 중이지만, 캔들의 가격 움직임이 생성되는 동안 모든 매도자가 압도되지는 않았다. 시장이 더 내려갈 거라 믿는 사람도 있고 실제로 시장이 더 내려가기도 하는데, 이내 호가마다 조금씩 가격이 오르기 시작하면 많은 매도자가 두려워서 시장을 떠나고 만다. 그러다가 반등이 일어나기 전 시장이 다시 내려가고, 그 과정에서 완고하게 남아 있던 매도자들이 털려 나간다. 마지막 남은 매도의 잔재를 '쓸어 내고' 마침내 시장이 상승할 준비를 마친다.

시장이 완전히 깔끔하게 멈췄다가 반전하는 법은 거의 없다. 거의 항상 시장은 모든 매도자 혹은 매수자를 쓸어 낼 때까지 충분한 시간을 가지는데, 이 꾸준한 톱질은 상승 혹은 하락 추세가 확장되고 난 후 흔히 보이는 횡보 구간이다. 이 구간에서 가격의 지지와 저항은 강력한 힘을 발휘하는데, 이 힘은 VPA의 핵심 요소다.

여기서 교훈은 신호가 나타나자마자 즉시 행동하지 말라는 것이다. 신호는 곧 일어날 변화에 대한 경고이며, 이때 우리는 침착해야 한다. 소나기가 멈출 때는 갑자기 멈추지 않는다. 멈추기 전 빗줄기가 점차 가늘어진다. 무언가를 쏟고 수건으로 닦아 낼 때를 보면 '첫 걸레질'로 대부분 액체가 흡수되고 '두 번째 걸레질'로 작업이 완료된다. 이것이 시장이다. 시장은 스펀지다. 닦아 내기 작업을 완료하기까지 시간이 걸린다.

내가 요점을 명확히 전달했기를 바란다. 인내심을 갖고 기다리자. 반등은 오지만, 캔들 한 개 신호에 즉각적으로 발생하지는 않는다. V 자 모양의 반등 랠리(Rally, 갑작스럽고 빠른 상승세−역주)와 추세 역전이 캔들 한 개에서 촉발되기도 하지만 이런 경우는 매우 드물다.

원칙 3, 모든 것은 상대적이다

거래량 분석은 전적으로 상대적이다. 나는 내가 받는 거래량 정보의 원천에 대해 더 이상 우려하지 않게 되었을 때 비로소 이 결론에 도달했다. 트레이딩을 시작했을 때만 해도 나는 데이터의 모든 것을 이해하려고 강박적으로 노력했다. 이 데이터 출처는 어디인지, 어떻게 수집된 건지, 정확한지, 다른 정보 제공사의 데이터와 비교하면 어떤지, 더 정확한 트레이딩 신호를 받을 수 있는 더 좋은 방법은 있는지 등 수없이 많은 질문을 던졌다. 요즘에도 트레이딩 관련 온라인 토론방에 가면 데이터의 출처를 둘러싼 논쟁이 계속되고 있다.

여러 회사의 데이터를 비교하는 데 몇 달을 보내고 난 후 나는 정보의 사소한 불완전성 혹은 불일치를 걱정한다고 해서 더 얻을 수 있는 것은 없다는 것을 깨달았다. 앞서 언급했듯이 트레이딩과 VPA는 과학이 아닌 예술이다.

데이터 피드data feed는 증권사별, 플랫폼별로 차이가 있기 때문에 캔들 패턴도 조금씩 다르다. 한 증권사에서 차트를 보고 같은 종목, 같은 시간대의 차트를 다른 증권사 플랫폼으로 본다면 이 둘이 다를 확률이 높다. 그 이유는 간단하다. 캔들의 종가는 여러분 컴퓨터 프로세서의 클릭 속도뿐만 아니라 지역적으로 어디에 있는지, 구간에서 몇 시에 종가가 촉발되는지 등 다양한 요인에 의해 달라지기 때문이다. 그 요인은 저마다 다르다.

데이터 피드가 데이터를 계산하고 화면에 띄우는 방식은 복잡하다. 데이터는 여러 다른 소스에서 오고, 관리되는 방식도 다 다르다. 하지만 이는 큰 문제가 아니다.

거래량은 전적으로 상대적이므로 매번 같은 피드를 사용한다면 달라질 게 없다. 몇 달 동안 나의 연구가 검증한 결과다. 이것이 내가 "틱 데이터는 거래량을 90퍼센트밖에 대표하지 못한다"고 말하는 트레이더들을 못 참는 이유다. 그래서 어떻다는 건가? 정확도가 70퍼센트든 80퍼센트든 나에게는 상관없다. 내가 관심 있는 것은 일관성이다. 거래량 막대를 비교/분석할 때는 이전 거래량 막대와 비교하는 것이므로, 일관성이 있는 한 문제는 없다. 이렇게 상식적인 접근 방식이 전적으로 타당하다는 것을 깨닫기까지 나 역시 꽤 시간이 걸렸다.

여러분은 내가 그랬듯이 많은 시간을 낭비하지 않기를 바란다. 거래량 분석은 거래량 막대 하나를 다른 것과 비교해서 이전 대비 더 많은지, 적은지, 혹은 평균 정도인지를 판단하는 일이다. 따라서 거래량 분석에서 모든 거래량은 상대적이다. 데이터가 불완전하다 해도 상관없다. 불완전한 데이터를 불완전한 데이터와 비교하기 때문이다.

외환 현물시장의 틱 데이터에 관해서도 동일한 주장을 할 수 있다. 이것 역시 불완전하다고 인정하지만, 우리가 하는 건 막대 하나를 다른 막대 하나와 비교하는 것이고, 그것이 움직임을 보여 주면 그걸로 된 것이다. MT4 플랫폼 metatrader 4 platform(외환 트레이더 및 중개사들이 많이 사용하는 무료 트레이딩 프로그램 —역주)의 무료 틱 거래량 데이터도 매우 잘 작동한다. 내가 수년 동안 사용했고 매일 그걸로 돈을 벌었다.

원칙 4, 연습이 완벽을 만든다

어떤 기술이든 능숙해지는 데는 시간이 걸리지만, 습득한 기술은 절대 잊히지 않는다. 이 책에서 배울 트레이딩 기술은 모든 시간 기준에 통용되며, 트레이더이든 투자자이든 상관없이 동일하게 유효하다. 여러분이 투자자로서 매수 후 몇 달 동안 보유하려는 계획이라면, 리처드 네이처럼 더 장기적인 일간 혹은 주간 차트를 검토할 것이다. 또는 틱 차트 혹은 더 짧은 주기의 차트에 VPA를 이용해서 스캘핑 트레이딩을 할 수도 있다. 무엇을 하건 시간을 갖고 조급해하지 말자. VPA는 시간과 노력을 투자할 가치가 있다. 여러분은 몇 주 혹은 몇 달 후 시장의 모든 예상치 못한 변화와 문제적 상황을 갑자기 해석하고 예측할 수 있게 되었다는 사실에 놀라게 될 것이다.

원칙 5, 기술적 분석

VPA는 이야기의 한 부분일 뿐이다. 다양한 방법으로 전체 그림을 확인한 후 추가적으로 검증해야 한다. 그중 가장 중요한 것은 원칙 2에서 소개한 지지와 저항이다. 지지와 저항에서 시장은 잠시 움직임을 멈추고 반전을 시작하기 전 '쓸어 내기' 작업을 수행한다. 그런 경우가 아니라면 지지와 저항이 더 긴 장기 추세에서 잠시 움직임이 멈춘 지점일 수 있는데, 거래량 분석법으로 그 여부를 확인할 수 있다. 이러한 조정 구간에서 브레이크 아웃이 거래량을 동반해서 나온다면 이는 강력한 신호다. 추세는 가격 패턴을 분석하는 것만큼 중요하며, 이 둘은 기술적 분석이라는 예술의 일부다.

원칙 6, 검증 또는 이상 징후

VPA로 분석하며 접근할 때는 다음의 두 가지만을 본다. 거래량이 가격을 검증하는가? 가격에 이상anomaly이 있는가? 거래량이 가격 움직임을 검증했다면 이후에도 계속되는지, 연속성 유무를 확인한다. 이와 반대로 이상 징후가 있다면 이를 잠재적인 변화를 알리는 신호로 받아들인다. 즉 VPA에서 우리가 끊임없이 찾아야 할 것은 이 두 가지―검증된 가격 움직임 또는 이상 징후―다. 우선 캔들 한 개를 검증해 보자. 이후에 여러 캔들 및 실제 차트 분석으로 들어간다.

검증된 경우의 예

윗꼬리와 아랫꼬리가 짧은 긴 몸통 캔들인 〈그림 4.1〉의 예에서 캔들과 연계된 거래량은 평균보다 훨씬 위에 있으므로 거래량은 가격 움직임의 유효성을 검증했다. 시장이 강세이며, 거래가 진행되는 동안 가격이 강하게 상승했고, 기간의 고점 바로 아래에서 마감한 경우다. 이 움직임이 유효하다면 거래량에서 시장을 더 상승시키려는 노력이 보일 것이다.

와이코프의 노력과 결과의 법칙을 상기해 보자. 이 원칙과 동일하다. 시장이 상승할 때 노력이 드는 것처럼 하락할 때도 노력이 든다. 그러므로 분석 구간 내에 가격에 큰 변화가 있었다면 거래량 막대의 평균값보다도 훨씬 많은

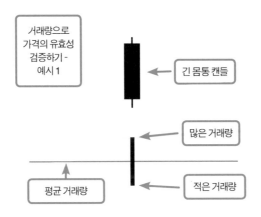

그림 4.1 긴 몸통 캔들, 많은 거래량

거래량으로 검증되어야 하는데, 〈그림 4.1〉에 많은 거래량이 보인다. 따라서 이 경우 거래량은 가격의 유효성을 검증했다. 그리고 이것으로 우리는 다음의 두 가지를 추정할 수 있다. 첫째, 가격 움직임은 진짜이며, 시장 조성자들에 의해 조작되지 않았다. 둘째, 당분간 이상 징후가 나올 때까지 시장은 강세일 것이며, 그렇다면 시장에서 원하는 만큼 매수 포지션을 유지할 수 있다.

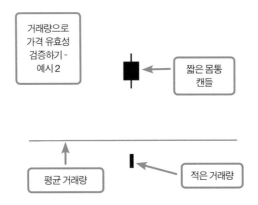

그림 4.2 짧은 몸통 캔들, 적은 거래량

〈그림 4.2〉는 짧은 몸통의 캔들이 적은 거래량을 동반한 예다. 가격이 올랐지만 소폭 상승에 그쳤고, 그래서 캔들의 몸통은 짧다. 몸통에 붙은 꼬리 역시 짧다. 동반한 거래량은 평균에 훨씬 못 미치는데, 여기서 우리가 해야 할 질문은 간단하다. "거래량이 가격 움직임의 유효성을 검증했는가? 그 대답은 '예'인가?" 역시 노력과 결과가 상응하는지를 판단하기 위한 질문이다. 이 예시에서 가격은 조금밖에 상승하지 못했으므로, 거래량 또한 이 점을 반영해서 적을 것으로 예상할 수 있다. 그러니까 노력과 결과가 서로 각각의 유효성을 검증한다면, 시장을 겨우 몇 포인트 상승시키는 데(결과) 필요한 노력(거래량)은 적은 양이어야 타당하다. 그러니 이번 예 또한 거래량이 가격의 유효성을 검증한 경우다.

이상 징후의 예

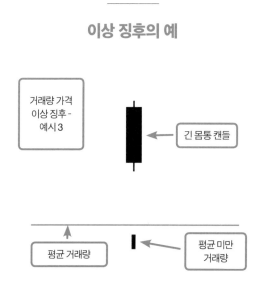

그림 4.3 긴 캔들 몸통, 적은 거래량

이번에는 이상 징후가 나타난 두 가지 예를 보자. 〈그림 4.3〉의 캔들은 긴 몸통의 상승 캔들이며, 와이코프의 세 번째 법칙을 따른다면 이 결과는 동일한 양의 노력을 동반했어야 했다. 그런데 적은 노력으로 큰 결과가 나왔다. 긴 캔들의 몸통이라면 어떤 경우든 긴 거래량 막대가 있어야 하는데, 그림에 보이는 것은 짧은 거래량 막대다. 무언가 잘못되었다.

이때 우리는 '거래량이 많아야 하는데 왜 적을까?'라는 질문을 해야 한다. 이것은 시장 혹은 시장 조성자들이 만든 함정일까? 그럴 가능성이 꽤 높다. 이 부분이 분석법의 힘이 보이기 시작하는 지점이다. 가격 막대 하나에서 우리는 무언가가 잘못되었다는 것을 즉시 알아챌 수 있다. 정상적인 가격 상승이었다면 매수자들이 많은 거래량으로 가격 상승을 지지했을 것이다.

시장에서 매수 포지션에 있는데 이런 그림이 그려졌다면 '무슨 일이 일어나고 있는가' 하는 질문을 즉시 떠올릴 것이다. 이 이상 징후는 왜 나타났을까? 함정에 대한 조기 경고일까? 이 경우는 주식시장에서 자주 발생하는 양상으로, 내부자들이 시장의 심리를 '감지해 보려' 할 때 나타난다. 1분 차트의 캔들일 것이며, 이 그림처럼 매수세가 약하거나 거의 없다면 추가 테스트를 거쳐 가격은 다시 떨어질 것이다.

글로벡스에서 지수 선물시장의 야간 거래가 계속되기 때문에 시장 조성자는 시장 심리가 강세인지 약세인지 알 수 있다고 언급했던 것을 기억해 보자. 시장 조성자들은 시장이 열리고 나서 몇 분 동안 가격을 올릴 적당한 가격 선을 시험해 보기만 하면 되는 것이다. 주요 지수뿐만 아니라 개별 주식 종목에도 일어나는 일이다. 이런 움직임은 너무나 쉽게 보이고, 거래량으로 금방 시각적으로 드러나서 신기하기도 하다.

이것이 내가 가격 움직임 매매법, 즉 PAT가 왜 사람들의 관심을 끄는지 이해할 수 없는 이유다. 거래량을 쓰지 않고 PAT 트레이더가 알 수 있는 것은 없다. 긴 몸통 캔들만 눈에 들어오고, 그러면 시장이 강세라고 추측하는 것이다.

시장 조성자가 가격을 시험한다는 사실을 파악하기는 매우 쉽다. 개장하고 차트 두어 개만 보면 알 수 있다. 이상 징후는 몇 번이고 계속해서 나타날 것이다. 시장 조성자는 시장을 조작하는 데 이용할 수 있는 오전에 발표될 뉴스를 주시하며, 구간의 분위기를 조성하기 전에 매수와 매도에 대한 관심의 수준을 시험한다. 그들은 램 엠마뉴엘Rahm Emanuel의 말처럼 '심각한 위기가 낭비되지 않도록' 이후 시장을 조종하는 데 철저히 뉴스를 이용한다(램 엠마뉴엘이 오바마 정부의 비서 실장이던 시기 좌담회에서 한 말로, 위기가 닥쳤을 때 위기를 이용해 평소라면 할 수 없었을 정책을 과감히 추진해야 한다는 의미다—역주). 결론적으로, 시장 조성자가 시장에서 매수하고 있다면 많은 거래량이 이를 반영해야 한다.

〈그림 4.3〉에서 거래량 막대는 시장이 이번 가격 움직임에 참여하지 않는다는 신호를 보내고 있고, 그럴 만한 이유가 있다. 이 경우 시장 조성자가 매수, 매도세를 시험하고 있으며, 그들은 매수자가 그 가격에 들어온다는 확신이 없으면 움직임에 동참하지 않을 것이다.

같은 시나리오가 외환시장에서도 동일하게 적용될 수 있다. 펀더멘털 관련 뉴스가 발표되면 시장 조성자는 스톱 주문stop order(미리 설정한 목표가에 매수 혹은 매도하려 할 때 이용한다—역주)을 시장에서 정리할 기회를 찾는다. 이때 가격은 뉴스에 뛰어 오르지만 관련 거래량은 적다. 이상 징후의 예를 하나 더 살펴보자.

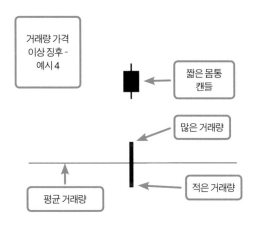

거래량 가격
이상 징후 -
예시 4

짧은 몸통
캔들

많은 거래량

평균 거래량

적은 거래량

그림 4.4 **짧은 몸통 캔들, 많은 거래량**

잠재한 함정을 알리는 명확한 또 하나의 신호다. 가격 상승은 진짜 움직임
이 아니며, 시장이 급반전 후 반대 방향으로 움직이기 전 트레이더를 약한 포
지션으로 유인하고 손절 주문을 덜어 내려고 설계된 함정 움직임이다. 이렇
게 VPA는 강력하며, 한 번 이 기술을 습득하면 왜 이전에 이 기술에 대해 알
지 못했는지 의아해진다. 거래량과 가격은 함께 시장 움직임 이면의 모든 진
실을 드러낸다.

〈그림 4.4〉에서 우리는 짧은 몸통 캔들과 많은 거래량을 볼 수 있는데, 앞
에서 본 〈그림 4.2〉에서 본 것처럼 가격이 소폭 상승하려면(결과) 거래량도 소
폭만 증가(노력)하면 되는데, 여기서는 그렇지 않다. 엄청난 양의 거래량으로
가격은 소폭만 상승했으므로 무언가가 잘못되었다. 일반적으로 차트에서 이
정도 높이의 거래량에는 긴 몸통 캔들이 함께해야 한다. 하지만 이 예에서 많
은 거래량은 소폭의 가격 상승밖에 만들어 내지 못했다.

우리가 내릴 수 있는 결론은 하나다. 시장이 약세로 전환되었고, 상승 추
세의 꼭대기 혹은 하락 추세의 바닥에서 생기는 전형적인 캔들 패턴이 나타

났다.

예를 들어 보자. 상승 추세가 지속되는 상황에서 장이 열리자 가격은 소폭이지만 상승한다. 그렇게 한동안 추세가 계속되는 사이, 청산하기에 적절하다고 생각한 매수자(롱 포지션 보유자)가 수익을 실현한다. 그런데 포지션이 청산되면 더 열정적인 매수자가 들어왔음에도—대부분 트레이더와 투자자는 항상 시장의 꼭대기에서 산다—롱 포지션이 지속적으로 청산되고 수익이 계속 실현되기 때문에, 매수자가 더 들어오기 전까지 가격은 오르지 않는다. 구간 내내 이런 순환이 계속된다. 사실상 기존 매수자들이 신규 매수자가 들어올 때마다 현재 가격에 포지션을 청산하고 수익을 챙겨 시장을 빠져나가기 때문에, 추가적인 노력으로도 더 이상 가격을 상승시키지 못하는 것이다. 다시 말하면, 가격과 거래량의 조합으로 시장의 약세가 드러나는 것이다. 이 거래량 막대의 특징을 매수 거래량과 매도 거래량으로 나누어 생각해 본다면, 짧은 몸통에 반영되었듯이 매수가 매도를 겨우 넘어선 모습일 것이다.

이는 점차 가팔라지는 얼음 언덕을 운전하고 올라가는 것과 유사하다. 처음에는 올라갈 수 있지만 더 높이 올라갈수록 차의 출력을 더 높여야 하고, 결국에는 바퀴가 얼음 위를 헛돌면서 최대 출력으로도 움직일 수 없는 단계에 이르게 된다. 만약 언덕을 반쯤 올라갔는데 최대 엔진 출력인 채로 바퀴가 헛돌며 움직이지 못하고 차가 멈췄다면, 다음에 일어날 일은 명확하다. 뒤로 미끄러지면서 모멘텀이 생기고, 앞으로 나아갈 수 없을 것이다. 앞서 묘사한 가격 움직임에서 일어난 일 그대로다. 아무리 노력을 더해도 시장이 가격 상승에 저항하고 매도자가 매수자를 물리친다.

그 정반대 역시 추세가 하락한 후에 발생한다. 이 경우에는 매수가 매도를 흡수해서 하락 움직임에 김이 빠지고, 잠재적인 반등을 알리는 신호가 생성된다. 매도가 계속되었다면 짧은 몸통이 아닌 긴 몸통 캔들이 나타났을 것이다.

캔들과 거래량의 관계는 더 심오한 또 하나의 질문을 낳는다. 짧은 몸통과 많은 거래량의 상승형 예시로 돌아가서, 우리는 다음과 같은 합리적인 질문을 할 수 있다. 지금 매도하는 주체는 누굴까? 한동안 지속된 상승세 후에 퇴장하는 트레이더일까, 아니면 다른 집단일까? 내부자나 시장 조성자일 수도 있겠지? 대부분의 투자자와 트레이더는 매도해야 할 시장의 꼭대기에서는 매수하고, 매수해야 할 바닥에서는 매도한다는 걸 우리는 알고 있다. 시장 조성자는 대부분 트레이더와 투자자의 심리가 그들의 본능에 의한 것이라는 걸 안다.

그들이 쉽게 공포에 질려 시장을 떠난다는 것도 안다. 일반적으로 그들은 한동안 상승세가 지속된 후 너무 늦게 들어온다. 시장이 점점 더 높게 상승하는 것을 지켜본 후 안전하다고 느낄 때만 비로소 훨씬 이전에 진입하지 않은 결정을 후회하면서 뛰어든다. 저명한 가치 투자자 크리스토퍼 브라운Christo-pher Browne은 "주식을 매수할 시기는 모두가 주식을 갖고 싶어 해서 높게 책정된 가격이 아닌 할인된 가격일 때다"라고 이야기한 적이 있다. 이런 심리는 모든 시장에 들어맞는다. '할인된 가격'에 산다는 건 추세의 꼭대기가 아닌 바닥에서 사는 걸 의미한다.

'기회를 놓친다는 것'은 트레이더가—그리고 투자자들이—가지는 고전적인 두려움이다. 트레이더는 기다리고 기다리다가 시장이 막 방향을 바꿀 때, 시장에서 나올 것을 고려해야 할 때 마침내 뛰어든다. 이것이 바로 내부자들이 기다리는 트레이더의 두려움이다. 기억하자. 그들은 그들 고유의 특권이 부여된 자리에서 시장의 양쪽을 모두 보고 있다.

질문으로 돌아가자. 내부자들이 가격을 더 높였지만 시장은 이 가격대에서 고전한다. 내부자들은 가진 재고를 소진하기 위해 시장에 팔지만, 시장에는 가격을 상승시킬 정도로 충분히 많은 매수자가 없다. 이는 트레이더들이 이익을 실현하기 위해 매도 물량을 쏟아 내면서 매수자들을 무력하게 만들고 있기 때문이다. 내부자들은 매수를 기대하고 매도를 계속하지만, 매도자 수에 비해 매수자의 거래량이 너무 적다. 여러 차례 시도하지만 많은 매도에 부딪혀서 가격은 충분히 상승하지 못한다. 이로 인해 한편으로는 시장에 더 많은 매수자가 유입된다. 전투가 벌어지고 있는 것이다. 전투에서 첫 번째로 나타난 고군분투의 징후는 시장이 더 많이, 더 빨리 하락하기 전에 절박하게 창고를 비워야 하는 내부자들로부터 나온다. 시장은 더 높은 가격을 받아들이지 않지만, 내부자들도 준비를 마치기 전에는 시장을 더 내릴 수 없다. 내부자들은 현재 가격대를 유지해서 추세에 올라타 쉽게 이득을 취하고자 하는 매수자를 끌어들이지만, 꾸준히 매도하는 투자자들로 인해 가격은 상승하지 못한다.

이것이 차트에서 찾아야 하는 전형적인 관계 중 하나다. 앞서 여러 번 언급했듯이 이런 관계는 틱 차트같이 시간이 짧은 차트와 긴 차트 모두에서 볼 수 있다. 신호는 똑같다. 시장이 약해지고 현재 가격대에서 어려움을 겪고 있다는 조기 경보이므로, 포지션이 있다면 수익을 취하거나 추세의 반전에 대비해 포지션에 들어갈 준비를 해야 한다. 그에 더해, 캔들이 추세의 어디에 나타나느냐에 따라 중요도가 달라진다는 점도 기억하자. 이것은 VPA도 마찬가지이며, 매우 중요하다.

곧 실제 차트에서 볼 테지만 이상 징후가 발생할 때 언제나 첫 번째 기준점이 되어야 하는 것은, '추세에서 어디에 있는가'이며, 이는 어떤 시간 기준으로 보느냐에 따라 달라진다. 이것이 이런 종류의 트레이딩 분석법이 지닌 많은 장점 중 하나다. 예를 들면, 5분 차트에서는 1시간 혹은 2시간 지속되는 것을 추세로 간주할 수 있다. 반면 일간 차트에서는 추세가 몇 주, 몇 달 동안 지속되기도 한다. 따라서 추세에 대해 이야기할 때는 추세의 맥락을 먼저 이해하는 것이 중요하다. 추세는 트레이딩의 시간 기준에 따라 상대적이다. 한편 며칠, 몇 주, 몇 달 혹은 '수퍼 사이클'이라고도 하는 긴 시간 동안 지속해야 추세로서 유효하다고 보는 트레이더들도 있다. 물론 나는 이런 관점에 동의하지 않는다. 1분, 5분 차트의 추세도 동일하게 유효하다. 추세는 장기 추세에서 나타난 단기간의 조정일 수도 있고, 장기 추세를 확인해 주는 추세일 수도 있다. 차이는 없다. 모두 가격이 만든 추세라는 점에서 같다. 가격이 일정한 시간 기준으로 봤을 때 같은 방식으로 움직인 것이다.

기억하자. VPA를 이용한다면 5분 차트를 쓸 때도 더 장기적인 일간, 주간 차트를 쓸 때와 동일하게 낮은 위험으로 수익을 낼 수 있다. 분석은 같다. 내가 말하고자 하는 요점은 이렇다. 경보를 울리는 이상 징후를 볼 때마다 해야 할 첫 번째 단계는 그것이 어떤 추세이건, 이상 징후가 추세의 어디서 나왔는지를 확인하는 것이다. 한동안 매도가 지속되다가 잠재적인 바닥인지, 크게 반등하려는 움직임인지 등을 확인해야 하는 것이다.

지금 보이는 추세가 상승 또는 하락 추세의 절반쯤에서 단기간 조정이나 반등일 수도 있다. 이렇게 추세 안에서의 위치를 판단할 때 도입하는 다른 분석 도구가 몇 가지 있다. 이런 분석 도구는 VPA를 완성하고, 삼각 측량 방식으로 추론하는 데 도움을 준다.

지지와 저항, 캔들 패턴, 개별 캔들 그리고 추세는 추세 내의 위치 및 반등 포인트를 판단할 때 살펴볼 것들이다. 이들 모두는 우리가 '기준점'을 가지는 데 있어 그리고 차트에서 가격 움직임의 현재 위치를 파악하는 데 도움을 줄 것이다. 말하자면 균형 잡힌 관점 그리고 가격대별 거래량 분석 결과가 얼마나 의미 있는지를 판단하는, 기준 틀을 찾는 도구들이다.

다수 캔들 예시

다수 캔들에 대한 접근 방식도 개별 캔들을 볼 때와 동일하다. 거래량이 가격 움직임을 검증하는가, 아니면 이상 징후인가, 이 두 가지만 보기 때문이다.

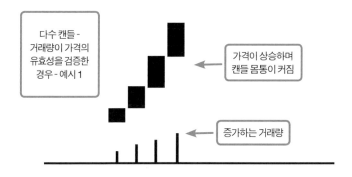

다수 캔들 - 거래량이 가격의 유효성을 검증한 경우 - 예시 1

가격이 상승하며 캔들 몸통이 커짐

증가하는 거래량

그림 4.5 상승 추세에서의 다수 캔들 유효성 검사

〈그림 4.5〉의 첫 번째 예는 상승 시장에서 전개되는 강세형 추세를 보여 주고 있는데, 가격 상승이 거래량을 동반한 것을 명확히 볼 수 있다. 우리가 기대하는 것이 정확히 이런 것이다. 이에 더해 여러 개의 연속 거래량 막대는 향후 거래량을 판단할 '기준 거래량 기록 benchmark history'이 된다.

적은 거래량으로 인한 짧은 몸통의 첫 번째 캔들이 형성되는데, 문제는 없다. 거래량이 가격을 검증했고 이상 징후도 없다. 두 번째 캔들이 형성되기 시작하고 자세히 관찰하면 첫 번째보다 더 긴 몸통이 눈에 띄는데, 와이코프의 법칙대로라면 첫 번째 캔들보다 더 많은 거래량이 있어야 하고 실제로도 그렇다. 그러므로 상향 추세는 유효하고, 거래량도 두 개 캔들 모두에서 가격을 검증했다.

세 번째 캔들이 만들어지기 시작하고 첫 두 캔들보다 더 긴 몸통으로 마감될 때쯤에는 와이코프의 세 번째 법칙인 노력과 결과의 법칙을 반영하는 거래량이 나올 것으로 예상할 수 있다. 결과의 확대—더 폭넓은 가격 변화, 즉 더 긴 몸통—에 상응하는 노력의 증가—이전 캔들보다 더 많은 거래량—가 있어야 하는데 실제로도 있다. 그러므로 캔들로 본 가격 움직임이 거래량으로 검증되었다. 그리고 이 단순한 관찰에서 더 나아가 세 개의 캔들로 가격의 추세의 유효성까지 검증되었다.

다시 설명하자면, 세 개의 막대를 거치는 동안 가격이 상승해서 추세를 생성했고, 거래량이 증가하고 있으며, 그것으로 추세 또한 확인해 주고 있다. 결국 노력과 결과의 법칙이 개별 캔들에 작용하듯이 (이 예시에서는 세 개의 캔들로 구성된) 추세에도 작용했다. 그러므로 추세에서 가격이 상승한다면 와이코프의 세 번째 법칙에 따라 거래량도 상승할 것이라고 예상해야 한다. 그리고 이 경우 그렇다.

요점은 이것이다. 노력과 결과의 법칙은 앞서 봤듯이 개별 캔들에 작용할 뿐만 아니라 여러 개의 캔들을 함께 볼 때 보이기 시작하는 추세에도 작용한다. 다시 말하면 다수의 캔들과 거래량 막대를 함께 보는 것은 두 단계의 검증—혹은 이상 징후—인 셈이다.

여기서 첫 번째 단계는 개별 캔들의 가격과 거래량 관계에 근거한다. 두 번째는 캔들 여러 개가 모인 집단에서 보이는 집합적인 가격과 거래량 관계에 근거한다. 와이코프가 '원인과 결과의 법칙'이라고 했던 두 번째 법칙은 이때 적용된다. 결과—추세의 가격 변화—의 범위는 원인—거래량과 법칙을 적용할 구간의 길이, 즉 시간 요소—의 크기와 연관된다.

깔끔한 그림을 하나 보자. 각 캔들의 가격 움직임은 동반한 거래량으로 검증되었고, 전반적인 가격 움직임은 전체적인 거래량으로 유효성이 검증되었다. 이 모든 것은 '가격 상승=거래량 증가'로 간단히 요약된다. 시장이 상승하고 거래량이 증가하면 유효성이 검증된 것이다. 다시 말해 내부자가 움직임에 참여하고 있는 것이다.

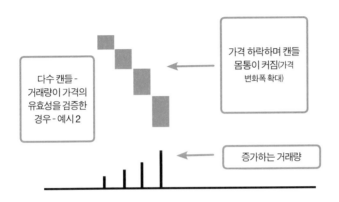

그림 4.6 하락 추세에서의 다수 캔들 유효성 검사

이제 〈그림 4.6〉을 통해 하락장을 살펴보자. 이처럼 시장이 하락하는 경우, 몇몇 VPA를 처음 배우는 학습자들 중에는 이 부분에서 혼란스러워하는 사람도 있을 것이다. 인간은 중력이 익숙하고 무언가를 더 높이 올리려면 노력이 필요하다는 생각을 갖고 있다. 우주로 가는 로켓이나 대기 중에 떨어지는 공 모두 중력의 힘을 거스르려면 힘이 필요하다. 첫 번째 예시에서처럼 시장이 오를 때는 트레이더에게 이론적으로 문제가 되지 않는다. 하지만 하락장을 볼 때는 중력으로 설명하기가 힘들다. 시장이 떨어질 때도 노력(거래량)이 커져야 하기 때문이다.

시장은 상승과 하락 모두에서 거래량이 필요한데, 다음과 같이 생각하면 쉽다. 상승이든 하락이든 내부자들이 움직임에 동참하면 거래량 막대로 반영된다. 와이코프의 세 번째 법칙, 노력과 결과의 법칙이 다시 한 번 움직임의 방향에 관계없이 작동한다.

〈그림 4.6〉의 예를 보면 첫 캔들이 짧은 몸통을 만들고 마감한다. 연계된 거래량은 적고 따라서 이 움직임은 검증된다. 다음 캔들이 시작되고 더 긴 몸통을 만들고 마감되는데, 이때 거래량은 이전 캔들보다 높으므로 이 가격 움직임 역시 검증된다. 예상했듯이 더 많은 거래량을 동반한 세 번째 캔들이 시작되었다가 마감된 후 마침내 마지막 캔들이 더 긴 몸통을 만드는데, 연계된 거래량 또한 이전 캔들보다 높다. 이번에도 거래량은 개별 캔들을 검증할 뿐만 아니라 네 개의 캔들을 검증해 주고 있다. 여기서도 검증은 두 단계로 이루어진다. 우선 개별 캔들과 캔들이 거래량을 확인해서 유효성을 검증하거나 이상 징후를 찾는다. 다음으로 추세 자체의 유효성과 이상 징후를 확인한다.

앞선 두 예시에서 아직 질문에 대해 답이 나오지 않은 것이 있다. 매수의 거래량인가, 매도의 거래량인가? 시장의 움직임에 따라 스스로 물어야 할 질문이다. 첫 예시인 〈그림 4.5〉에서 가격 움직임을 지지하기 위해 거래량도 상승하는 모습을 봤다. 이때의 거래량은 모두 분명 매수 거래량일 것이다. 매도 거래량이 있었다면 가격 움직임 어딘가에 반영되었어야 한다. 캔들에 꼬리가 없으며, 가격이 안정적으로 상승하면서 거래량이 가격 움직임을 지지하는 것으로 이를 알 수 있다. 그러니까 진정한 움직임이라는 것을 알기에 우리는 즐겁게 동참할 수 있다.

그런데 여기서 훨씬 더 중요한 건 이것이 낮은 위험의 트레이딩 기회라는 점이다. 우리는 확신을 갖고 시장에 들어갈 수 있다. 거래량과 가격을 바탕으로 자체적으로 분석을 끝냈다. 보조 지표도 이동평균도 없고, 가격과 거래량만 분석했을 뿐이다. 간단하고 강력하면서 유효하고, 시장 안의 진정한 움직임을 드러내는 분석이다. 시장 심리와 시장의 속임수는 물론이고 시장이 어디까지 움직일 수 있는지, 그 한계도 드러난다.

기억하자. 트레이딩에는 단 두 가지의 위험만 존재한다. 첫 번째는 거래 자체의 재무적인 위험이다. 이 위험은 정량화하기 쉽고 1퍼센트 법칙 같은 단순한 재무 관리 원칙으로 관리할 수 있다. 두 번째 위험은 정량화하기가 훨씬 어려운 거래 자체에서 오는 위험이다. VPA가 다루는 모든 것은 이와 관련된다. VPA를 이용하면 거래의 위험을 정량화할 수 있다. 이 책에서 배울 다른 기법과 통합되었을 때 VPA는 막대한 힘을 지니게 되며, 다중 시간대 분석과 함께 쓰이면 훨씬 더 강력해진다. VPA를 통해 여러분은 가격과 거래량이라는 두 가지 선행 지표에 근거해 의사 결정을 내릴 수 있으며, 최종적으로 자신감을 갖춘 트레이더가 될 것이다.

이제 〈그림 4.6〉의 두 번째 예시로 돌아가서 질문해 보자. 매수의 거래량인가, 매도의 거래량인가? 움직임에 동참해도 될 것인가?

이 예시에서 거래량은 캔들과 전반적인 가격 움직임을 검증했으며, 시장은 하락세가 완연하다. 모든 캔들에 꼬리가 없고 거래량이 증가하며 시장이 하락하고 있다. 따라서 이 하락은 유효한 움직임일 것이고 내부자들이 동참했으므로 매도 거래량일 것이다. 시장 심리는 확고한 약세. 다시 한 번 상식, 논리 그리고 가격과 거래량 관계에 대한 이해를 바탕으로 발견한 낮은 리스크로 시장에 진입할 수 있는 기회다.

다수 캔들에 나타나는 이상 징후를 살펴보며 VPA의 첫 번째 원칙으로 이번 장을 마무리하고자 한다. 앞으로 설명할 그림에는 VPA를 두 단계로 검증하는 과정에서 나타나는, 하나 이상의 이상 징후가 있다. 첫 번째 단계는 개별 캔들에, 두 번째 단계는 전반적인 추세에 적용된다.

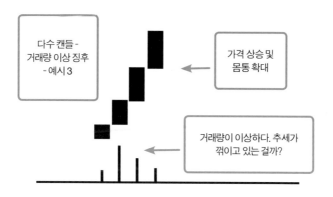

그림 4.7 상승 추세에서의 다수 캔들 이상 징후

〈그림 4.7〉은 상승 추세로 보인다. 첫 번째 캔들은 비교적 적은 거래량을 동반한 짧은 몸통의 캔들인데 거래량이 가격 움직임을 검증하므로 문제가 없다. 이후 두 번째 캔들이 첫 번째보다 약간 긴 몸통을 형성하며 마감하는데 거래량도 많다. 이전 막대와 경험에 비추어 봤을 때 이는 이상 징후다. 거래량이 많다면 아주 긴 몸통이 보여야 하는데, 이전 캔들보다 근소하게 긴 몸통만 있으므로 무언가가 잘못되었다. 이제 경보가 울린다. 와이코프의 세 번째 법칙인 노력과 결과의 법칙을 기억하라! 이 그림에서 노력(거래량)은 제대로 된 결과(가격)로 이어지지 않았고, 이는 조기 경고 신호일 수 있으므로 주의해야 한다.

세 번째 캔들이 형성되기 시작하고 긴 몸통의 캔들로 마감하지만 거래량이 이전 캔들보다 적다. 캔들 몸통의 길이를 감안하면 거래량은 적으면 안 되고 더 많아야 한다. 또 하나의 경고 신호다. 네 번째 캔들이 만들어지고 긴 몸통으로 마감하지만 거래량은 오히려 두세 번째 캔들보다 적다. 이제 이상 징후가 여러 개다.

2번 캔들 이상 징후

몸통의 길이는 길지 않은데 거래량이 많다. 거래량 막대에 담겨 있는 노력을 감안하면 훨씬 더 상승했어야 한다. 이는 잠재적인 약세의 징후다. 이 가격대에서 시장 조성자들이 팔고 있는 것이다. 내부자 움직임의 첫 번째 신호다.

3번 캔들 두 개의 이상 징후

하나의 캔들에 이상 징후가 둘이나 있다. 먼저 몸통이 이전 캔들보다 더 길다. 또 하나, 상승 시장인데 이 캔들의 거래량은 줄었다. 상승 시장에서는 거래량이 감소할 것이 아니라 증가해야 한다. 이는 더 이상 증거가 필요 없지만, 이전 거래량도 이상 징후였다는 명백한 신호.

4번 캔들 역시 두 개의 이상 징후

또 하나의 캔들에 이상 징후가 둘이나 있다. 이 추세의 가격과 거래량이 부조화스럽다는 것이 다시 한 번 확인된다. 노력과 결과의 법칙에 따라 훨씬 큰 거래량이 보여야 했는데, 거래량이 적었다.
다음으로, 감소하는 거래량이 추세의 이상 징후를 확인해 준다. 상승 추세에는 거래량이 증가해야 하는데 거래량이 감소한다. 경고가 크고 분명하게 울릴 것이다.

자, 이 네 개의 캔들에서 어떤 결론을 내릴 수 있을까? 문제는 2번 캔들에서 시작되었다. 노력이 있는데, 이에 상응하는 결과가 가격 움직임으로 나오지 않았다. 이는 약세 가능성의 첫 번째 징후다. 시장이 '과매수'라고 불리는 상황이다. 시장 조성자는 이 지점에서 어려움을 겪기 시작한다. 투자자는 숏_{Short}(시장이 하락할 때 수익이 생기는 포지션, 혹은 그런 포지션을 취하는 행위—역주)의 기회를 감지하고 시장에 진입하고 있다. 이는 이 가격보다 더 높은 가격에 대한 저항을 만들어 내는데, 3번과 4번 캔들에서 거래량이 감소한 것으로 확인된다.

시장 조성자가 이런 약세를 확인하고, 이 지점에서 가격이 떨어질 것을 대비하면서도 시장이 여전히 강세인 것처럼 보이도록 가격을 더 높게 부르며 매도한다. 즉 시장은 강세가 아니다. 이때 시장이 주요 추세의 전환이 아닌 일시적인 정지 상태일 수도 있지만, 그럼에도 불구하고 이는 잠재적인 약세에 대한 경고 신호다.

많은 거래량은 수익을 취하는 매도자의 수가 증가하고 있는 데 반해 시장에 남은 매수자에게는 시장을 상승시킬 모멘텀이 남아 있지 않기 때문에 생긴 결과다. 시장 조성자도 시장의 약세를 봤기 때문에 해당 가격에 매도하며 거래량을 더한다. 다음 세 번째, 네 번째 캔들에서 거래량이 감소하는 이유다. 그들은 시장 가격을 높게 부르지만 이 움직임에는 더 이상 참여하지 않는다. 이미 빠져나와서 트레이더들을 약한 포지션_{weak position}(확신과 정보가 부족한 투자자가 매도 시기를 놓치면 약간의 변동성에도 쉽게 흔들리며 잠재적 손실에 취약해지는데, 이런 포지션을 약한 포지션 그리고 이들을 약한 손_{weak hand}이라고 한다—역주)에 가두고 있는 셈이다.

최초 약세 움직임은 2번 캔들에서 나타났고, 3번, 4번 캔들에서 추가로 확인된다. 종종 사건이 전개되는 순서가 이렇다. 초기에는 개별 캔들에서 이상 징후가 나타나고, 그러면 다음에 나타난 캔들을 초기 이상 징후와 비교/분석한다. 이 예시에서는 감소하는 거래량 대비 지속적으로 상승하는 가격으로 이상 징후가 확인되었다.

자, 시장이 약세로 확인되었다. 다음은 분석의 마지막 단계인 차트의 더 큰 맥락을 고려한 분석으로 넘어간다. 지금 보이는 약세가 단기 조정인지 아니면 추세 변화의 전조인지를 판단하는 것이다. 여기서 와이코프의 두 번째 법

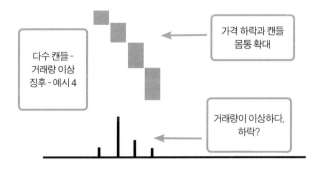

그림 4.8 하락 추세에서의 다수 캔들 이상 징후

칙인 원인과 결과의 법칙이 효과를 발휘한다. 단순히 단기 조정 혹은 반전이라면 원인도 작고 결과도 작을 것이다. 다수 캔들 이상 징후의 예를 하나 더 보자.

〈그림 4.8〉의 예는 급격한 매도가 일어나는, 가격 폭포라고 알려진 현상이다. 첫 번째 캔들은 우리가 예상한 것처럼 거래량이 적거나 상대적으로 적다. 이상 징후는 이후 폭포수의 두 번째 가격 막대에서 보인다.

2번 캔들 이상 징후

이전 캔들보다 근소하게 몸통이 더 긴 채 마감되었는데 거래량은 많거나 매우 많다. 시장이 더 낮은 가격에 저항하고 있다는 신호다. 그렇지 않았다면 몸통은 많은 거래량을 반영하며 더 확장되었을 것이다. 그러나 그러지 않았다. 직전 예시에서와 마찬가지로 경고음이 울리고 있다. 매도자들이 이 가격에서 매수자를 만나면서 약세 심리가 사라지고 있다. 시장 조성자는 시장 심리가 변화하는 것을 확인하고 이 가격대에서 매수하고 있다.

3번 캔들 두 개의 이상 징후

3번 캔들에는 〈그림 4.7〉의 예와 비슷한 두 개의 이상 징후가 보인다. 첫 번째, 긴 몸통의 캔들인데 거래량은 평균 혹은 그에 못 미친다. 두 번째, 거래량이 이전 막대보다 적다. 시장이 하락할 때는 거래량이 감소하지 않고 증가해야 한다. 하지만 그림에서는 거래량이 감소하면서 매도 압력이 빠지고 있다. 이전 막대에도 징후가 있었다.

4번 캔들 역시 두 개의 이상 징후!

다시 한 번 두 개의 이상 징후가 보인다. 첫 번째, 적은 거래량을 동반하는 긴 몸통이다. 거래량은 많아야 한다. 두 번째, 하락하는 시장에서 세 개의 캔들을 거치며 거래량이 감소했다. 다시 말하지만, 이는 이상 징후다. 하락장에서는 거래량이 증가해야 하기 때문이다.

〈그림 4.7〉의 예시처럼 〈그림 4.8〉의 첫 번째 캔들이 마감되고 거래량이 가격을 검증한다. 하지만 두 번째 캔들에서 첫 번째 경고음이 울린다. 다시 한번, 노력이 보이지만 가격 움직임 측면에서 이에 상응하는 결과가 나타나지 않았다. 그러므로 이는 약세 가능성의 첫 번째 신호다. '과매도'라고 불리는 상황이다. 시장 조성자는 어려움을 겪기 시작한다. 매수의 기회를 감지한 투자자들이 시장으로 유입되고 그 수가 늘어난다. 이로 인해 현재보다 더 낮은 가격에 대한 저항이 생기는데 세 번째와 네 번째 캔들에서 거래량이 감소하는 것으로 저항이 확인된다.

시장 조성자는 두 번째 캔들에서 진입한 후에 시장이 여전히 약세라는 인상을 주기 위해 가격을 계속 낮게 부른다. 즉 시장은 약세가 아니다. 이때 움직임이 일시적으로 정지한다. 큰 추세의 변화가 아닐 수도 있지만, 시장에 강세가 형성될 가능성이 있다는 신호라고 할 수 있다.

이때 보이는 많은 거래량은 저점에서 산 투자자들이 포지션을 청산한 데 따른 결과다. 이들의 물량은 시장에 강세가 형성되는 것을 확인한 시장 조성 자들이 흡수한다. 이것이 다음 두 캔들에서 거래량이 줄어드는 이유다. 그들은 계속해서 더 낮은 가격을 부른다. 2번 캔들에서 매수한 그들은 3번과 4번 캔들에서도 더 많은 투자자를 숏 포지션에 가두고자 한다.

이전 예시처럼 최초의 신호는 2번 캔들에서 나타났고, 이후 3번과 4번 캔들에서 추가 확인되었다. 위의 두 예시에서 내부자들은 2번 캔들에서 패를 보였다. 그리고 이는 가격과 거래량으로 나타났다.

우리는 추세 반전의 정도 혹은 이 움직임이 단기 조정에 그칠지 여부 등에 관한 단서를 기다려야 한다. 장기 추세 내의 사소한 변화였다 해도 짧은 시간 동안만 유지된 포지션이라는 것을 알고 진입할 수 있으므로, 이는 낮은 위험으로 거래할 수 있는 기회. 이는 앞서 언급했던 와이코프의 두 번째 법칙, 즉 원인과 결과의 법칙의 기본 원리로 자연스럽게 연결된다.

VPA를 바탕으로 의사 결정하는 법을 배우는 과정은 동일하다. 이 과정이 복잡하게 느껴질 수도 있지만, 습득하기만 하면 실행하는 데는 몇 분밖에 걸리지 않는다. 사실상 제2의 본능이 되는 것이다. 좀 더 빠르거나 느릴 수는 있지만 이 책에서 설명하는 원칙을 따른다면 속도는 상관없다. 분석 과정은 세 단계로 나눌 수 있다.

1단계 – 미시

캔들이 생성되는 대로 이를 분석하고 거래량으로 유효성을 검증하거나 이상 징후를 찾는다. 현재 막대를 같은 시간 기준의 이전 막대와 비교하면 거래량이 적은지, 평균인지, 많은지 혹은 매우 많은지를 파악할 수 있다.

2단계 – 거시

각 가격 캔들이 생성되는 대로 이들을 지난 캔들 몇 개가 구성하는 맥락과 비교해서 분석하고, 작은 추세 혹은 잠재적인 소규모 반전 움직임을 검증하도록 한다.

3단계 – 글로벌

차트 전체를 분석한다. 더 긴 장기 추세가 있다면 그것과 비교해 가격 움직임이 어느 위치에 있는지 파악한다. 가격 움직임이 장기 추세의 꼭대기인가, 바닥인가, 중간에 있는가? 이 분석에서 지지와 저항, 추세선, 캔들 패턴, 차트 패턴 모두가 역할을 한다.

다시 말하면, 처음에는 캔들 하나에 초점을 두고 분석한 후 인접한 캔들, 마지막으로 전체 차트를 분석하는 데 초점을 맞춘다. 카메라의 줌 렌즈를 돌리는 것과 같다. 대상을 크게 확대해서 보다가 점진적으로 화상을 축소하며 대상 전체를 담는 것이다. 이제 이를 원인과 결과의 법칙이라고 부르는 와이코프의 두 번째 법칙을 고려해서 보겠다. 여기서 시간 요소가 VPA 분석에 들어오기 때문이다.

서문에도 언급했지만 트레이딩 초기에 반복적으로 저지른 실수가 있다. 당시 나는 신호가 나오자마자 시장의 방향이 전환되리라는 추측과 함께 너무 일찍 들어갔다가 손절매당하기를 반복했다. 시장은 유조선과 같은 특징을 갖고 있다. 방향을 돌리는 데 시간이 걸린다는 것이다. 내부자들이 매수와 매도를 흡수하기까지는 다소 시간이 걸린다. 기억하자. 그들은 시장에 저항이 없을 거라는 확신이 설 때만 움직인다. 앞서 우리는 내부자들이 네 개의 캔들 중 한 개의 캔들에서만 매수한 것을 확인했다. 여러분도 곧 알게 되겠지만, 실상은 이보다 훨씬 복잡하다. 그러나 기본 원리는 같고, 그것이 이 장에서 다루는 핵심 내용이다.

결국 일간 차트에서 이 '쓸어 내기' 단계는 며칠 혹은 몇 주, 어떤 때는 심지어 몇 달 동안 지속되며 이때 시장은 횡보한다. 추세 전환의 신호가 여러 개 연이어 나타날 수 있고, 시장이 방향을 전환할 것은 확실하지만 그것이 언제일지는 모른다. 조정 구간이 길어질수록 추세의 반전도 더 오래 지속된다. 와이코프가 그의 두 번째 법칙, 원인과 결과의 법칙에서 강조하는 점도 이것이다. 원인이 크면, 다시 말해 시장이 방향 전환을 준비하는 기간이 길면 결과로 나타나는 추세도 극적이고 오랫동안 지속된다.

이 개념을 적용해 보자. VPA가 여러 시간대와 결합되었을 때 발휘되는 힘을 더 잘 설명할 수 있다.

앞서 네 개의 캔들과 거래량 막대로 이뤄진 예시들을 떠올려 보자. 이 단계는 세 단계 중 2단계, 거시 단계에 해당한다. 알려진 건 네 개의 캔들이 만들어지는 동안 변화가 생길 수 있다는 신호뿐이다. 이 신호는 단 몇 개의 캔들에서 나왔으므로, 어떤 변화이든 간에 이 추세 전환은 오래 지속되지 않을 것이다. 다시 말해 지금 보이는 것은 1단계, 미시 구간일 수도 있다는 뜻이다. 만약 그렇다면 단기 조정일 수도 있다.

이제 3단계, 글로벌 시각에서 한 발짝 떨어져서 차트를 살펴보자. 네 개의 막대로 이뤄진 가격 움직임이 사실상 반복되는 것이 보인다. 다시 말하면 원인이 단순한 반전에 비해 더 크며, 따라서 훨씬 큰 결과가 나올 가능성이 높다. 그러므로 지금은 인내할 때다. 그런데 우리는 무엇을 기다리는 걸까? 이 지점에서 지지와 저항의 역할이 명확해진다. 이와 관련해서는 뒤에서 자세히 설명하겠다.

와이코프의 두 번째 원인과 결과의 법칙으로 돌아가서, 이 원리가 다양한 시간대에서 어떻게 적용되는지를 설명하기 위해 내가 데이 트레이딩 때 쓰는 전략을 공유하고 싶다. 내가 차트 3인조라 부르는 5분, 15분, 30분 차트는 전형적으로 외환 스캘핑에 사용되는데 이는 개념을 설명하기 위한 하나의 예로, 지수 트레이딩 또는 데이 트레이딩에도 관계없이 적용된다. 30분 차트가 더 길고 더 장기적인 관점을 제공하는 데 반해 5분 차트는 시장과 더 가까운 관점을 제공한다. 내가 종종 항상 쓰는 비유는 3차선 고속도로다. 15분 차트는 가운데에, 다른 두 차트는 양쪽에서 '사이드 미러' 역할을 한다. 짧은 시간대의 변화가 긴 시간대까지 영향을 끼친다면, 이는 더 장기적인 추세가 된다. 한 예로 5분 차트에서 일어난 변화가 15분 차트 그리고 30분 차트까지 번진다면, 이 변화는 더 장기적인 추세로 발전한 것이다.

다시 VPA 분석으로 돌아가서, 5분 차트에서 추세 변화와 관련한 이상 징후가 발견되었고 이를 검증했다고 해 보자. 이후 이 추세 변화는 15분 차트에도 반영되었다. 만약 다음의 추세 변화가 30분 차트까지 파급된다면 그 결과로 추세가 반전될 것이고, 추세가 반전되기까지 오랜 시간이 걸린 만큼 추세 역시 오래 이어질 가능성이 높다. 나는 이를 태엽 자동차 장난감에 비유하고 싶다. 태엽을 많이 감지 않으면 장난감 차는 얼마 못 가서 멈춘다. 반대로 태엽을 보다 시간을 들여 감으면 장난감 차는 그만큼 더 멀리 나간다. 만약 최대로 감는다면 최대 거리까지 나아갈 것이다. 다시 말해, 들인 시간과 노력이 강도를 결정한다.

다중 시간대 분석과 통합한 VPA를 와이코프의 제2 법칙과 결합하면 다음과 같은 강력한 힘이 발휘된다. 역동적인 분석 기법 두 개를 하나로 통합했기에 어찌 보면 당연한 것인지도 모른다. 이 접근법은 짧은 틱 차트부터 더 긴 시간의 차트까지, 어떤 시간대의 조합이든 허용한다. 투자자와 트레이더를 구분해서 적용할 필요도 없다. 이 접근법은 단순하고 직설적이다. 연못에 던져진 돌이 만드는 물결과 같다. 연못에 돌을 던지는 순간 물결은 외곽으로 퍼진다. 가장 짧은 시간대에서 가장 긴 시간대로 파급되는 시장의 심리와 같다.

**Chapter
5**

내부자를 따라가라

실수는 가장 좋은 선생님이다. 성공에서는 배우지 못한다.

_ 모니시 파브라이(Mohnish Pabrai, 1964~)

    이전 장에서 우리는 VPA를 구성하는 기본 요소, 개별 캔들에 분석을 적용하는 방법 그리고 이를 이용해 소규모 캔들 그룹을 분석하는 방법을 살펴봤다. 3단계 중 1, 2단계는 본 셈이다. 3단계는 시점을 더 확대해서 차트 전체를 분석하는데, 이것이 이번 장에서 다룰 내용이다.

    이 장에서는 VPA의 다양한 변형 방법도 소개할 예정이다. 다양한 사례를 통해 가격 움직임이 전개되는 과정을 살펴보도록 하자. 우선 VPA의 중심 개념부터 알아보자.

1.   매집

2.   분산

3.   테스트

4.   매도 정점

5. 매수 정점

이 용어를 설명하는 데 있어서는 리처드 네이가 쓴 글을 인용하는 게 가장 좋을 듯하다.

> 전문가들의 방식을 이해하려면 그들을 소매가로 주식이라는 재고를 팔고 자 하는 도매상이라고 생각해야 한다. 재고를 선반에서 모두 팔아치웠다면, 그 이익으로 그들은 더 많은 상품을 도매가로 사는 데 쓰려 할 것이다.

나는 《워킹 머니 Working Money》지에 기고할 적에도 위의 비유를 인용해 엉클 조 이야기를 늘어놓았다. 이 인용에서 도매상은 내부자들로 전문가, 시장 조성자, 기관투자자, 큰손 등을 통칭하는 나의 용어다. 그들의 최우선 목표는 도매 가격으로 매수하고 소매 가격으로 매도해 차익을 남기는 것이다.

여기서 상기할 것이 있다. VPA 원칙 2번에서 설명하듯이 시장이 극적으로 변화할 때는 항상 시간이 걸리는데, 이는 와이코프의 원인과 결과의 법칙에 기인한다. 장기 추세에는 조정과 반전이 존재하기 때문에 작은 상승, 하락과 같은 변화는 시장에 항상 보이기 마련이며, 추세에 주요 변화가 생기기까지는 다소 시간이 걸린다. 참고로 시간이 오래 걸릴수록(원인) 변화도 더 크다(결과). 더불어 시장에 따라 기간도 달라진다. 며칠 만에 변화가 나타나는 시장이 있는 반면, 몇 달 후에야 변화가 나타나는 시장도 있다. (뒤에서 특정 시장에 적용되는 미묘한 차이에 대해 살펴볼 것이다.)

여기서 설명하는 주요 원칙은 그대로 적용된다. 단지 사건이 전개되는 데 걸리는 시간이 극적으로 달라질 수 있다는 점만 다르다. 시장의 구조도, 내부자의 역할도, 투자의 도구로 이용되는 방법도 각기 다르기 때문이다.

매집 단계

내부자들은 행동을 시작하기 전에 그들의 수요를 충족시킬 주식의 재고를 확인한다. 도매상이 특정 상품에 대한 판촉 활동을 진행했는데 며칠 후 재고가 없다는 걸 발견했다면 기분이 어떨까? 절망적일 것이다. 놀랍게도 시장의 내부자들도 이런 경험을 하곤 한다. 따라서 내부자들에게도 수요와 공급의 문제는 중요하다.

그들은 활동을 전개하기 전에 창고를 어떤 방식으로 채울까? 바로 여기서 매집의 개념이 등장한다. 실제 창고를 채울 때처럼 주식의 재고를 쌓는 데도 시간이 걸린다. 큰 창고를 채우는 데 트랙 몇 백 대를 동원해야 할 수도 있다. 더불어 창고에서 나가는 상품이 있다는 사실도 기억해야 한다. 현실 세계에서 창고를 채우는 것처럼 금융 세계에서도 매집에 시간이 걸린다.

매집은 내부자들이 창고를 채우는 기간인 '매집 단계'를 정의하는 용어다. 즉 매집은 내부자들의 매수 활동이다. 어떤 시장을 보느냐에 따라, 어떤 금융 상품이냐에 따라 몇 주 또는 몇 달이 걸리기도 한다.

이제 다음 질문이다. 내부자들은 어떻게 모두가 매도하도록 상황을 조성할까? 이는 사실 매우 간단하다. 답은 미디어다. 가능한 모든 형태의 매체가 내부자들에게는 하늘이 내려 준 천혜의 양식이다. 수 세기에 걸쳐 그들은 뉴스, 각종 발표, 자연재해, 정치적 발언, 전쟁, 기근, 역병 등 온갖 것을 이용하는 기술을 익혔다. 미디어는 탐욕스러운 괴물이다. 매일 새롭고 신선한 뉴스거리를 요구하는 존재다. 내부자들은 여러 이유로 시장을 조작하기 위해 투자자들의 두려움과 탐욕을 이용한다. 리처드 와이코프가 1930년대에 이 주제에 관해 쓴 글이 있다.

대규모 시장 참여자들은 원칙적으로 종목이 10~50포인트의 움직임을 보이지 않으면 활동하지 않는다. 리버모어 역시 자신의 계산에 따라 적어도 10포인트의 움직임이 아닌 것은 절대 건드리지 않는다고 말한 적이 있다. 시장에서 중요한 움직임을 보이기까지는 상당한 시간이 걸린다. 대규모 시장 참여자들은 가격을 너무 상승시키지 않으면서 하루에 2만 5,000~10만 주를 매수할 수 없다. 그래서 그들은 며칠, 몇 주 혹은 몇 달을 두고 종목 하나 혹은 여러 주식을 매집한다.

작전이란 단어가 적합한 상황이다. 내부자들은 군에서 요구되는 정밀성에 따라 군사 활동하듯 치밀하게 계획한다. 그런데 매집은 어떻게 이뤄지는 걸까?

금융 상품 혹은 시장에 불리하게 인식될 만한 뉴스 아이템이 나온다고 하자. 이때 내부자들은 시장을 빠르게 하락시킬 기회를 잡고 도매 가격이라 부를 수 있는, 가능한 한 낮은 가격에 매입한다. 이 매입으로 악재는 흡수되고, 가격 재상승이 일어나기 전까지 흐름은 조용히 흘러간다.

여기서 두 가지에 주목해야 한다. 첫째, 내부자가 해당 금융 상품 혹은 시장을 두려움에 빠트린다면 아무도 매수하지 않을 것이다. 변동성이 너무 크면 투자자들 또는 트레이더들이 겁을 먹고 떠날 것이고, 그러면 이 작전은 의미가 없어진다. 따라서 내부자들은 기존 보유자가 두려움 때문에 매도하는 상황이 오지 않을 정도로만 변동성을 노출시키도록 신중하게 기획한다. 둘째, 내부자의 매수로 가격이 너무 빠르게 재상승할 수 있다. 그래서 그들은 재고가 적절한 거래량 아래 매수되도록 만전을 기한다. 이것이 매집이 완료되기까지 시간이 걸리는 이유 중 하나다. 한 번 가격을 낮추는 움직임으로 창고를 채우는 것은 전적으로 불가능하다.

이어 일어나는 일은 다음과 같다. 첫 번째 매도 물결에서 살아남은 사람들이 곧 시장이 회복할 것이라며 안도한다. 그러나 일정 기간 조용하다가 악재가 더 나오고, 내부자는 가격을 한 차례 더 떨어트린다. 이때 기존 보유자들을 한 번 더 시장에서 털어낸다. 내부자들은 이때 다시 매수하고, 그 결과 가격은 회복된다. 이 과정은 이후에도 여러 번 반복되며, 보유자들을 털어 내는 동시에 내부자들은 주식을 매집한다. 이 과정이 가격 차트에서는 어떻게 보일까?

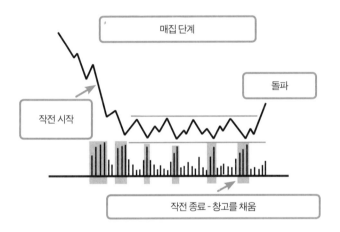

그림 5.1 매집 단계

〈그림 5.1〉은 가격 움직임을 시각화한 것으로, 실제 차트에서 어떻게 보일지 감을 잡을 수 있기를 바란다. 내부자의 반복적인 매수 부분은 다른 색으로 강조했다.

가격과 이와 연계된 거래량의 '형태'가 중요하다고 생각하기 때문에 차트에 가격과 시간의 단위는 표시하지 않았다. 이 그림은 횡보 구간을 생성하는 고전적인 가격 움직임을 보여 주는데, 이런 움직임은 시간대를 막론하고 발생하며 거래량과 합쳐질 때 강력해진다. 이것이 VPA를 이용해 가격 움직임을 3

차원적 시각으로 분석하는 방법이다.

작전이 시작되면 가격 움직임은 반복적으로 오르내리는 전형적인 패턴을 따른다. 이 '흔들기'는 매도자를 시장에서 '털어 내는' 역할을 한다. 이탈리아에서 올리브를 수확할 때 나무를 흔들어 열매를 털어 떨어뜨리는 것을 생각하면 된다. 남김없이 수확하려면 나무를 반복적으로 흔들어야 한다. 단단히 붙어 있어 떨어뜨리는 데 노력이 드는 열매도 있다. 금융시장에서도 마찬가지다. 몇몇 보유자는 끊임없이 흔들어도 매도하기를 거부하지만 여러 번 김칫국을 들이켠 끝에 보통은 내부자들이 창고를 가득 채울 무렵에 포기한다. 이렇게 작전은 종료된다. 다음 작전이 시작될 때까지의 종료다.

아인슈타인이 말했듯이 모든 것은 상대적이다. 어떤 금융 상품의 50년 차트에는 50년의 추세 안에 몇 백 개의 매집 단계가 있다. 이와 대조적으로 두 개의 통화가 쌍을 이루어 거래되는 외환의 매집 단계는 몇 시간 혹은 며칠만 지속될 수도 있다.

이런 차이는 시장의 본질과 구조 때문이다. 주식시장은 채권 및 상품 시장과 다르다. 예를 들어 주식시장에서는 이 단계가 며칠, 몇 주 혹은 몇 달이 지속될 수 있다. (관련해서 각 시장의 특징과 내/외부에서 영향을 미치는 요소를 다룰 때 더 상세히 설명하겠다.) 이것은 우리 같은 VPA 트레이더 입장에서 볼 때 미묘한 차이를 만들어 내는 이유이기도 하다.

핵심은 이것이다. 가격 움직임과 그와 관련된 거래량을 있는 그대로 인식한다. 내부자들은 가격 상승을 더 오래 가져가고자 시장을 조작한다. 단기간의 움직임일 수도 있고 더 긴 구간 동안 일어나는 좀 더 중대한 움직임일 수도 있다—원인과 결과를 상기하자—. 내가 지금 말하는 것이 꾸며 낸 이야기처럼 들린다면 리처드 네이의 생각을 다시 한 번 들려주고 싶다. 이번에는 그의 두 번째 책 『월가의 갱단』에서 발췌했다.

1963년 11월 22일, 케네디 대통령이 암살된 날 내부자들은 이 비극을 이용하여 그들이 보유한 포지션을 청산했다. 이후 그들은 도매가 수준에서 싸게 많은 양의 재고를 매집했는데, 그 때문에 투자자들이 낸 주문은 최저가로 체결되지 않았다. 으레 그들이 하는 행태의 결과, 추후에 일어난 가격 상승으로 내부자들은 2만 5,000달러를 벌어들였다.

모든 뉴스는 시장을 조작할 완벽한 구실을 제공하며, 여기에 예외는 없다. 미국 주식시장에서는 분기별 실적 보고가 완벽한 기회를 제공한다. 자연재해는 장기적인 움직임을 촉발시킬 수 있는 재료이며 경제 데이터도 풍부한 구실거리의 원천이다. 장중에는 끊임없는 정치인, 중앙은행의 발언이 꾸준히 흘러 들어오는 일일 경제 데이터와 결부되어서 매집을 아주 쉽게 할 수 있다. 내부자들에게는 이 모든 것이 매우 쉽고, 솔직히 말해 우리에게 기회가 주어진다면 우리도 똑같이 할 것이다.

분산 단계

분산 단계는 매집 단계의 정반대다. 매집 단계에서 내부자들은 작업의 다음 단계를 위해 창고를 채웠는데, 앞서 말했듯이 '작전'이라는 단어가 딱 들어맞는다. 검증 단계를 설명할 때 보겠지만, 이는 한 치의 오차도 용납하지 않는 군사 활동 같다.

창고가 채워지면 내부자들은 시장을 불신하는 매수자들을 다시 불러들이기 위해 가격을 올린다. 이것이 내부자들이 겁주지 못하는 이유다. 황금알을 낳는 거위를 죽일 여유가 없기 때문이다.

매집 구간에서 '나무 흔들기'의 주요 심리적 동인이 손실에 대한 두려움이었던 데 반해, 분산 단계의 주요 심리적 요인은 좋은 거래 기회를 놓칠 것에 대한 두려움이다. 이때는 타이밍이 결정적이다. 트레이더들에게는 훨씬 큰 움직임을 놓칠 것이라는 두려움이 있으나 그들은 시장에 뛰어들기 전 가능한 한 많은 신호를 확인할 때까지 기다린다는 걸 내부자들은 알고 있다. 대부분의 트레이더와 투자자가 꼭대기에서 사서 바닥에서 파는 이유가 여기 있다.

상승세의 꼭대기에서 트레이더와 투자자는 시장이 천천히 오르다가 모멘텀을 얻고 빠르게 상승하는 것을 목격하는데, 이때가 그들이 '단기간의 빠른 수익'을 놓칠 수 있다는 두려움 때문에 매수하는 순간이다. 그리고 정확히 이때 내부자들은 방향 전환을 준비한다. 매집 단계의 바닥에서도 같은 일이 일어난다. 투자자와 트레이더들은 더 이상 고통과 불확실성을 견딜 수 없다. 그들은 시장이 속도를 높여 빠르게 급락하는 것을 목격하는데, 이것이 투매의 물결을 유발한다. 그러나 이후 시장은 평온을 되찾고 매집의 단계로 옮겨 간다. 반등에 대한 희망이 되살아났다가 꺾이고 되살아났다가 다시 꺾인다. 이것이 내부자들이 트레이더의 두려움을 조종하는 방법이며, 여러 면에서 그들이 조작하는 것은 시장이 아닌 그보다 훨씬 쉬운 트레이더의 심리라고 할 수 있다.

그러면 분산 단계의 전형적인 패턴은 어떤 것이며 어떻게 다루어질까?

첫째, 매집 단계의 끝에서 시장은 평균 거래량을 바탕으로 꾸준히 오르며 돌파한다. 내부자들은 이미 도매가로 매수했기 때문에 천천히 상승 모멘텀을 쌓으며 수익을 극대화하고자 한다. 분산 단계 작업의 상당 부분은 가장 가격이 높을 때 이루어진다.

매집 단계를 벗어날 때는 '호재'가 동반된다. 시장은 천천히 상승하다 소규모로 조정을 거치지만 두려울 정도는 아니다. 상승 모멘텀이 탄력을 받으며 목표가 구간에 다다를 때까지 시장은 점차 속도를 높인다. 내부자들은 창고를 비울 준비를 마친 반면, 기회를 놓칠까 두려운 트레이더와 투자자는 이때 열정적으로 뛰어든다. 분산 단계의 시작을 알리는 신호다. 시장이 계속 위로 향하는 동안 모든 영역을 아우르는 호재가 수시로 흘러나온다.

이제 자발적인 희생자가 공급되며, 내부자들은 더 많은 물량을 즐겁게 매도하지만 너무 급격히 매도하지 않도록 주의한다. 이에 가격은 좁은 가격폭에서 진동하고, 하락이 있을 때마다 더 많은 매수자를 빨아들인다. 마침내 창고가 텅 비고 작전은 종료된다. 〈그림 5.2〉는 분산 단계의 전형적인 가격 움직임과 거래량을 보여 준다.

창고를 채우고 비우는 관점에서 바라보면 벌어지는 일들을 이해할 수 있을 것이며, 매우 논리적일 뿐만 아니라 만약 우리도 상품을 채운 창고를 갖고 있었다면 같은 방식으로 접근했을 것이다.

우선 충분한 재고가 있는지 확인하고 채운 후 관심을 불러일으키기 위해 마케팅 활동을 시작한다(작전 시작). 유명인, 고객 이용 후기, PR, 미디어 등을

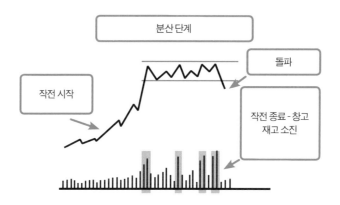

그림 5.2 **분산 단계**

활용해서 적극적으로 홍보한다. 이러한 과장 마케팅의 최근 사례 중 하나가 아사이베리다. "먹고 결과를 기다리기만 하면 됩니다. 노력을 들이지 않아도 즉각적으로 엄청나게 체중을 줄일 수 있습니다."

이것이 내부자들이 하는 모든 것이다. 그들은 두려움과 탐욕, 이 두 가지로 시장의 심리를 움직인다. 충분히 공포를 조성하기만 하면 사람들은 매도하고, 반대로 충분한 탐욕을 조장하면 사람들은 매수한다. 단순하지만 논리적인 현상이다. 내부자들에게는 그들을 도와주는, 언제든 사용 가능한 궁극의 무기도 있다. 바로 미디어다.

매집과 분산이라는 주기는 항상 반복된다. 움직임은 클 수도 있고 작을 수도 있다.

공급 테스트

작전에 들어갈 때 내부자들이 마주하는 가장 큰 문제 중 하나는 매집 단계 이후 매도가 모두 흡수되었는지 확인할 방법이 없다는 것이다. 최악의 상황은 시장을 상승시켰는데 매도세를 맞닥뜨리고 이로 인해 시장이 다시 하락하면서 매도자들을 시장에서 털어 내는 데 쓰인 노력이 모두 물거품이 되는 것이다. 내부자들은 이 문제를 어떻게 극복할까? 모든 시장에서 통용되는 답은 테스트다.

이것 역시 창고에 가득 찬 상품을 판매하는 마케팅 활동과 다르지 않다. 상품의 가격을 제대로 책정해야 할 뿐만 아니라 시장이 받아들일 준비가 되었는지를 확인해야 한다. 따라서 적절한 상품을 적절한 가격에 적절한 영업 메시지와 함께 내놓았는지 확인하기 위해 작은 규모로 테스트용 마케팅 활동을 시작한다.

매집을 완료한 내부자들은 시장을 상승시킨다. 이때 그들은 보통 최근에 강한 매도세를 보인 가격대로 돌아가서 시장의 반응을 살핀다. 매집 단계에서 매도 물량이 흡수되었는지를 확인하는 것이다. 〈그림 5.3〉에 테스트 과정이 담겨 있다.

〈그림 5.3〉은 매집 단계 이후를 보며 주며, 이에 앞서 내부자들은 가격을 빠르게 하락시킴으로써 모든 투자자로 하여금 두려움을 느끼게 하고 결국 매도로 이어지게 했을 것이다. 그러나 내부자들은 상승세의 초기에 완고한 열매(주가 하락에도 불구하고 주식을 가지고 있는 투자자—역주)를 떨어트리기 위해 나무를 또 한 번 흔들곤 한다. 이제 시장은 사소한 악재를 토대로 더 낮은 가격에 거래된다. 이는 내부자들이 잔존하는 매도자를 모두 내보냈는지 확인하고자 함이다. 적은 거래량이 유지되었다면 매도자는 거의 남지 않은 것이다. 매집 단계에서 사실상 시장의 모든 매도 물량이 흡수되었다고 할 수 있다. 긍정적인 결과에 만족한 내부자들은 다시 상승시키기 전에 캔들을 '호재'와 함께 제자리로 돌려놓는데, 이때 거래량은 적다.

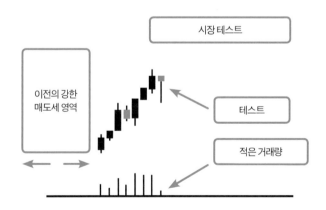

그림 5.3 적은 거래량 테스트 - 호재!

이런 소위 '적은 거래량' 테스트는 모든 시장의 모든 시간대에서 발생하며, 내부자들이 시장에서 공급의 균형을 측정하는 간단한 방법이다. 그들은 궁극적으로 수요를 창출하려 하는데, 시장이 공급 과잉 상태라면 상승을 위한 작전은 중단될 것이다.

이 예시에서 테스트는 성공적이었고 모든 매도 압력이 제거되었음이 확인되었다. 캔들이 조성되는 정확한 형태가 중요하지는 않지만 아랫꼬리는 길고 몸통은 짧아야 한다. 몸통의 색은 빨강일 수도 파랑일 수도 있다.

테스트를 통해 확인한 후 내부자들은 기존 매도세가 흡수되었다고 확신할 수 있으며, 분산을 위한 목표 가격까지 시장을 상승시킬 수 있다.

한편 테스트 결과, 적은 거래량 대신 많은 거래량이 확인되었다는 건 무슨 뜻일까? 이는 테스트를 실시했을 때 매도자가 다수 돌아오면서 가격을 더 낮추는 결과가 초래된 것이다. 이 경우 매집 구간에서 매도 물량이 흡수되지 못했다는 것을 뜻한다. 따라서 이후에 시장을 상승시키려는 시도는 고전을 면치 못하거나 실패할 수도 있다.

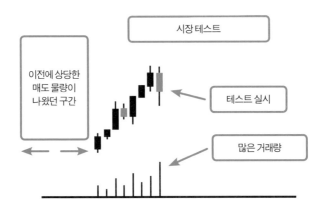

그림 5.4 **많은 거래량 테스트 - 악재!**

테스트 실패가 의미하는 것은 단 하나다. 매도자들을 모두 털어 내지 못했다는 것. 시장은 아직 상승할 준비가 안 되었으므로 작전을 재개하기 위해 더 일을 해야 한다.

지난 포지션을 흡수하기 위해 내부자들은 최초의 '쓸어 내기' 작전을 재개할 것이다. 그런 다음, 시장이 오르기 시작할 때 공급을 다시 테스트할 것이다. 테스트가 실패했을 때 우리는 내부자들이 잔존하는 매도세를 정리하고자 가격을 횡보 구간으로 되돌리는 것을 볼 수 있다. 그 이후에 시행되는 테스트에서는 매도 압력이 사라진 것을 확인할 수 있다.

테스트는 내부자들이 모든 시장에서 이용하는 도구 중 하나다. VPA의 다른 모든 요소와 마찬가지로 단순한 논리에 기반한 단순한 개념이며, 매집의 개념과 구조를 이해하고 나면, 모든 시장과 모든 시간대에서 실시되고 있는 테스트가 눈에 보일 것이다. 테스트는 시장이 곧 돌파할 거라는, 내부자가 보내는 확실한 신호이자 여러분이 보게 될 가장 강력한 신호다.

수요 테스트

분산 단계의 끝 지점에서는 어떤 일이 일어날까? 내부자들이 가장 피하고 싶어 하는 상황은 창고를 채우는 작전을 재차 시작했는데, 매수자들이 시장을 반대 방향으로 몰고 가는 경우다. 이때 내부자들은 다시 한 번 테스트를 통해 모든 매수세가 분산 단계에서 흡수되었는지를 확인한다.

작전을 상당 기간 진행한 결과 내부자들은 시장을 도매가 수준에서 목표가인 소매가 수준으로 끌어올리는 데 성공한다. 이제 호재성 뉴스의 물결 속에서 즐겁게 매도하는 일만 남았다! 투자자들과 트레이더들은 찾아온 황금 기회를 놓칠 수도 있다는 두려움과 탐욕에 이끌려 서둘러 매수하고, 내부자

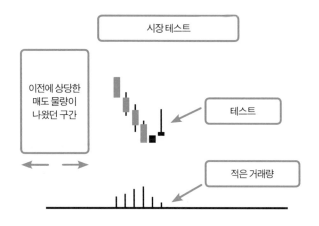

그림 5.5 적은 거래량 테스트 - 호재

들은 가격을 톱질하듯이 가격을 조종하며 더 많은 수요를 끌어 모으고 그렇게 창고의 재고를 비워 나간다.

　마침내 작전이 완료되면 이제는 시장을 끌어내리는 일만 남았다. 가격 움직임은 최근 많은 거래량을 보인 지점으로 돌아간다. 내부자들은 다시 수요를 확인하는 테스트를 진행한다. 그들은 뉴스를 이용해 시장이 더 높은 가격을 기록하도록 끌어올린다. 만약 이때 수요가 없다면 시작가 부근에 매우 적은 거래량을 동반하며 마감될 것이다. 바로 이것이 내부자들이 보고 싶어 하는 순간이다(《그림 5.5》). 수요가 없는 걸 확인한 그들은 창고에 재고를 채우기 위해 시장을 빠르게 끌어내린다.

　〈그림 5.6〉은 분명 내부자들이 보고 싶은 그림이 아니다. 시장이 더 높은 가격대로 진입하고, 이에 가격이 더 오를 거라고 생각한 구매자들이 몰려드는 상황이다. 테스트는 실패했으니 내부자들은 이전과 동일한 과정을 거쳐 분산 가격대로 다시 이동시킨 후 매수자들을 몰아내려 할 것이다. 다시금 절차를 완료했다면 추가 테스트가 진행될 것이고, 거래량이 적게 나온다면 아

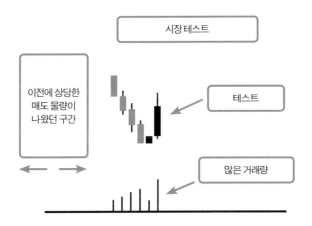

그림 5.6 **많은 거래량 테스트 - 악재**

래쪽으로 속도를 높여 트레이더들을 약한 가격대에 가둘 것이다.

이제 우리는 무엇을 찾아야 할지를 안다. 매집 또는 분산 단계가 선행되면 테스트는 항상 발생한다. 심지어 첫 번째는 적은 거래량, 두 번째 혹은 세 번째는 더 적은 거래량을 동반하는 테스트를 진행하기도 한다. 이는 내부자들이 다음 단계의 작전을 준비하고 있다는 걸 뜻한다. 핵심은 간단하다. 가격이 이 두 단계 동안 형성된 구간을 돌파한다면 다음 단계가 다가오고 있는 것이다.

매도 정점과 매수 정점으로 넘어가기 전에 트레이더, 투자자 모두를 혼란시키는 두 가지 질문에 답을 해야겠다.

첫 번째 질문, 왜 시장은 하락할 때보다 상승할 때 더 오래 걸릴까? 내부자가 관련된 걸까?

두 번째 질문, 내부자들이 창고를 채우고 비우는 전형적인 주기는 차트 시간대로 볼 때 얼마나 길까?

첫 번째 질문의 답은 두 번째 질문과도 연결되는데, 내부자들의 목적은 딱 두 개다. 첫째, 우리를 두렵게 하는 것, 둘째, 우리를 탐욕스럽게 만드는 것이다. 존 템플턴이 남긴 글귀를 인용한다.

> 주식 분석의 위대한 선구자 벤저민 그레이엄Benjamin Graham의 말을 마음에 새겨야 한다. '대부분의 사람이 비관적일 때 사고, 그들이 적극적이고 낙관적일 때 팔아야 한다.'

이에 대해 논리적으로 생각해 보고 첫 번째 질문에 답해 보고자 한다. 투자자와 트레이더의 투매로 시장은 폭락했다. 이후 횡보하며 매집 단계로 들어가고, 창고에 재고가 채워지는 동안은 상승을 준비하는 구간으로 일정 기간 평온하다.

자, 이 단계에서 내부자의 관점을 상기하자. 그들은 막 모두를 죽을 것 같은 두려움에 빠뜨렸기에, 갑자기 시장을 반대 방향으로 급등시키는 일은 하지 않을 것이다. 기다리고 있으면 투자자와 트레이더 모두를 몰아낼 수 있기 때문이다. 트레이더들이 감당할 수 있는 감정에는 한계가 있다. 따라서 너무 빨리 많은 일이 일어나면 황금알을 낳는 거위를 죽여 버릴 수 있다. 차분하게 접근해야 한다. 이제 누구에게도 겁주지 않은 상태로 가격을 꾸준히 상승시키고 구매자를 다시 끌어들이는 전술이 필요하다.

시장이 회복되면서 투매는 곧 잊고 신뢰가 천천히 복구된다. 이는 내부자들에게도 적절한 상황이다. 매도할 재고가 가득하기 때문에 충분한 시간이 필요하고, 또 시장을 상승시킬 때는 대규모 매수가 없어야 하기 때문이다. 이 단계에서는 수익을 극대화하는 것이 목표인데, 가장 큰 수익은 목표가에 이를 때 난다. 그러나 갑자기 소매가 수준으로 가격을 끌어올리는 건 미친 짓

이나 다름없다. 많은 투자자가 기회를 놓쳤다고 느끼고 이후에 참여하지 않을 것이기 때문이다. 따라서 그들은 시장을 천천히 상승시키면서 신뢰를 쌓은 후에 점차 속도를 높인다. 이는 쉽게 돈을 벌 수 있는, 놓칠 수 없는 기회다.

그들은 상승하다가 조정을 거치고 다시 상승하는 등의 단계적 과정을 통해 매수자를 끌어들인다. 이 과정은 분산 구간이 찾아올 때까지 계속된다. 기회를 놓칠 수 있다는 압박감에 뛰어드는 매수자들의 거래량만큼 시장은 속도를 높여 간다. 상승 여정 내내 내부자들의 재고는 천천히 줄어든다. 그러다 투자자가 수익을 실현하는 소규모 후퇴가 발생하면 재고는 다시 채워지고, 이는 작전의 마지막 단계에서 가격대가 유지되는 데 일조한다.

이것이 내부자들의 여정으로, 시장이 종종 조정받으면서도 더 높은 고가, 더 높은 저가를 찍으며 상승하는 이유다. 두려움과 탐욕, 이 두 감정은 내부자들이 가지는 두 손잡이이며 파괴적인 효과를 발휘하기 위해 사용된다. 반대로 여러분의 무기고에 있는 유일한 무기는 VPA다.

탐욕이 지나고 나면 두려움이 찾아온다. 이제 창고가 비었고 내부자들은 '바닥'으로 돌아가서 가능한 한 빨리 창고를 채우려 할 것이다. 다시 한 번 말하는데, 우리가 그들의 위치에 있었다면 우리도 똑같이 했을 것이다.

내부자에게는 이제 매도할 것이 없으므로 작전을 재개해서 창고를 다시 채우는 것이 빨리 돈을 벌 수 있는 유일한 방법이다. 다시 한 번, 시장은 폭락하고 투매가 뒤따르며 두려움이 작동하고 창고가 채워진다. 그렇게 주기가 몇 번이고 끊임없이 반복된다. 지금 떠오르는 비유는 동네 축제 때 볼 법한 구식 나선형 미끄럼틀이다. 꼭대기까지 그 많은 계단을 힘들여 올라가는데 금방 미끄러져 내려와 바닥에 닿는다. 시장이 작동하는 방식이 이렇다. 계단으로 오르고 엘리베이터로 내려가는 식이다. 구식 보드 게임 '뱀과 사다리 Snake and Ladder'가 이 작용을 완벽하게 구현했다. 사다리를 타고 천천히 올라갔다가 뱀을 타고 빨리 내려오는 것이다.

이렇게 생각할 때 비로소 우리는 내부자를 제외한 다른 사람들이 시장에서 어떻게 돈을 버는지 깨닫기 시작한다. 가격 움직임이 연속해서 가차 없이 크게 변동하면 트레이더와 투자자는 다른 곳에서 기회를 찾으려 할 수 있기 때문에 내부자는 신중해야 한다. 골다락스와 죽(영미권의 오래된 이야기인 골디락스와 곰 세 마리 이야기에서 파생된 개념이다. 여러 개의 선택지에서 보통은 중간값 또는 평균을 선택하는 현상 혹은 평균값이 가장 이상적이라는 여러 개념을 파생시켰다—역주)처럼 말이다. 여기서 교훈은 '너무 뜨겁지 않고 너무 차갑지 않은'이다. 내부자들은 몇 십 년 동안 이 기술을 연마했다.

대부분의 투자자와 트레이더들은 진다. 어러분은 운이 좋나. 이 잭이 끝날 무렵이면 여러분은 VPA 전문가가 되어 내부자들이 부리는 모든 술수를 알아볼 수 있게 될 것이다. 눈앞에 있는 그대로의 신호를 해석해서 내부자들을 따라가기만 하면 된다.

이제 두 번째 질문으로 넘어가자. 이 주기가 얼마나 자주 반복되느냐는 질문이다. 이제 비밀로 안내하겠다. 내가 오래전 프레지던트호에서 시장 조성자에 대한 모든 것을 (그가 말한 바에 따르면) 배우면서 앉아 있었을 때 앨버트 라보스에게 묻고 싶었던 질문이다. 실제로 이 질문을 적어 놓고 옆에 앉아 있던 사람에게 물었는데 그 사람도 대답하지 못했다. 그때 내가 생각했던 것은 이렇다. 매집과 분산에 대해서는 이해하고 말이 된다고 생각했는데 또 다른 것이 생각났다. 그때 우리는 지수를 보고 있었으니 필연적으로 장기적으로 봐야 했을 것이고, 아마 10, 15, 20년일 텐데 그때 나는 이런 생각을 했다. '매매로 돈을 벌기에는 너무 긴 시간이 아닐까?' 당시 나는 감히 물어볼 생각을 못 했는데, 지금 생각해 보면 물어봤어야 했다.

이에 대한 답은 '주기는 틱 단위부터 1분, 15분, 일간, 주간, 월간 차트에 이르기까지 모든 시간대에 나타난다'다. 가장 좋은 방법은 인형 속에 또 하나의 인형이 자리를 잡고 있는 러시아 인형을 생각하면 된다. 러시아 인형은 가장 작은 인형이 조금 더 큰 인형 속으로 들어가고, 이 인형은 다시 조금 더 큰 인형 속에 들어가는 식으로 반복된다. 차트에서도 같은 일이 벌어진다고 상상할 수 있다. 1분 차트에서 매집과 분산의 주기는 몇 시간 동안 지속될 수 있는데, 이 주기가 다시 더 긴 주기 속으로 들어가고 이것이 반복된다. 이로 인해 시장 행동의 중요한 두 가지 측면이 발생한다.

첫째, 이 주기는 모든 시간대에서 나타나며, 둘째, 다중 시간대로 가격 움직임을 지켜보면 이 주기들이 생성되고 전개되면서 서로를 검증하는 것을 알 수 있다. 1분 차트에서 시작된 주기는 5분 차트에서는 형성되는 과정에 있고, 15분 차트에서는 막 만들어지기 시작할 것이다.

리처드 네이의 책 『월가의 갱단』을 다시 한 번 인용해야겠다. 『월가의 갱단』은 모든 트레이더와 투자자들이 읽어 봐야 할 책이다. 풍부한 정보를 담고 있으며, 내부자들이 어떻게 시장을 조작하는지에 관한 훌륭한 시각과 더불어 거래량과 가격에 대한 폭넓은 관점을 제공한다. 책은 주식을 중점적으로 다루지만, 원리는 모든 시장에서 동일하게 작동한다. 주식시장에서 주체가 내부자들이라면, 선물시장에서는 대규모 시장 참여자, 외환 현물시장에서는 다시 시장 조성자로 바뀌는 것뿐이다. 다음은 시간대에 관한 그의 설명이다.

> 내부자들의 목표는 단기, 중기, 장기로 분류될 수 있다. 그러므로 시장의 가격 움직임을 세 개의 대분류로 나눌 수 있다.

그의 설명은 계속된다.

단기 추세. 이것은 이틀부터 두 달까지 지속될 수 있다. 어쩌면 더 짧은 추세도 있을 수 있다. 이는 내부자가 중장기 추세를 염두에 두고 단기 추세로 매일의 재고를 해결한다는 점에서 중요하다. 내부자에게 단기 추세란 투자자의 중장기 무덤을 파는 삽과 같다.

티커 테이프는 내부자들이 매집 혹은 분산할 때 현미경으로 보는 듯한 시각을 제공한다.

과거의 데이터만 보고 시장의 장기 추세를 판단하는 것은 불가능하다. 테이프를 이해하고 그 코드를 해독하는 것은 경험이 바탕이 되고, 차트를 함께 사용할 때만 가능하다. 말하자면, 단기 및 장기 차트는 시장에 무슨 일이 일어났는지 미시적 혹은 거시적 관점을 제공한다. 최종적으로 합리적 판단을 하기 위해서는 둘 다 필요하다.

네이의 책에서 이 부분을 인용한 이유는 이 장에서 내가 전달하고자 하는 요점을 깔끔하게 요약해 주기 때문이다. 이 책은 티커 테이프가 사용되던 1974년에 출판되었다. 티커 테이프는 짧은 시간대의 전자 차트로 대체할 수 있다. 개념과 원리는 동일하다. 시장에 대한 미시적 관점을 가지려면 단기 혹은 초단기 시간대를 쓰고, 더 긴 시간대로 이를 확대해야 한다.

이 모두는 상대적이므로 스캘핑 트레이더라면 1분, 5분, 15분 차트가 될 것이다. 스윙 트레이더에게는 30분, 60분 그리고 240분 차트가 필요하다. 추세 투자자는 일간, 주간, 월간 차트를 쓸 것이다. 트레이딩 전략과 상품, 채권, 외환 등 시장에 상관없이 핵심은 트레이더와 투자자로서 성공하고자 한다면 VPA 관계를 다중 시간대 분석과 함께 사용해야 한다는 것이다. 한 개의 차트에서 VPA는 엄청나게 강력하지만, 더 긴 시간대로 '삼각 측량 방식'을 사용하면 3차원적으로 시장에 접근할 수 있다. 3차선 고속도로의 예를 상기해 보자. 우리는 중간 차선에 머무르며 사이드미러로 추월 차선과 서행 차선을 보며 배울 수 있고, 더 중요하게는 거래를 시작했을 때 자신감을 키울 수 있다.

이제 매도 정점과 매수 정점이라고 하는, 내부자 행동 방식의 두 가지 개념을 중점적으로 살펴보겠다.

내부자 행동 방식의 두 가지 개념

위에서 잠시 설명한 것처럼 이 두 가지 개념에는 어느 정도 혼선이 있다. 과거에 이 주제에 대해 쓴 대부분의 사람은 개인의 관점, 즉 우리 입장에서 썼기 때문이다. 내부자들의 유일한 목적은 우리가 분산 단계에서 매수하고 매집 단계에서 매도하게끔 하는 것이다.

이 두 단계에서 '누가 무엇을 하는지'를 보면 매집 단계에서 개인은 팔고 내부자는 산다. 분산 단계에서는 역으로 개인은 사고 내부자는 판다.

이 책은 내부자의 시선에서 썼으며, 나는 여러분이 나처럼 내부자들을 따라야 한다고 생각한다. 이것은 VPA의 토대가 되는 원칙이다. 앨버트가 말했듯이 우리는 그들이 매수할 때 매수하고, 그들이 매도할 때 매도해야 한다.

매도 정점은 내부자들이 분산 작전을 벌이며 매도할 때다. 매수 정점은 매집 단계 동안 내부자들이 매수할 때다. 내게는 이게 더 말이 되며, 뉘앙스와 해석의 문제일 수도 있지만 이는 매우 중요하다. 매수 정점은 하락 추세의 바닥에서 나타나는 반면 매도 정점은 상승 추세의 꼭대기에서 나타나며, 매수 정점과 매도 정점은 대중이 아닌 내부자의 행위를 반영한다. 매도 정점은 내부자들이 시장을 끌어내리기 전에 지르는 '최후의 환호성'이다. 그들의 모든 노력이 무르익어 정점에 달했으며, 창고는 거의 비었다. 시장을 상승시켜서 뛰어들 타이밍을 기다리던 초조한 트레이더와 투기꾼들을 끌어들이기 위한 마지막 큰 노력이 필요한 시점이다. 매도 정점은 대규모 거래량과 함께 두세 번 분산 단계의 끝에서 나타나며 이때 시장은 시작가로 마감한다. 매도 정점 이후에 시장은 빠르게 하락한다. 그렇게 이 가격대 매수자는 다른 이들과 함께 갇힌다.

매도 정점이 분산 단계의 끝을 알릴 때 실제로 어떤 일이 일어나는지 예를 통해 알아보자. 행사의 끝을 알리는 불꽃놀이에 비추어 생각해 볼 수 있다 (〈그림 5.7〉).

내부자는 그들이 원하는 가격으로 시장을 움직여, 사격이 달나라까지 갈 거라고 생각한 투자자들에게 소매가 수준으로 재고를 매도했다. 내부자는 수요가 있을 때 기꺼이 매도하며, 시장을 떨어뜨리고 나서는 다시 시장을 밀어 올리기를 반복한다. 그들은 이 행위를 재고가 떨어질 때까지 기쁘게 행한

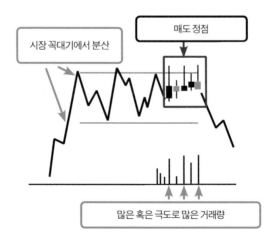

그림 5.7 매도 정점 - 불꽃 쇼

다. 이 단계에서 다음 상승 구간을 놓칠지도 모른다는 불안감에 더 많이 몰려드는 매수자로 인해 거래량이 늘어나고 가격은 더 높이 치솟는다. 그러다가 시작가로 마무리되며 가격 변동성이 확대된다.

다음 구간은 반대 방향이다. 여기서 윗꼬리가 길고 몸통이 짧은 캔들이 나타나는데 우리가 차트에서 보게 될 거래량과 가격이 만들어 내는 가장 강력한 조합 중 하나다. 3장에서 다룬 바 있는 '윗꼬리가 긴' 캔들로, 거래량과 연계했을 때 많은 것을 드러낸다. 내부자들은 재고를 처리하기 위해 거래 시간 초기에 가격을 끌어올린다. 기회를 놓칠까 봐 두려운 매수자가 몰려들고, 극도로 많은 거래량이 나오면서 가격이 높아진다. 내부자들은 이때 트레이더들을 약한 포지션에 가두며 시장을 떨어뜨린다. 이때 시장을 '과매수' 상태로 보는 트레이더들도 있다.

내부자들이 수요를 이용해 물량을 정리할 때 이런 가격 움직임이 여러 번 반복된다. 수익을 실현하는 매도 물량에 의해 캔들이 시작가 혹은 그 근처에서 하향 마감될 때까지 매번 가격은 더 상승한다. 캔들의 색은 중요하지 않다. 중요한 건 윗꼬리의 길이, 반복되는 이 가격 움직임의 본질 그리고 이와 연계된 거래량이다. 이들은 시장이 빠르게 움직일 준비가 되었다는 분명한 신호를 주는데, 창고가 완전히 비었기 때문에 반응은 빠를 것이다. 내부자들은 이제 매트에 올라타고 빠르게 미끄럼틀을 내려가 '출발점'으로 돌아가서 매집을 다시 시작한다. 분산 단계가 지나고 이런 가격 움직임이 보이면 모니터 앞에서 대기해야 한다.

이제 매수 정점을 살펴보자. 매집 단계의 마지막을 장식하는 불꽃축제이며 상승 추세의 시작을 알리는 신호다.

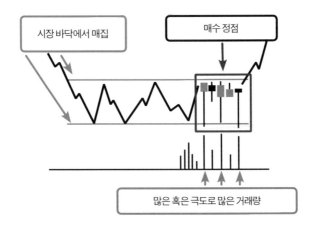

시장 바닥에서 매집

매수 정점

많은 혹은 극도로 많은 거래량

그림 5.8 매수 정점 - 불꽃 쇼(다시 한번 열린다!)

매수 정점은 매도 정점의 반대다. 〈그림 5.8〉을 보자. 내부자들은 시장을 끌어내렸고, 투매가 촉발되었으며, 두려움에 질린 투자자가 포지션을 청산한다. 이후 내부자들은 창고를 채우기 위해 매집 단계로 넘어가고, 가격을 좁은 구간에서 올리고 내리며 마지막까지 잔존한 끈질긴 투자자를 털어 낸다. 이 단계가 끝나면 그들은 가격을 빠르게 낮춰 더 많은 투자자를 몰아낸 후 캔들 구간이 끝나기 전 매수에 참여해 가격을 높인다. 그렇게 가격은 시작가 근처에서 마감된다. 가격 할인을 노리는 매수자들은 이 가격대에서 시장이 '과매도'되었다고 느낀다. 두려움에 질린 투자자와 트레이더의 투매가 여러 번 이어지고, 결국 투자자와 트레이더는 굴복하고 링 위에 수건을 던진다. 내부자들은 최후의 환호성을 지른다. 창고는 재고로 넘쳐나고 내부자들은 북쪽을 향해 전진을 시작할 준비를 마쳤다. 그들은 목표가를 위해 천천히 상승을 개시한다. 모든 시장은 어떻게든지 조작된다는 사실을 받아들이면 모든 것이 맞아떨어진다.

규제 당국이 있으니 전혀 불가능할 거라고 생각한다면 오산이다. 와이코 프와 네이의 시대 이후 크게 변한 것은 없다. 그리고 이쯤에서 1975년에 출간 된 『시장에서 성공하기』를 인용하겠다. 다음은 리처드 네이와 SEC 관계자의 전화 통화 내용이다. 미국 금융계를 규제하는 것이 SEC의 역할이라는 점을 기억하며 들여다보자.

> 전문가는 거래소 소속으로 크게 우려되지는 않습니다. 그들은 우리 위원회 의 직접적인 규제 대상이 아닙니다. 그들 모두가 자체적인 규율에 따라 활 동해요. 스스로 규칙을 만듭니다. 위원회는 이를 승인하는 거죠. 무언가 적 절하지 않다고 위원회가 느낄 때만 예외를 둡니다. 우리는 중개인과 딜러는 조사하지만 거래소로 가서 전문가를 조사하는 일은 없습니다.

자, 변한 것이 있는가? 트레이딩을 전자적으로 이행한다는 점을 제외하면 거의 없다. SEC가 오늘날 마주하는 많은 문제 중 하나는 고빈도 매매_{HFT, High Frequency Trading}다. SEC 및 기타 규제 기관은 어느 정도 통제력이 있으며 시장 을 공정하고 투명하게 규제하고 있다고 대중을 안심시키기 위해 개인과 기관 을 종종 조사하곤 한다. 나 또한 실제로 시장이 그러길 바라지만, 안타깝게도 VPA를 실시간으로 이용해 보면 그렇지 않다는 것이 금방 드러날 것이다. 내 부자들은 너무나 경험이 많고 교활하다. 그들은 오히려 목적을 위해 가격을 조작하도록 새롭고 더 정교한 방법을 고안할 뿐이다. 고빈도 매매 문제에 대 해 SEC의 최근 발표를 인용한다.

> 고빈도 매매 기술은 그 종류가 매우 다양하며 SEC 주제 공개_{SEC concept re-lease}(SEC가 유가증권에 대한 대중의 의견을 수렴하고자 선정한 주제를 비정기적으로 공개하는 발표문—역주) 제6권에서 이들을 전략에 따라 네 가지로 분류했다.

시장 조성 전략: 전통적인 시장 조성 행위처럼 이 전략은 호가 장부의 양쪽으로 유동성을 공급해서 스프레드~spread~로 수익을 만든다.

무위험 차익 거래 전략: 무위험 차익 거래 기회가 생길 때 매매한다(예를 들면 지수, ETF 또는 ADR 가격과 이를 구성하는 기초 자산의 가격 차이를 이용한다).

구조적 전략: 이 전략은 모든 시장 또는 특정 참여자들의 구조적 취약성을 이용하며 시간 격차 무차익 거래~latency arbitrage~(중개 기관별 주문 입력과 체결에 걸리는 시간의 미세한 차이로 인해 발생하는 가격의 차이에서 이득을 취하는 전략—역주), 쿼트 스터핑~quote stuffing~(주문을 대량으로 넣었다가 금방 취소해서 경쟁자가 이 주문을 처리하는 데 시간을 뺏기도록 해 유리한 가격을 얻는 방법. 고빈도 트레이더들이 사용한다—역주)이 포함된다.

방향적 전략: 가격 움직임에 앞서가거나 이를 초래하려는 전략이며 주문 예측, 모멘텀 점화~momentum ignition~를 포함한다.

그러면 이 보고서 발표일은 언제일까? 2012년 말이다. 독자 중에 나를 '음모론자'로 생각하는 사람이 있다는 걸 안다. 그러나 나는 음모론자가 아니다. 네이는 직접 다음과 같이 지적했다.

> 조사를 실행하는 정부 사람들 대부분은 어떤 식으로든 (활동 기부금이나 법률사무소를 통해) 증권거래소에 예속되어 있거나 (SEC 위원이나 위원장인 경우) 머지않은 미래에 증권가에 고용되기를 바라기 때문에 조사에서 무언가가 나오는 법은 절대 없다.

이해하는 데 도움이 될 만한 도식을 보면서 이번 장을 마무리하려고 한다. 〈그림 5.9〉는 내가 내부자들의 '여느 근무일'이라고 부르는 시장 주기다.

첫 작전은 매집 단계다. 내부자들은 가격이 급락한 후 빈 창고를 도매가로 채우기 시작한다. 창고가 거의 채워지면 내부자들은 어느 정도의 변동

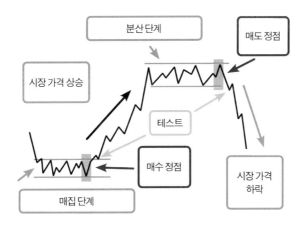

분산 단계

그림 5.9 **시장 주기 - 평범한 하루!**

성이 있는 가격 움직임으로 더 많은 주식을 끌어 모으고, 매수 정점 단계를 시작한다. 이후 창고를 완전히 채우고 나면 해당 가격대를 빠져나가며 공급을 테스트한다. 테스트 결과 모든 매도가 흡수되었다면, 내부자는 마음을 다 회복하지 못한 투자자와 트레이더에게 신뢰를 다시 심어 주며 시장을 단계적으로 올리기 시작한다. 신뢰가 회복되는 가운데 시장이 '달나라까지 간다'고 믿는 매수자를 끌어들이며 모멘텀을 얻기 시작한다. 가격이 소매가의 목표 가격대에 가까워지면 신중한 투자자조차 넘어가서 매수를 시작한다.

시장이 소매 가격대에 다다르자 매집이 본격적으로 시작되면서 더 많은 매수자를 끌어들이고자 가격을 끌어올리고, 이에 더 많은 매수자가 빨려 들어오는데 그러면 내부자는 가격을 다시 떨어뜨리면서 이들을 약한 포지션에 가둔다. 마침내 변동성이 큰 가격 움직임이 나오고, 매도 정점은 시작된다. 이 과정에서 창고의 재고는 처리된다. 창고가 비면 시장은 이 가격대에서 꺾여서 하락하고, 내부자는 다시 한 번 시장을 테스트하는데, 이번에는 수요 테스트다. 시험 결과 이 가격대의 매수가 흡수된 것이 확인되면 내부자는 시장을 더 빠르게 하락시킨다.

주기가 완료되면 내부자에게 남은 일은 수익을 계산하는 작업뿐이다. 그들은 또다시 작전을 반복한다. 자, 여러분도 이제 확실히 이해했을 것이다.

여기서 기억할 점은 이 주기가 모든 시장, 모든 시간대에 존재할 수 있다는 것이다. 예를 들면 〈그림 5.9〉가 외환 이종 통화쌍 5분 차트에서 몇 시간에 걸쳐 그려질 수 있다. 주식의 일간 차트에 나타나서 몇 주 심지어 몇 달 동안 지속될 수도 있다. 시간별 선물 차트에서 며칠 혹은 몇 주 동안 지속될 수도 있으며, 이때 내부자는 대규모 시장 참여자일 것이다. 시간대는 중요하지 않다. 와이코프의 '원인과 결과의 법칙'을 기억하는 것보다 중요한 것은 없다.

차트를 공부하면 반복적으로 발생하는 이 주기를 볼 수 있고, 책 초반의 정보로만 무장해도 시장이 어떻게 작동하는지 충분히 이해할 수 있다. 이 과정은 자신감 있게 트레이딩을 할 수 있게 해 준다. 하지만 VPA 트레이더에게 이는 시작에 불과하다.

지금까지 다룬 내용을 정리해 본다. 나는 처음 거래량 가격 분석법을 배울 때 이 내용을 소화하는 데 많은 시간을 썼다. 시장 조작의 개념을 정리하기 전에 이 용어가 의미하는 바부터 설명하고자 한다. 시장 조작이 내부자들이 임의로 가격을 올리고 떨어뜨린다는 뜻일까? 답은 '아니오'다. 내가 시장 조작이라고 하는 것은, 다른 사람들의 견해와 다를 수도 있지만, 개인 트레이더 마음속에 있는 두려움과 탐욕을 부추기는 것을 포함해 가능한 모든 자원을 이용하는 것을 말한다. 매수와 매도에 영향을 끼치기 위해 미디어의 모든 뉴스 꼭지를 이용하고 시장을 분산 단계라면 높게, 매집 단계라면 낮게 내부자가 필요한 방향으로 바꾸는 것이다.

이것이 내가 시장 조작이라고 생각하는 것이다. 환경을 조성하고, 이 환경이 다시 투자자와 트레이더의 마음속에 두려움 혹은 탐욕을 만들도록 하는 것이다. 앞에서 언급했듯이 시장을 조작할 때는 가격이 아닌 두려움과 탐욕이라는 쌍둥이 같은 감정을 조종한다. 두려움은 매도를, 탐욕은 매수를 촉발하며 모든 형태의 미디어는 이 둘을 유발하는 완벽한 도구다.

그렇다고 내부자들이 카르텔이라고 말할 수는 없다. 이들의 수는 몇 백 명이기 때문에 이는 전적으로 불가능하다. 하지만 이때 내부자들은 동시에 강한 곳과 약한 곳을 본다. 그들은 시장의 양쪽, 즉 매수와 매도 주문을 모두볼 수 있다는 우위에 있으므로 진짜 시장 심리를 알 수 있다.

그런 그들도 숨길 수 없는 것이 있는데 바로 거래량이다. 그래서 거래량은 매우 강력하다. 거래량은 내부자들이 가격 움직임에 관여하고 있는지, 그렇다면 매수 중인지, 매도 중인지를 알 수 있는 유일한 방법이다. 그들이 매수 정점에서 사들일 때 거래량이 많아진다는 걸 이해해야 한다.

매집, 분산에서 내부자들이 어떻게 목표 가격대를 결정하느냐는 질문을 종종 받는데, 이는 나도 많이 고민했던 부분이다. 이 가격대는 임의로 미리 결정되는 걸까, 아니면 가격 움직임에 타당성을 부여하는 데 도움이 될 어떤 논리가 있는 걸까? '타당성'을 부여하는 요소는 다음과 같다.

모든 차트에는 '과매도' 혹은 '과매수'로 여겨지는 상태를 자연스럽게 유발하는 횡보 구간이 생긴다. 이 가격대는 두 가지 이유로 VPA의 원리에 있어 절대적으로 중요하다. 첫째, 이는 시장에 지지가 생기거나, 동일한 확률로 저항 구간을 나타낸다. 시장 움직임이 멈추었다가 다시 이어 갔거나 반전이 일어났던 구역의 경계를 정의한다. 잠시 후 이에 대해 더 자세히 설명할 것이다. 지금은 이런 가격대가 존재하며, 매집과 분산 단계에서 시장이 조정받을 때 형성된다고 받아들이자.

　이런 가격 움직임의 '단계'들은 모든 차트, 모든 시간대에 나타나며, 내부자들은 이 가격대에 대해 어디에 있는지, 정의가 되었는지 등을 잘 알고 있을 것이다. 그러므로 내부자들은 모든 작전을 준비할 때 이 가격대를 잠재적인 매집과 분산의 목표 지점으로 정한다. 시장이 마침내 목표 가격대에 이르렀을 때 나타나는 가격 움직임도 이렇게 설명된다.

　자, 이제 분산 단계부터 시작해서 매도 정점에는 어떤 일이 벌어지는지 생각해 보자. 시장은 상승한 상태에서 긍정적인 뉴스로 오름세가 가속화된다. 그렇게 시장은 '과매도' 상태—즉 약세이거나 소진된, 혹은 둘 다의 상태—라고 여겨지는 지점에 도착했다. 우리는 내부자들이 작전을 시작하기 전 이 가격대를 목표로 했다는 것과, 이제 그들이 분산 작업을 시작할 것임을 안다.

　분산의 초기 단계는 순전히 내부자들이 몰고 온 모멘텀에 의해 실행되므로, 이때 거래량은 많긴 해도 지나치진 않다. 모든 '상승' 캔들의 거래량은 투자자와 트레이더의 '자연스러운' 매수에 의한 것이다. 내부자들은 이 단계에서 시장을 '힘들여' 상승시킬 이유가 없고, 오히려 이때 만들어진 수요에 매도하고자 한다.

　내부자들은 시장을 상승 또는 하락시키기 위해 뉴스도 이용하는데, 예전처럼 낙관적이지는 않지만 더 많은 매수자를 끌어 모으기 위해 어떤 뉴스라도 이용해 가격을 '힘들여' 올리고자 할 것이다. 내부자들이 어느 정도 이상의 거래량으로 매도하면 궁극적으로 가격은 하락할 것이고 이는 내부자들에게 불리하다. 가격을 높게 유지하면서 규모 있는 거래량으로 재고를 움직이려는 전투가 최후의 장면에서 극적으로 펼쳐진다. 이는 미세한 균형을 맞춰야 하는 일이며, 매도 정점의 여러 개 캔들에서 보이는 균형이 생기는 이유이기도 하다. 더 자세히 보자.

매도 정점

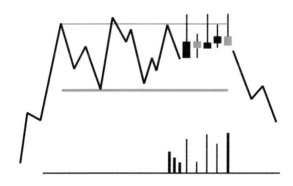

그림 5.10 **매도 정점**

〈그림 5.10〉에서 내부자들은 대규모 거래량으로 수요를 충족시키려고 매도하다가 가격을 하락시키고 말았다. 유명 디자이너 상품, 브랜드가 있는 물건, 명품을 생각해 보자. 가치를 높이고 싶으면 '한정판'을 만들면 된다. 그러면 살 수 있는 수량이 한정되기 때문에 물건은 더 높은 가격에 팔리고, 물건에 대한 선호도도 더 높아진다. 이와 대조적으로 대량생산 상품은 생산 수량 덕분에 가격이 훨씬 낮으며, 가격 상승이 시장에서 받아들여질 가능성은 거의 없다.

대형 기관은 시장의 꼭대기에서 대규모의 블록block(큰 덩어리라는 뜻으로 뉴욕증권거래소와 나스닥은 최소 1만 주, 20만 달러 이상 주문일 때 블록이라고 정의한다—역주)으로 주식을 팔아야 할 때 주문을 한 개로 처리하지 않는다. 가격을 하락시키면 매도 이익이 감소하기 때문이다. 이 문제를 극복하는 방편으로 소위 '다크 풀dark pool(정보를 노출시키지 않고 유가증권을 거래하기 위해 기관 투자자들이 사적으로 조직한 모임 혹은 거래소—역주)'이라는, 대형 기관들이 이용하는 제도가 있다.

이 책의 앞에서 나는 거래량은 숨길 수 없는 유일한 활동이라고 말했다. 그런데 엄밀히 말하면 이는 사실이 아니다. 대형 기관은 다크 풀을 이용해 대규모 거래를 숨기며, 그 세부 정보는 거래가 완료될 때까지 공개되지 않는다. 투명성 역시 존재하지 않으며, 이를 인지하는 트레이더나 투자자도 거의 없다. 하지만 이는 문제가 아니며, 이에 대해 우리가 할 수 있는 일도 거의 없다.

오히려 VPA의 핵심을 더욱더 강조한다. 큰 블록을 매도해야 할 때, 이를 주문 한 개로 진행하면 가격을 너무 많이 떨어뜨리게 된다. 이때 대안은 주문을 더 작은 규모로 쪼개 거래량이 적게 보이게 하거나 다크 풀을 이용해 거래를 완전히 감추는 것이다. 베어링스 은행Barings Bank을 도산시킨 악덕 트레이더rogue trader, 닉 리슨Nick Leeson 역시 같은 문제를 갖고 있었다. 그의 포지션은 규모가 너무 커서 시장을 반대로 몰아가지 않고는 포지션을 청산하기가 힘들었다.

둘, 셋 혹은 네 개의 시간대까지 나뉘어야 하는데, 이것이 분산 과정, 매도 정점과 매수 정점이 일정 기간에 걸쳐 분산 처리되어야 하는 이유다. 나는 트레이딩을 시작했을 때 이 문제에 꽤나 어려움을 겪었는데, 정점이 끝날 때까지 인내심을 갖고 기다리기만 하면 된다는 것을 곧 깨달았다. 기억하자. 내부자들이 모든 물량을 매도하려면 시간이 걸린다.

매수 정점

매수 정점에도 같은 문제가 있다. 숏 보유자의 포지션 청산과 더불어 내부자들의 거래량 규모 자체가 시장 가격을 상승시킨다. 내부자들이 시장에 진입했다면, 주된 영향력은 가격에 작용하는 거래량의 힘이다.

내부자들은 부정적인 뉴스로 시장을 하락시킨 후 창고를 채우기 위해 대규모로 매수 중이며, 이는 다시 그들의 의사에 반해 시장을 상승시킨다. 상승후 내부자의 활동은 멈추고, 그렇게 가격은 일시적으로 횡보한다. 그다음 더많은 악재가 시장을 하락시키는 데 사용되며, 내부자의 매수에 따라 시장은다시 한 번 상승한다. 창고가 가득 찰 때까지 이 과정은 반복된다.

가격 움직임의 조작적 측면을 믿는지 여부는 중요치 않다. 가장 중요한 것은 여러분이 이 가격 움직임의 단계에서 가격과 거래량의 관계를 믿는 것이다. 그 어떤 것보다도, 매우 많은 거래량이 시장이 추세 반전을 준비하고 있다는 것을 보여 주고 있다. 가격 움직임과 많은 거래량이 매도 정점과 더불어나온다면 추세 반전의 전망은 좋지 않다고 말할 수 있다. 반면 매수 정점과

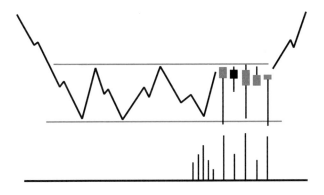

그림 5.11 매수 정점

연계된 가격 움직임과 많은 거래량이라면, 우리는 곧 상승 추세가 시작된다고 생각해야 한다. 이것이 바로 많은 거래량과 연계된 가격 움직임이 우리에게 알려 주는 점이다. 이보다 더 명백할 수는 없다.

A COMPLETE GUIDE TO
VOLUME PRICE ANALYSIS

거래량이 없을 때와
많을 때를 구분하라

🖋 주가와 절대 싸우지 않는다.

_ 제시 리버모어(1877-1940)

　지난 장에서는 '글로벌' 관점 및 내부자들이 가격 움직임을 밀어 올리고 끌어내릴 때 거래량의 밀물과 썰물을 따라 발생하는 시장 움직임과 주기를 봤다. 그런데 누누이 말했듯이 트레이딩에는 새로운 것이 없고, 거래량을 통한 분석은 적어도 100년간 존재했다. 한 가지 변한 것이 있다면, 가격 움직임을 분석하는 캔들이 도입되었다는 점이다. 지금까지 언급한 모든 책과 글에는 한 가지 공통점이 있다. 차트의 가격 움직임을 묘사하는 데 막대를 사용했다. 서구 트레이더들은 1990년대 초가 되어서야 캔슬 막대를 도입해 쓰기 시작했다. 다시 한 번 앨버트에게 감사하게 되는데, 운 좋게 나는 앨버트에게 기본을 배웠고, 이후 여러 이유로 캔들 차트를 계속 사용해 왔다. 캔들 차트는 나에게 다른 어떤 차트보다 더 많은 것을 알려 준다. 캔들 차트와 함께 쓰는 VPA는 나만의 방법론이다. 캔들의 힘이 VPA와 결합되면 시장 움직임에 대한 더 깊은 시각을 제공한다.

이 장에서는 VPA를 이용해 차트를 분석할 때 주의 깊게 봐야 하는 캔들과 캔들 패턴의 여러 조합들을 설명한다. 강조하고 싶은 점은 일본식 캔들은 이 장에서 설명하지 않는다. 관련한 책은 이미 많이 나와 있고, 앞으로 내가 쓸 수도 있을 것이다.

진도를 나가기 전에 캔들 차트를 사용할 때 우리가 유념해야 하는 몇 가지 광범위한 원칙을 살펴보자.

원칙 1

처음으로 봐야 할 것은 그것이 윗꼬리인지, 아랫꼬리인지와 상관없이 꼬리의 길이다. 꼬리는 임박한 시장의 강세, 약세, 우유부단함 그리고 더 중요하게는 이와 관련된 시장의 심리 정도를 즉각적으로 드러낸다.

원칙 2

꼬리가 생성되지 않았다면 이는 종가 방향으로 강한 시장 심리가 형성되었다는 신호다.

원칙 3

짧은 몸통은 불완전한 시장 심리를, 긴 몸통은 강한 시장 심리를 표현한다.

원칙 4

같은 방식의 캔들이라도 어디서 나타나느냐에 따라 완전히 다른 의미를 지닐 수 있다. 더 광범위한 추세 혹은 조정 구간 안에서 캔들의 상대적 위치를 파악한다.

원칙 5

거래량은 가격을 검증한다. 캔들과 거래량 간 검증되는지 혹은 이상 징후가 있는지를 확인한다.

이제 가장 중요한 캔들 두 가지, 유성형 캔들_{shooting star}과 망치형 캔들_{hammer}부터 살펴보겠다.

유성형 캔들: 약세

유성형 캔들은 VPA의 주요 캔들 세 가지 중 하나로, 시장이 약세임을 알려 준다. 매도자가 매수자를 압도한 결과 상승하던 가격이 떨어져 시작가에 가깝게 마감하는 모양이다. 유성형 캔들은 상승세와 하락세 모두에서 나타나며, 추세의 모든 지점에 나타난다. 유성형 캔들의 출현은 임박한 추세 반전의 징후가 아니며, 오히려 해당 지점에서 잠재적으로 약세가 있을 수 있다는 신호다. 약세의 상대적인 정도, 이에 따른 추세 반전의 범위에 대해서는 거래량만이 확실한 신호를 줄 수 있다. 예시가 이 변수들을 가장 잘 이해하는 방

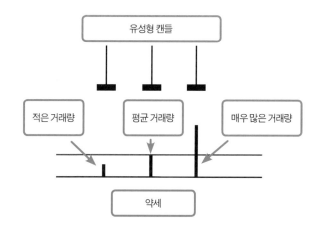

그림 6.1 유성형 캔들과 거래량

법일 것이다(〈그림 6.1〉).

　상승 추세에서 평균 미만의 거래량과 함께 나타난 모든 유성형 캔들은 상승 추세가 멈추고 단기 조정이 있을 가능성을 가리킨다. 이런 신호가 나왔다면 추세가 계속되는지를 확인하기 위해 이전과 이후의 가격 움직임을 봐야 한다. 유성형 캔들이 평균 거래량과 함께 추가로 나타나서 초기의 약세가 확정되는 경우도 있다. 만약 비슷한 크기의 두 캔들이 동일한 시간대에 나타났다면 두 캔들 사이의 거래량을 비교해 본다. 첫 캔들이 약세의 첫 신호였다면 거래량이 증가하며 나타나는 두 번째 캔들은 이 약세를 확정한다. 두 번째 유성형 캔들의 거래량이 첫 번째보다 많다면 더 큰 매도세가 시장에 몰려와 '약세'가 심화되고, 가격을 하락시키고 있는 것이다.

　여기서 너무 당연한 것일 수도 있지만, 그래도 언급할 가치가 있다고 생각하는 점이 있다. 유성형 캔들 하나가 나타났다면 약세의 징후로 받아들일 수 있다. 그런데 만약 두 개의 유성형 캔들이 연속으로 혹은 비교적 가깝게 나타났다면 약세 심리는 더 강한 것이다. 만약 세 번째가 나타났다면 이는 약세 심리가 더 강화되었다는 뜻이다. 다시 말해 개별 캔들은 중요하며, 같은 캔들이 같은 가격대에 여러 번 출현했다면 약세 혹은 강세 심리가 기하급수적으로 증가하는 의미다. 기억하자. 가격 움직임에만 근거를 둔 해석이다. 거래량이 추가되면 우리의 분석은 완전히 다른 수준으로 높아지는데, 그래서 나는 가격 움직임 매매법을 이용하는 트레이더들이 거래량을 이용하지 않는 것을 이상하다고 여긴다.

　〈그림 6.1〉에서 캔들 세 개가 연속으로 출현했고 각 캔들의 거래량이 매번 증가했다고 가정할 때, 이 가격 패턴과 거래량의 조합을 근거로 우리는 시장의 상승과 하락 중 어느 것이 가능성이 있다고 생각하게 될까? 하락할 가능성이 높은데 이유는 매우 간단하다. 첫째, 연속하는 세 캔들 모두 정확히 동

일한 고점에서 실패했으므로 이 구간에는 약세가 존재한다. 둘째, 우리가 이미 약세의 신호로 알고 있는 유성형 캔들 세 개가 있고, 거래량도 점차 증가한다. 시장은 이 가격대에서 실제로 고군분투하고 있으며, 두 번째와 세 번째 캔들은 매도 정점의 일부로 보인다. 게다가 이런 신호가 일정 기간 가격 횡보 후에 나왔다면 신호는 더욱 강력할 것이다. 왜냐하면 VPA 분석을 지지와 저항으로 확인했기 때문이다.

과거를 돌아보며 꼭대기와 바닥을 찾는 것은 매우 쉽지만, 실시간으로 피봇 포인트를 찾아보는 것은 매우 어렵다. 그래서 나는 이 가격 움직임이 차트에서 어떻게 전개되는지를 설명하고자 〈그림 6.2〉의 도식을 만들었다. 이 그림을 통해 VPA의 광범위한 적용 범위도 소개한다.

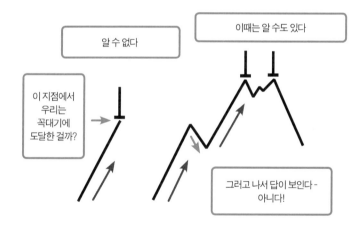

그림 6.2 전형적인 가격 움직임과 유성형 캔들

도식의 왼쪽을 우선 보자. 시장은 상승 추세를 이어 갔고 유성형 캔들이 차트에 나타났을 때 평균 이상의 거래량을 동반했을 것이다. 이 캔들 형태는 큰 추세의 전환 혹은 멈춘 후 단기 조정 중 어느 것을 의미할까? '이 캔들을 근거로는 모른다'가 나의 대답이다. 우리가 알 수 있는 건 상승 추세가 전개되었고, 지금은 약세가 보인다는 것뿐이다. 시장이 어느 정도 상승을 이어 오고 난 후에 나타났으므로 이 신호는 유효성을 지니는데, 내가 이전에 강조하려고 했던 점 중 하나가 이것이다. 모든 신호는 이전에 벌어진 일의 맥락에서 봐야 한다.

이 경우 평균 이상의 거래량과 함께 유성형 캔들이 나타났을 때 매끄러운 상승 추세가 만들어지고 있었다. 이제 무엇을 해야 할까? 뛰어들어서 거래를 해야 할까? 절대로 아니다. 앞서 말했듯이 시장은 순식간에 변하지 않는다. 잠시 멈추고 이후 상승하고, 다시 멈추고 하락한다.

우리는 다음 캔들이 형성되기를 기다린 후 약세를 확인해야 한다. 짧은 몸통의 캔들 뒤에 또 하나의 유성형 캔들이 따라온다면 약세라고 볼 수 있다. 첫 번째 유성형 캔들이 나타나면 우리는 정자세를 하고 필기를 해야 한다. 다음 캔들들이 첫 캔들의 약세를 검증하는지를 확인하고, 장기 약세의 징후인지 일시적 조정인지를 VPA를 통해 추론해 보라는 신호다. 더불어 횡보 구간에 다른 단서는 없는지를 확인한다. 만약 이전에 이 가격대에서 시장이 추세를 반전했다면 이는 강력한 신호이며, 추세 반전의 정도에 관한 단서를 줄 수도 있다.

게다가 가격 움직임이 매집 단계를 뚫고 나온 지 얼마 되지 않았다면 하락으로 반전할 가능성은 거의 없다. 특히 내부자들의 테스트 과정이 있었다면 그 가능성은 더 낮다. 핵심은 추세의 맥락을 고려하고, 최근 내부자들이 매집을 진행하는 동안 발생한 가격 움직임의 횡보 단계와 비교/분석하는 것이다. 그러므로 '더 큰 그림'에서 캔들의 상대적 위치가 중요하며, 이는 질문의 답을 찾는 데 도움을 준다.

다음 단계에서는 이 신호에 대한 더 넓은 관점과 맥락을 갖추기 위해 상위와 하위 시간대를 확인할 뿐만 아니라 시간대에 VPA를 적용해 본다. 예를 들어 가격 움직임이 1시간 차트에 나타났고 15분 차트에 평균 이상의 거래량과 함께 두 개의 유성형 캔들이 형성되었다면, 중대한 반전임이 확인된 것이다. 이에 더해, 15분 차트는 분석하는 데 있어 의미 있는 횡보 구간을 보여 줄 수도 있다.

여러 시간대를 이용하면 더 장기적인 추세를 볼 수 있고, 유성형 캔들의 형태가 작은 반전인지 혹은 더 장기적인 추세의 변화인지를 묻는 질문에 답할 수 있다. 이것이 다중 시간대를 이용하는 차트 분석법의 많은 장점 중 하나다. 더욱이 다중 시간대를 이용하는 방법은 어떤 포지션을 얼마나 오래 유지할 것인지에 대해 균형 잡힌 관점을 제공한다.

장기 추세가 상승세이고 더 짧은 시간대를 기준으로 숏 트레이딩을 하고 있다면, 잠자고 있는 추세의 반대 방향으로 거래하는 것이므로 보유 기간은 짧아야 한다. 이 역시 유성형 캔들이 추세의 반전을 나타내는 것인지, 아니면 짧은 조정인지를 묻는 질문에 답할 때 도움이 된다.

시장이 '꼭대기'인지 확인하는 방법에 대해서는 뒤에서 자세히 살펴볼 예정이지만, 그중 몇 가지는 지금 소개하고자 한다. 다중 시간대 분석, VPA 분석, 횡보 구간과 캔들 패턴 분석은 모두 꼭대기를 확인하는 데 도움이 된다. 게다가 시장이 상승할 때 거래량이 감소하는 것은 전형적인 약세 신호다.

유성형 캔들이 출현하기 전에 짧은 몸통 캔들이 많은 거래량과 함께 나타났다면 이 또한 전형적인 약세 신호지만, 단기 조정인지 혹은 추세의 반전인지를 판단해 주지는 못한다. 이 책에서 나중에 배울 다른 기법들과 함께 VPA를 다중 시간대에 적용하면 이에 대한 필요한 도움을 얻을 수 있다. 횡보 구간의 범위와 정도를 분석하는 방법이 그중 하나다. 시장이 특정 가격대에서 오래 횡보할수록 브레이크 아웃, 즉 돌파할 확률은 높아진다. 소프트웨어는 이 분석을 대신해 줄 수 없다. VPA는 과학이 아닌 예술이기 때문에 캔들 패턴, 이와 연계된 거래량, 거래량과 연계된 가격 움직임을 통해 추세를 파악하는 과정은 주관적일 수밖에 없다. 이를 배우는 데는 많은 시간이 요소되는데, 이 책이 여러분의 시간을 절약해 줄 것이다.

앞서도 말했듯이 유성형 캔들은 상승 추세와 하락 추세 모두에 나타나지만, 하락세가 시작되고 얼마 되지 않아 출현한 경우 약세를 확인해 주는 신호의 역할을 한다. 매도 정점 후 하락세에 나타난 유성형 캔들은 내부자들이 실시하는 시장 수요에 대한 테스트일 수 있다. 게다가 유성형 캔들이 적은 거래량을 동반하고 시장이 매도 정점 후 조정을 거치고 있다면, 이는 내십 단계를 벗어나는 단계에서 내부자들이 수요를 테스트하고 있음을 확인해 주는 것이다. 유성형 캔들은 가격을 높이려는 시도에도 불구하고 수요가 없어서 다시 시작가 근처에서 마감되었다는 뜻이다.

유성형 캔들은 광범위한 추세에서 하방 압력이 일시적으로 멈추고 다시 가격이 올라가면서 발생하는 작은 반전이 있을 때 나타날 수 있다. 이때 캔들이 평균 이상의 거래량을 동반했다면 단 한 가지 경우다. 시장은 여전히 약세로, 추세의 바닥에서 나오는 매수 정점에 이르지 못한 것이다.

이 가격 움직임 패턴은 내부자들이 일찍 탈출한 매도자들로부터 모은 재고를 시장에 다시 매도하는 것을 의미한다. 내부자들은 가격이 하락함에 따라 창고에 보관 중인 재고를 팔아야 한다. 다만 그들은 목표한 가격대, 즉 도매가 이외의 가격에는 절대 매수하려 하지 않는다. 한편 대부분이 파는 와중에, 시장이 바닥을 벗어나서 곧 전환될 거라고 생각하며 시장에 들어오는 투자자도 있다. 이런 가격 움직임은 시장이 빠르게 하락하는 가격 하락 폭포 때 발생한다. 내부자들은 미디어를 이용해 하락을 멈춰 세운 뒤 시장을 밀어 올린다. 동시에 끊임없이 당도하는 매도세에 대처하면서 인위적으로 발생시킨 수요에 재고를 판다. 그렇게 거래량은 평균보다 많거나 매우 많게 나타나고, 이는 약세가 한층 심화될 것을 예고한다.

망치형 캔들: 강세

망치형 캔들은 모든 시장과 시간대에서 주의 깊게 봐야 하는 또 하나의 고전적인 캔들이다. 일시적인 강세이건, 더 장기적인 가격 반전의 신호이건 상관없이 이 캔들은 강세를 나타낸다. 망치형 캔들은 해당 시간대에서 가격이 떨어질 때 형성되며, 이때 가격은 결국 반등해서 시작가와 가까운 곳에서 마감된다. 망치형 캔들은 매수자의 세력이 매도자의 물량을 흡수했다는 신호다. '바닥을 망치질로 다진다'는 의미에서 붙여졌으며, 유성형 캔들처럼 VPA와 결합되면 강력해진다.

이 장의 서두에 언급했던 다섯 가지 원칙은 망치형 캔들에도 작용한다. 망치형 캔들은 보는 이로 하여금 과도하게 흥분하기 쉬운데, 추세 변화라고 생각되기 때문이다. 시장이 빠르게 하락할 때 즉시 반전이 일어날 가능성은 거의 없다. 보통은 잠시 멈추었다가 상승하고 다시 하락한다. 다시 말해 숏 스퀴즈short squeeze(가격이 급등할 때 가격이 더 오를 것으로 예상하는 숏 포지션을 가진 사람들이 손실을 제한하기 위해 매수에 참여하면서 가격 상승이 가속화되는 현상—역주)가 나오는 것이다.

내부자들이 들어와 시장을 일시적으로 지지하면서 주가 움직임이 멈출 때 나타나는 첫 신호가 망치형 캔들이다. 심지어 그들은 유성형 캔들을 만들면서 시장을 더 상승시킬 수도 있다. 망치형 캔들은 내부자들의 '인위적인 매수'의 징후이며, 유성형 캔들은 내부자들의 '인위적인 매도'의 징후다.

내부자들이 시장을 빠르게 하락시키는 동안에도 더 높은 가격대에서 흡수되어야 할 매도세는 항상 있다. 시장이 다시 하락하기 전에 이 재고를 정리해야 한다. 그렇지 않으면 내부자들은 도매가가 아닌 높은 가격에 매수한 상당한 양의 재고를 떠안아야 한다. 그렇기에 가격 하락 폭포는 멈추고, 조정이 온 후에 가격이 상승한다. 열쇠는 거래량이 쥐고 있다. 가격 하락 폭포 후 거래량이 증가했다면 이는 약세가 심화될 거라는 강한 신호다. 그러므로 거래량이 평균보다 많았다 해도 망치형 캔들 하나는 가격 하락을 멈추기에 충분치 않다.

항상 그렇듯이 이후에 나타나는 가격 움직임이 핵심이며, 이는 앞서 나온 문제 그리고 망치형 또는 유성형 캔들을 볼 때마다 물어야 하는 질문이다. 가격 움직임은 장기 추세의 멈춤을 가리키고 있는가, 아니면 추세의 전환을 가리키고 있는가?

망치형 캔들의 힘은 유성형 캔들처럼 매우 많은 거래량을 동반한 두세 개의 캔들이 연속적으로 나타날 때 발휘된다. 이는 현재 매수 정점의 구간에 있으며, 내부자들이 작업을 완료할 때까지 인내심을 갖고 기다리기만 하면 된다는 확실한 신호다. 매수 정점이 완료되면 한 번 또는 그 이상 테스트가 실시될 것이며, 이를 망치형을 통해 확인할 수 있다. 아마 상대적으로 짧은 꼬리가 달린 캔들이 나타날 것이며, 이는 진정한 망치형보다 눈에 덜 띌 수도 있지만 원리는 동일하다. 시작가와 종가는 거의 같고 아랫꼬리가 생긴다.

이 테스트들은 매집 단계의 횡보 구간뿐만 아니라 모든 브레이크 아웃의 초기 단계에서 나타난다. 테스트가 성공하려면 거래량이 적어야 함은 물론이다.

이 두 캔들은 가격과 거래량 해석에서 우선순위에 두어야 한다. 여러분은 초반부에 내가 거래량 가격 분석법을 소개한 것을 기억할 것이다. 캔들에서 우리가 찾는 것은 유효성 혹은 이상 징후다. 거래량이 가격 움직임의 유효성을 검증해 주고 있는지, 어떤 신호가 나오는지, 이상 징후로서 보이는 것과 다른 신호를 우리에게 보내고 있는지 등을 확인해야 한다.

유성형 캔들은 가격 움직임 자체가 명백하므로, 이 캔들에는 이상 징후가 있을 수 없다. 가격 움직임을 바탕으로 매매하는 트레이더라면 이 캔들이 나왔다는 것만으로도 약세 신호라고 말할 것이다. 거래량은 여기서 이를 더 큰 맥락에서 이해할 수 있도록 한다. 그래서 내가 적음, 평균, 많음—혹은 매우 많음까지 포함해서—의 세 개로 거래량을 분류한 도식을 제시한 것이다. 적은 거래량을 동반한 유성형 캔들은 약세 신호지만, 매도 정점 후 내부자들이 실행하는 수요 테스트에 따라 가격이 하락하지 않는 한 아마 심한 약세는 아닐 것이다. 평균 거래량을 동반한 유성형 캔들은 약세가 존재한다고 알려 주는 상대적으로 확실한 신호이며, 이때의 조정은 적은 거래량을 동반한 유성형 캔들이 나타날 때보다 클 것이다.

마지막으로 (주식, 지수의 시장 조성자, 선물의 대형 시장 참여자, 외환의 시장 조성자, 채권의 기관들을 막론해서) 기관 투자자들이 매도하기 때문에 나타나는 많은 혹은 매우 많은 거래량을 동반하는 유성형 캔들이 있다. 이때는 내부자들이 매도하고 있고 움직임이 크므로 각별히 주의하고 준비해야 한다.

요점은 이렇다. 유성형 캔들에는 이상 징후가 없으며, 신호의 강도만 검증하면 된다. 유성형 캔들의 거래량은 가격 움직임을 다시 한 번 확인해 준다. 우리가 할 일은 거래량이 적은지, 평균인지, 많거나 매우 많은지를 확인하고, 이를 여러 시간대에 걸친 이전 가격 움직임의 맥락에서 분석하고, 이후 차트에 전개되는 캔들을 추적 확인하는 것이다.

망치형 캔들도 동일하다. 망치형 캔들에도 이상 징후는 없다. 가격 움직임은 우리가 알아야 할 모든 것을 말해 준다. 해당 시간대에 이유가 무엇이든 간에 가격은 하락했고, 재차 시작가 근처로 반등해 마감했다. 그러므로 상승세의 신호이며, 거래량 막대는 이 상승세의 지속 가능한 범위를 알려 준다.

〈그림 6.3〉에 세 개의 막대—적음, 평균, 매우 많음—와 함께 그린 망치형 캔들을 참조한다.

적은 거래량의 망치형 캔들은 약세를 가리키는 반면 평균 거래량은 반등이 있을 수 있다는 좀 더 강한 신호이고, 매우 많은 거래량은 매수 정점에서 내부자가 상당한 물량을 매수하고 있다는 징후다. 평균 거래량을 동반한 망치형 캔들은 장중 스캘핑 기회를 제공할 수도 있다. 적은 거래량의 망치형 캔들은 반등이 미미할 것임을 알리는데, 이 가격대에서 상승에 대한 관심이 거의 없는 것이 확실하기 때문이다.

이쯤에서 한 가지 더 언급할 것이 있다. VPA는 낮은 리스크로 거래에 들어갈 수 있게 할 뿐만 아니라, 종종 트레이딩에서 어려운 일 중 하나인 포지션을 유지하게도 해 준다는 것이다. 포지션을 유지하고 추세에 머무르는 것은 매우 어려우며, 내 생각에 습득하기 가장 어려운 기술이다. 이것이 수많은 트레이더가 실패하는 이유이기도 하다. 하지만 추세에 남아 있어야 수익을 극대화할 수 있다. 여기서 추세의 지속 기간은 몇 분, 몇 시간, 며칠, 몇 주다.

우리는 트레이더로서 시장이 곧게 뻗은 직선이 아닌 계단식으로 상승하고 하락하며 단기 조정과 반전을 거치면서도 추세에 계속 남아 있어야 한다는 걸 안다. VPA는 여러분이 기존 포지션을 유지하도록 도와주고, 여러분만의 분석을 토대로 시장의 내부를 제대로 볼 수 있는 자신감을 갖게 해 준다.

한 예로 시장이 하락하고 있고 숏 포지션을 취한 상태에서 망치형 캔들이 형성되고 있다고 하자. 망치형 캔들은 추세반전의 신호이므로 시장을 나가야할까, 아니면 더 장기적인 추세의 단기 반등에 불과할까? 거래량이 적다면 내

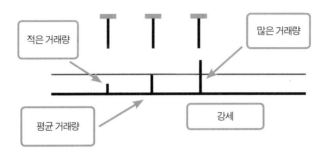

그림 6.3 망치형 캔들과 거래량

부자들은 이 가격대에서 매수하지 않은 것이다. 이후 약세 신호인 평균 혹은 많은 거래량을 동반한 유성형 캔들이 이 망치형을 따라 출현하고, 망치형 캔들 분석 결과를 재차 확인해 줄 것이다. 시장은 약세이며 VPA를 이용한 분석을 통해 우리는 이 조정을 견디고 포지션을 유지할 수 있는 자신감을 얻을 수 있다. 거래량이 없었다면 이 가격 움직임이 강세인지 혹은 약세인지 전혀 알 수 없었을 것이다.

이번엔 망치형 캔들이 평균 혹은 그 이상의 거래량과 함께 나타났다고 가정해 보자(《그림 6.3》). 이 망치형 캔들은 잠재적인 반등을 알리는 이른 신호다. 기관들이 들어오고 공매도 세력이 이익의 일부 혹은 전체를 청산하자 브레이크 아웃이 발생한다. 장기 포지션을 준비할 때다.

거래에 들어가는 것은 트레이딩에서 매우 쉬운 부분이다. 반면, 포지션을 유지하고 적시에 포지션에서 나가는 것은 매우 어렵다. 이 순간이 VPA가 시장 행동에 대한 통찰력을 발휘하는 때다. 가격과 거래량의 관계를 이해하고 해석한다면 트레이딩의 열반에 오를 수 있다.

자, 마지막으로, 상승세의 꼭대기에서 망치형 캔들이 나타났다고 하자. 이 캔들은 다른 이름을 갖는 동시에 다른 해석을 해야 한다. 이에 대해서는 뒤에서 다루겠다. 캔들은 전반적인 추세의 어느 위치에서 나왔는지에 따라 매우 다른 의미를 지닐 수 있다. 망치형 캔들은 추세의 꼭대기에서는 '교수형hanging man 캔들'로 불리며, 유성형 캔들과 함께 형성될 경우 약세 신호로 읽혀진다. 다음으로는 도지라고 불리는 캔들에 대해 알아보자.

긴 다리 도지 캔들: 미결정

도지 캔들은 시작가와 종가가 같거나 매우 가까운 것이 특징이고 윗꼬리와 아랫꼬리가 있다. 도지 캔들은 크기와 종류가 다양하지만 VPA의 맥락으로 중요하다고 내가 믿는 것은 단 하나, 긴 다리 도지 캔들이다.

도지 캔들은 그 자체로 방향의 미결정 상태를 의미한다. 시장이 상승과 하락 심리가 동등하게 나뉜 균형점에 다가가고 있다고 하자. 이때 벌어지는 일은 다음과 같다. 시장이 열리고 심리가 가격 움직임을 한 방향으로 끌고 간다. 그러나 시장의 방향은 금세 뒤집어져 반대로 이끌려 가다가 개장 때 심리가 통제력을 회복해서 시작가로 돌아간다. 다시 말해, 가격 움직임이 급격하게 변화했지만 가격을 결정하는 균형추가 가운데 어디쯤에 남아 있었던 것이다.

긴 다리 도지 캔들의 핵심은 몸통에 비해 윗꼬리와 아랫꼬리가 둘 다 긴, 다리가 '각다귀'를 닮아야 한다. 이 캔들은 추세 반전을 알리는 잠재적인 신호다. 망치형 캔들과 유성형 캔들처럼 가격 움직임만으로도 확실한 신호를 주지만, 거래량과 결합되면 더 강력해진다. 캔들의 가격 움직임 그 자체로도 시장이 미결정 상태임을 보여 준다. 만약 시장이 미결정 상태가 아니었다면 캔들은 다른 형태였을 것이다.

이 경우 심리는 미결정 상태이기에 추세 반전도 가능하다. 긴 다리 도지 캔들은 약세에서 강세로 혹은 강세에서 약세로의 전환을 알리며, 방향의 변화는 선행하는 가격 움직임에 따라 달라진다. 상승 추세에서 긴 다리 도지 캔들이 나타났다면, 이는 약세로 전환되는 첫 신호일 수 있다. 마찬가지로 하락 추세에서 긴 다리 도지 캔들이 보였다면 강세로 바뀌는, 추세 전환을 알리는 것일 수 있다.

다만 유성형 캔들 및 망치형 캔들과는 달리 긴 다리 도지 캔들은 거래량에서 이상 징후를 찾아야 한다. 〈그림 6.4〉를 보면 캔들 세 개와 각 캔들 밑에 거래량 막대 세 개가 있는데, 여기서 이상 징후는 적은 거래량을 동반한 첫 번째 캔들이다. 지금부터 왜 이상 징후인지를 설명하고, 이 설명과 맞아떨어지는 또 다른 개념 하나를 소개한다.

긴 다리 도지 캔들이 적은 거래량을 동반해 나타난 것이 왜 이상 징후인 걸까? 논리적으로 생각해 보자. 시장이 양방향으로 급격히 움직였고, 마침내

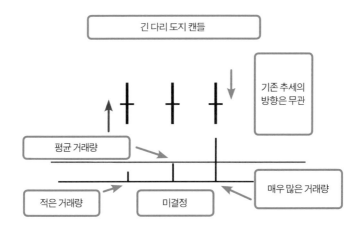

그림 6.4 **긴 다리 도지 캔들과 거래량**

시작가로 돌아와서 혹은 그와 가까이에서 마감했다. 거래 시간에 시장은 위 아래로 출렁였으므로 이 가격 움직임은 시장의 변동성을 나타낸다. 시장에 변동성이 없었다면 다른 종류의 캔들이 보였을 것이다. 그렇다면 시장에 변동성이 있었음에도 거래량이 왜 적은 걸까?

변덕스러운 시장이 되려면 노력이 필요하고, 이미 알고 있듯이 노력과 결과는 나란히 간다. 이 경우에는 노력이 없고(적은 거래량) 큰 결과(큰 폭의 가격 움직임)만 있다. 그러므로 확실한 이상 징후인데, 이에 대한 유일한 답은 '내부자들이 가격을 움직이고 있으며, 지금은 움직임에 참여하지 않고 있다'이다. 내부자들이 트레이더를 떨구고 역지정가 stop order 와 지정가 주문 limit order 을 털어 내기 위해 가격을 위아래로 급격히 움직여 내는 스톱 헌팅 stop hunting 을 진행하는 것이다. 그들이 직접 매매하는 대신 보도 자료를 촉매제로 이용해 가격 '흔들기'를 하는데, 여기서 VPA를 이야기할 때 중요한 부분과 연결된다.

긴 다리 도지 캔들은 펀더멘털 관련 뉴스가 나올 때 자주 나타나는데, 미국 시장의 경우 매달 첫 금요일에 발표되는 월간 비농업고용지수 데이터를 들 수 있다. 이와 같은 경제 데이터를 발표할 때면 가격 움직임이 극단적인 변동성을 띠고, 긴 다리 도지 캔들이 반복적으로 형성된다. 시장은 급격히 한 방향으로 가다가 갑자기 반대로 가고, 아마도 결국 원래 방향으로 돌아올 것이다. 이는 내부자들이 톱질하듯이 가격을 변동시키며 트레이더들을 빠르게 그들 포지션에서 밀어내는 동시에, 시장에 나와 있는 지정가 및 다른 방식의 주문들을 털어 낼 수 있는 이상적인 기회다.

이 행위는 거래량을 통해 알 수 있다. 정확히는 부족한 거래량이다. 이는 분명히 내부자들이 가격을 조종하고 있으며, 추세 전환이 아닌 무언가 다른 것의 신호다. 이 가격대에서 대규모로 내부자의 조작이 있다는 증거다. 나중에 추세가 반전될 수도 있지만 지금 단계에서는 시장에서 나가는 것이 현명한 선택이다. 추가 캔들이 나타날 때까지 기다려야 한다.

여기서 이어지는 다음 주제는 거래량과 뉴스의 관계다. 경제 관련 뉴스, 발표, 금리에 관한 결정 또는 모든 종류의 펀더멘털 뉴스가 있을 때마다 거래량으로 시장이 이를 검증하는지 혹은 무시하는지를 즉시 알 수 있다. 다시 말해, 여기서도 거래량이 뉴스의 유효성을 검증해 주며, 내부자들이 따라 나오는 가격 움직임에 동참하는지 아니면 벤치에 앉아 기다리며 관망 중인지를 바로 알려 준다. 내부자들이 참여한다면 우리도 하고, 아니라면 우리도 관망하면 된다.

한 예로, 외환을 거래하고 있는데 주식, 상품, 위험 통화 같은 자산에 긍정적인 비농업고용지수 같은 '큰 숫자'가 발표되었다고 하자. 그러면 이들 자산이 강하게 증가하는 거래량을 동반하며 강하게 상승하는 것을 볼 수 있을 것이다. 만약 그런 경우라면 시장이 뉴스의 유효성을 확인해 주었고, 내부자들이 참여하고 있다고 해석할 수 있다. 많은 거래량과 함께 긴 몸통 캔들이 나타날 수도 있다.

뉴스가 나올 때마다 거래량을 공부해서 이를 검증해 보자. VPA의 기본을 공부하는 가장 빠른 방법이기도 하다. 큰 가격 움직임을 동반하는 거래량 급등, 적은 거래량을 바탕으로 한 큰 가격 움직임, 적은 거래량을 동반한 긴 다리 도지 캔들에 숨겨진 속임수 움직임들. 이 모든 것이 여러분을 기다리고 있다.

물론 핵심은 이것이다. 대부분의 경우 뉴스가 발표될 때 가장 먼저 일어나는 일이 거래량 급증이다. 이 급증한 거래량이 우리가 분석을 시작할 수 있는 최고의 지점이다. 거래량 급증이 가격 움직임으로 확인되었다면 내부자들이 상방이건 하방이건 참여하고 있는 것이다. 뉴스의 영향으로 가격이 움직였지만 이를 지지하는 거래량이 확인되지 않으면 이는 이상 징후이며 다른 힘이 작용하고 있다는 신호다.

거래량과 뉴스는 나란히 간다. 시장은 개장 시간 동안 발표되는 주요 뉴스에 반응한다. 이 반응이 여러분이 시장을 읽는 방법을 배우는 가장 쉽고 빠른 방법이다. 또한 이를 통해 여러분이 거래할 시장과 투자 상품의 거래량이 적은지, 평균적인지, 많은지 혹은 매우 많은지 판단할 수 있다.

긴 다리 도지 캔들은 최소한 평균, 되도록 많거나 매우 많은 거래량으로 유효성이 검증되어야 한다. 거래량이 적다면 이상 징후이며 내부자가 설치한 속임수다. 거래량이 많으면 그 뒤로 가격 움직임이 전개될 때까지 인내하고 기다려야 한다. 추세가 형성되기 전에 추가 도지 캔들이 보일 수도 있는데, 이때도 인내심이 요구된다. 방향이 확인되고 확립될 때까지 기다린다.

자, 이 세 가지 캔들이 모든 시간대에서 우리가 찾아야 할 '주요 캔들'로, 주의를 기울이고 VPA 분석을 시작하라고 지시하는 신호다. 만약 포지션을 갖고 있지 않다면 검증된 진입 시점이 있는지를 찾고, 포지션을 보유하고 있다면 지속할지 청산할지를 알려 줄 신호를 찾아야 한다.

긴 몸통 캔들: 강한 시장 심리

긴 몸통 캔들wide spread candles의 가격 움직임이 전하는 메시지는 명확하다. 강한 상승세일 수도, 강한 하락세일 수도 있는데 우리가 여기서 주목할 단어는 '강한'이다. 가격 움직임이 급격히 상승 또는 하락했고 고점 혹은 그 근처 또는 저점 혹은 그 근처에서 마감되었다면, 거래량도 이런 강한 심리를 '강한' 거래량으로 반영해야 한다.

〈그림 6.5〉에서 평균 이상의 거래량을 동반한 캔들이 가격을 검증하는 것으로 예상된다. 내부자들이 상승 움직임에 동참하고 있고 모든 것이 정상적

이다. 만약 거래량이 평균 미만이거나 적다면 이는 경고 신호이자 이상 징후다. 가격이 더 높게 나타나지만 노력은 거의 없는 경우로 경고음이 울린다. 많은 개인 트레이더가 이 가격 움직임이 시장이 낸, 따라서 강하고 유효한 움직임이라고 생각하며 거래에 뛰어든다. 그러나 거래량은 다른 이야기를 들려준다. 보유 포지션이 있다면 매도를 생각해야 한다. 보유 포지션이 없다면 관망하고 다음 신호를 기다려 내부자들이 이 시장을 언제 어디로 가져가는지 확인해야 한다.

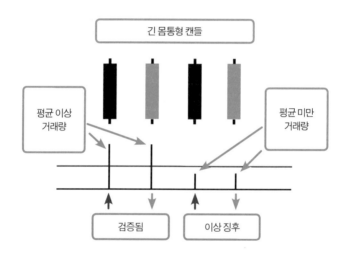

그림 6.5 긴 몸통 캔들과 거래량

짧은 몸통 캔들: 약한 시장 심리

시장 심리가 약세임을 알려 주는 짧은 몸통에 왜 관심을 가져야 하는지 의아할 것이다. 우리가 관심 가질 부분은 내부자들이 언제 시장에 참여하는지다. 짧은 몸통 캔들은 흔히 발견되곤 하는데, 이 캔들을 주목해야 하는 이유는 일반적으로 시장은 천천히 상승하기 때문이다. 시장은 멈추고, 조정되고, 반전되는데 이때 종종 짧은 몸통 캔들을 동반한다. 따라서 우리가 관심을 가져야 할 것은 많은 거래량으로 검증되는 캔들이 아닌 이상 징후를 나타내는 캔들이다.

짧은 몸통 캔들에는 적은 거래량이 수반된다. 노력 대비 결과라고 할 수 있다. 이런 캔들은 우리의 관심을 끌지 못한다. 평균을 초과하거나 많은 거래량과 함께 나타나는 짧은 몸통 캔들 같은 이상 징후가 우리가 관심을 가져야 할 흥미로운 캔들이다. 이런 캔들이 나오면 주의해야 하며 이유를 따져야 한다.

그 이유는 〈그림 6.6〉에서 알 수 있다. 첫 번째 주의할 것은 상승 캔들up candle(종가가 시작가보다 높은 캔들—역주)의 몸통이 짧고 거래량이 비교적 많으면 시장이 약세 신호를 보내고 있다는 뜻이다. 우리가 아는 것처럼 높은 거래에는 짧은 몸통이 아닌 긴 몸통 캔들이 나와야 한다. 다시 말하지만, 노력 대

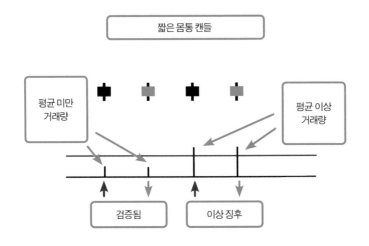

그림 6.6 **짧은 몸통 캔들과 거래량**

비 결과의 법칙이다. 내부자들은 이 가격대에서 어려움을 겪기 시작한다. 시장은 더 높은 가격에서 저항을 맞닥뜨렸고, 다음 캔들로 유성형 캔들이 나올 수 있다.

두 번째 살펴봐야 할 것은 하락 캔들_{down candle}(종가가 시작가보다 낮은 캔들─역주)에서 많은 거래량을 보일 때다. 이는 내부자들이 시장에 진입하는 신호다. 매수자(내부자)로 인해 이 부분에서 시장을 지지하기 때문에 가격 움직임의 폭은 좁다. 다시 말하지만 이 캔들은 약세에서 강세로 전환되는 잠재적 추세 전환의 첫 번째 신호다. 이후 따라오는 캔들이 망치형 또는 긴 다리 도지 캔들이라면 이런 분석의 무게가 실린다. 짧은 몸통 캔들은 종종 매집이나 분산 단계를 따라 많은 거래량을 동반하는데, 이는 내부자가 추가로 매수 혹은 매도하고 있다는 신호다.

교수형 캔들: 상승 추세 후 잠재적 약세

처음 트레이딩을 시작할 때만 해도 상승 추세에 나타나는 교수형 캔들을 망치형 캔들과 동일하게 여겼기 때문에, 강세 신호이며 추세가 계속될 것을 알린다고 생각했다. 그런데 그렇지 않았다. 〈그림 6.7〉처럼 평균을 넘어서는 거래량을 동반한다면 그 반대이며 약세 신호다.

이 캔들이 약세인 이유는 시장의 첫 매도세를 나타내기 때문이다. 내부자들은 테스트를 끝냈고, 매수자가 시장을 지지하지만 이 캔들은 시장이 과매수 구간을 향해 움직이고 있다고 말한다. 캔들의 몸통 색은 중요하지 않지만, 가격은 시작가 혹은 그와 가까이에서 마감되어야 한다. 가격 움직임이 지속적인 매도세의 출현을 확인하고 있으며, 이번에는 매수자가 지지해서 이를 물리쳤지만 추세에 변화가 있을 수도 있다는 조기 경보인 셈이다. 이제 신호

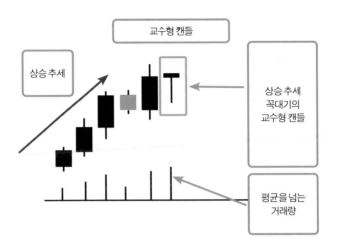

그림 6.7 **교수형 캔들과 거래량**

를 차트에서 찾아야 한다.

　시장에 출현한 약세를 확인한 내부자들은 다음 일을 기획하기 시작한다. 여기서 핵심은 검증되느냐다. 교수형 캔들은 강세 신호가 아니며, 그저 잠재적인 변화를 알려 주는 알림에 그친다. 이 캔들의 유효성이 검증되고 확인되려면 이 가격대에서 추가 약세 신호가 나와야 하며, 만약 나왔다면 이 캔들은 의미를 가진다. 한 예로 교수형 캔들 뒤에 유성형 캔들이 곧바로 뒤따른다면 이는 훌륭한 조합이며, 첫 신호에 상당한 힘을 부여할 수 있다. 유성형 캔들이 캔들의 연속 배열 중 나중에 나온다고 해도 많은 거래량을 동반한다면 그 역시 확고한 신호다.

멈추는 거래량: 강세

내부자들이 제동을 거는 듯 보이는 이 움직임을 보통 멈추는 거래량 stopping volume 이라고 한다. 시장은 유조선 같아서 동력, 즉 모멘텀을 얻은 초대형 유조선에 제동을 가하면 반응하는 데 시간이 걸리는 것과 같이 여러 이유로 갑자기 방향 전환을 할 수 없다. 모멘텀이 중요한 이유다.

〈그림 6.8〉의 예시를 보면, 가격 하락 폭포가 연출되었으며 시장은 더 빠르게 하락하고 있다. 이때 하락세를 늦추고 싶어 하는 내부자들이 진입해 매수를 시작한다. 이 매수 활동은 뒤따라 나오는 긴 아랫꼬리와 일반적으로는 비교적 긴 몸통의 캔들을 통해 볼 수 있다. 그러나 더 신호가 강해지려면 캔들의 종가가 중간보다 위에 있어야 한다. 절대적인 규칙은 아니지만 일반적으로는 〈그림 6.8〉과 같다.

내부자들이 시장에 진입했지만 매도 압력이 너무 강해서, 그들의 힘만으로는 가격 하락을 저지할 수 없다. 제동은 적어도 두세 개의 시간을 거쳐야

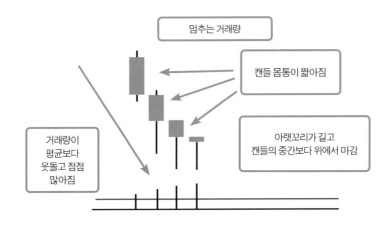

그림 6.8 **멈추는 거래량**

작동이 가능하다. 마치 엔진을 꺼도 몇 마일을 항해하는 유조선처럼 말이다. 시장은 상승할 때보다 하락할 때 더 속도가 빠르다는 점을 기억하자. 공황 상태에서의 투매가 이끄는 시장일 때는 매도 압력이 엄청나다.

내부자들이 이 압력을 겨우 흡수해서 가격이 회복됨과 동시에 캔들에 긴 아랫꼬리가 형성된다. 매도세는 다음 시간대에서도 계속되지만, 내부자들이 많은 거래량을 동반하며 가격을 저점에서 끌어올린다. 이때 캔들의 몸통은 짧을 수 있으며, 매수가 매도를 더 큰 격차로 흡수하고 있다는 신호가 나온다. 다음으로 긴 아랫꼬리를 가진 더 짧은 캔들 하나가 나온다. 마침내 첫 망치형 캔들이 나왔다.

〈그림 6.8〉에서 보이는 캔들의 배열은 완벽한 예의 가깝다. 이런 캔들 배열 뒤에 급락이 찾아왔다면 다가올 상승에 대비해 정신을 바짝 차려야 한다. 멈추는 거래량은 말 그대로다. 내부자들의 물량이 시장으로 들어와서 추가 하락을 저지한다. 약세에서 강세로 추세 전환이 있을 수 있다는 훌륭한 신호다. 마지막 매도세가 치워지고, 창고가 넘치도록 채워졌으며, 내부자들은 나아갈 준비를 마쳤다. 매수 정점에 대한 전조다. 움직일 준비를 해야 한다.

많아지는 거래량: 약세

이 역시 이름에 단서가 있다. 멈추는 거래량이 시장을 추가 하락에서 멈추는 것처럼 오르는 거래량 역시 더 높은 강세장 후에 끝나는 것이다. 여기서도 시장은 갑자기 방향을 전환하지 않는다. 위로도, 아래로도 모멘텀이 존재한다. 시장이 전반적으로 빠르게 움직이기 때문에 아래로 향하는 하방 압력은 당연히 훨씬 크다. 그럼에도 불구하고 상승 추세에도 내부자들이 주도하는 수요에서 발생하는 모멘텀이 있다. 트레이더와 투자자는 쉬운 수익을 놓칠 수

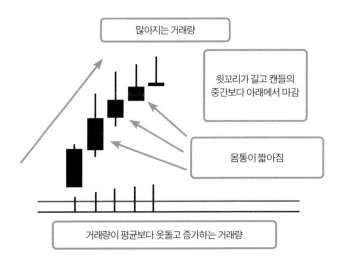

그림 6.9 **많아지는 거래량**

도 있다는 두려움과 탐욕에 이끌려 시장에 뛰어든다. 이것이 연속적으로 뒤
따르는 캔들 모두에 긴 윗꼬리로 반영된다.

이때 내부자들은 이 가격대에서 계속 매도하기 때문에 시장 모멘텀을 이
끌고 가는 것이 점점 힘들어지고, 몸통 짧은 캔들이 만들어지고, 가격이 천천
히 상승하면서 '원호형 패턴arcing pattern'이 생긴다. 거래량은 많거나 매우 많으
며, 평균을 훨씬 상회한다.

〈그림 6.9〉의 '완벽한' 도식에서 마지막 캔들은 우리가 앞서 본 유성형 캔들
이다. 이는 시장 주기의 다음 단계로 넘어가기 전 매도 정점으로 최고조에 이
른다.

여러분은 여기서 보이는 캔들, 캔들 패턴 그리고 연계된 거래량을 모든 시
장, 모든 투자 상품, 모든 시간대에서 찾아봐야 한다. 여러분에게 기상 알림
같은 주요 신호다. 차트의 기준 시간대에 따라 달라지는 것은 없다. 지난 장

들에서 살펴봤던 기본 원칙과 뒤따르는 장들에서 다룰 기법을 적용하고 연습한다면 이 새로 배운 지식과 기술을 어떤 시장에도 적용할 수 있다.

VPA는 간단하고 강력하며 실제로 작동한다. 그리고 한 번 배우면 영원히 잊어버리지 않는다. 캔들 차트 분석에 쓰이는 다른 캔들과 캔들 패턴도 많다. 하지만 이미 언급했듯이 이 책은 일본식 캔들 차트 분석에 관한 책이 아니다. 내가 여기서 설명한 것들은 내가 찾아보는 것들이다. 볼링에서 한가운데 핀인 '킹핀king pin'처럼 VPA의 구심점이다. 이 캔들들을 이해하고 깨닫는다면, 자신감과 확신을 놀랍도록 빠르게 얻을 수 있을 것이다. 더 중요하게는 포지션을 보유한 상태에서 계속 보유할 수 있는 자신감을 갖게 되고, VPA 분석이 출구 신호를 낼 때 나올 수 있게 될 것이다.

A COMPLETE GUIDE TO
VOLUME PRICE ANALYSIS

Chapter 7

거래량이 더 강력해진다면

> 🐌 돈과 시장은 절대 잊지 않지만 사람은 잊는다.
> 이번에도, 다음번에도, 인생의 어느 순간에도 이는 달라지지 않는다.
>
> _ 켄 피셔(Kenneth L Fisher, 1950~)

이번 장에서는 차트상 가격 움직임 측면에서 현재 위치에 대한 관점을 제공해 줄, 첫 번째 분석 기법을 소개한다. 이 기법을 VPA와 결합해서 이용하면 추세가 시작하고 끝나려 할 때와 횡보 구간으로 들어갈 때를 알 수 있다. 건물에 비유하면, 거래량과 가격을 기초 작업이라 했을 때 다음 몇 개의 장에서 설명할 분석 기법은 벽, 바닥, 천장, 지붕에 해당할 것이다. 다시 말해, 거래량과 가격 분석을 위한 틀을 배울 것이다. VPA는 그 자체로도 강력하지만이 기법들은 시장이 차트에 그리는 더 긴 기간 이어지는 여정의 이정표를 세워 줄 것이다.

트레이딩의 가장 어려운 부분은 기존 포지션의 관리와 청산일 것이다. 앞서 말했듯이 들어가기는 쉽지만 빠져나오는 것이 어려운데, 그럴 때 지금부터 설명할 기법들을 이용하면 가격 움직임을 '지도 그리듯이' 파악할 수 있을 것이다. 말하자면 안내 표지판이라고 할 수 있는데, 이를 잘 읽고 그것이 전달하는 의미를 이해하면 시장이 추세를 시작할 때뿐만 아니라 더 중요한, 끝내려 할 때를 파악할 수 있다.

이 기법들 중 첫 번째로, 지지와 저항이라고 알려진 것부터 시작해 보자. 지지와 저항은 모든 시장, 모든 투자 대상, 모든 시간대에 적용되는 강력한 개념이며, 차트에 나타나는 가격 움직임이 따르는 주요 원리 중 하나이자 기술적 분석의 주축이다. 이는 장중 움직임을 좇는 스캘핑을 이용할 때나 장기 투자에 이용할 때나 마찬가지다.

그런데 지지와 저항은 VPA와 완전히 상충한다는 모순이 있다. 거래량 가격 분석법은 가격 움직임의 '선행'적인 면에 초점을 맞추고 시장의 다음 방향을 분석하고자 한다. 반면 지지와 저항은 이전에 일어난 일에 초점을 맞춰 과거 가격 움직임의 기록, 즉 가격 움직임의 '후행'적인 면을 본다.

이런 모순에도 불구하고 이 둘을 결합하면 전체 여정에서 시장이 어디쯤 있는지 파악할 수 있다. 가까운 그리고 먼 미래에 시장이 어디서 정지할지, 어디서 돌파할지, 또 어디서 반전될지, 이와 더불어 시장 진입 시점, 포지션을 유지할 때와 빠져나와야 할 때를 판단하기 위한 모든 중요한 지표를 알려준다.

여기서 가격 움직임의 기본을 다시 한 번 강조한다. 크게 보면 시장은 위, 아래 혹은 옆의 세 방향으로 움직인다. 다시 말해 시장은 상승 추세, 하락 추세 혹은 조정 구간에서의 횡보, 이 세 가지를 위해서만 움직인다. 이 세 가지 상태 중에서 시장은 상승 추세, 하락 추세를 만들 때보다 횡보하는 데 훨씬 더 많은 시간을 쓴다. 경험상 70퍼센트가 그러하며, 추세에는 30퍼센트만 소비한다. 시장은 다양한 이유로 횡보하는데, 주요 원인은 세 가지다.

첫째, 펀더멘털 뉴스가 나올 예정이다. 주요 실적 관련 뉴스 보도 전의 가격 움직임을 보면 이를 목격할 수 있다. 주요 경제 데이터 발표를 앞두면 가격은 좁은 범위 내에서 횡보할 가능성이 크다.

둘째, 내부자가 창고가 채우거나 비우는 중에 매도 정점과 매수 정점 단계에 도달했다.

셋째, 트레이더들이 약세 포지션에 갇혀 버린 예전 가격대로 돌아가고 있다. 시장이 이 구간에 가까워지면서 트레이더와 투자자는 작은 손실만으로 포지션을 청산할 수 있게 된 것에 감사하면서 탈출 기회를 잡는다.

이유가 무엇이든 지지와 저항은 〈그림 7.1〉 같은 모양을 띤다. 이런 가격 움직임은 모든 차트에서 나타나며, 시장이 장기간 횡보한 구간이 명확하게 보여진다.

지지와 저항

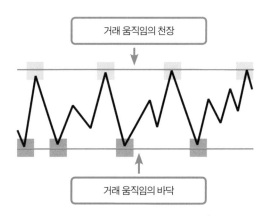

그림 7.1 지지와 저항

이런 가격 움직임을 설명할 때 내가 즐겨 이용하는 비유는 바닥과 천장이 있는 집이다. 〈그림 7.1〉에서는 무슨 일이 벌어지고 있는 걸까? 도식에서 보는 것처럼 가격 움직임은 고점과 저점을 오가는 '채널'을 형성한다. 이 주기적으로 진동하는 움직임이 우리가 지지와 저항이라고 부르는 것을 만들어 낸다. 가격 움직임은 바닥으로 내려올 때마다 보이지 않는 쿠션 같은 것의 지지를 받는다. 이것이 시장이 더 하락하는 것을 저지해 주고, 가격이 더 높게 튀어오를 수 있도록 도와준다.

가격이 지지선인 바닥에서 튀어 오르면 저항선인 천장을 향해 가는데, 보이지 않는 장벽이 다시 한 번 나타나 가격이 더 높이 상승하지 못하도록 저지하며 밑으로 되돌려보낸다. 두 개의 탁구채가 나오는 최초의 컴퓨터 게임을 기억할지 모르겠다. 이 게임의 공과 비슷하게 시장은 끝없이 누 가격대를 오간다. 어느 시점에 가격은 이 구간을 돌파할 것이다.

다음으로 넘어가기 전에 여기서 몇 가지 살펴보고 싶은 점이 있다. 처음은 명백한 것으로, '왜 이 가격 움직임이 그렇게 중요한가'이다. 지금부터 본격적으로 살펴보겠다.

〈그림 7.1〉의 가격 움직임이 긴 상승 추세 끝에 나왔지만 매도 절정은 아니라고 가정하자. 무슨 일이 벌어지고 있는 걸까? 먼저 시장이 상승했고, 매수자는 이 상승 추세에 맞춰 매수 중이다. 그런데 어느 순간 가격이 반전해 하락한다. 이제 매수자는 높은 가격에 갇힌 상태가 되었고, 본인의 결정을 후회한다. 이후 시장은 더 하락하고, 상승 구간을 확신하며 놓칠 수도 있다는 두려움을 느낀 매수자가 추가 매수를 하면서 가격이 또다시 오른다. 시장이 첫 전환점에 다가가면 약한 포지션에 갇힌 매수자는 본전 또는 약간의 손해만 보고 나오게 된 것에 기뻐하며 매도한다. 이 매도 압력이 천장 가격대에서 시장을 밀어내 떨어뜨리고, 두 번째 파동의 매수자는 앞선 매수자처럼 이 높은 가격대에 갇힌다.

그러고 나서 시장은 다시 상승 추세에 참여할 기회를 노리는 매수자들이 진입하는 바닥으로 다가갔다가 약한 포지션에 갇힌 두 번째 파동의 매수자가 작은 손실 또는 미미한 수익을 내고 매도하는 천장으로 돌아간다. 진동하는 가격 움직임은 이후 반복된다. 보이지 않는 띠를 만들어 내는 것이 이 상황에서의 매도다. 비슷한 가격대의 고점끼리 그리고 저점끼리 연결하면 이 띠가 보인다.

한편 이 가격 움직임의 바닥에서 산 매수자는 더 높은 가격을 기대하며 고점에서 매도하지 않고 보유할 것이다. 그러나 그 결과는 가격이 상승 후 반전해서 매입 가격으로 돌아오는 것을 지켜보는 일이다. 천장 가격대에서 산 매수자와 달리 그들의 포지션은 손실을 기록하지 않았다. 따라서 이들은 보유한 포지션에서 수익이 나리라 여전히 기대한다. 아직은 두려움이 이들의 의사 결정을 주도하지 않는다.

바닥과 천장 가격은 마법처럼 신비로운 것이 아니다. 단지 특정 시간과 가격대에서 두려움과 탐욕이라는 심리 수준을 표시할 뿐이다. 가격 움직임에 연료를 공급하는 것은 이 두 가지 감정이며, 두 감정이 기초적인 형태로 드러난 것이 횡보 구간이다. 이 점을 항상 기억해야 한다. 첫 번째 파동의 꼭대기에서는 탐욕이 지배하고, 시장이 두 번째 파동으로 돌아갈 때쯤에는 공포와 안도가 그들을 지배한다.

상승 추세의 꼭대기

매수와 매도의 감정적인 면을 생각하면 모든 것이 논리적으로 보인다(《그림 7.2》). 시장이 첫 번째 파동의 꼭대기를 칠 때 좋은 트레이딩 기회를 놓칠 수도 있다는 두려움과 결합된 탐욕이 감정을 지배한다. 기억하자. 트레이더들

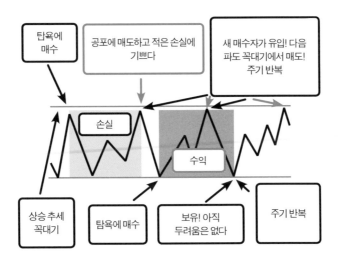

그림 7.2 두려움과 탐욕 - 상승 추세

은 어떤 경우에서든 약한 손이 된다. 왜일까? 그들은 겁이 많고 수시로 두려워하는 동시에 시장이 오르는 것을 기다린 사람들이다. 그래서 그들은 시장이 상승하는 것을 지켜보면서 더 일찍 들어가지 않은 것을 후회한다. 그렇게 그들은 첫 번째 파도의 꼭대기에서 결국 매수한다.

시장은 이후 신속하게 반전되고 매수자들은 곧바로 손실이 날까 두려워진다. 시장은 더 하락하다가 반등한다. 이런 시장의 조정에 '좋은 가격'이라며 매수자들이 들어온다. 가격은 첫 번째 파도의 꼭대기를 향해 재상승한다. 이 때 꼭대기 가격에 매수한 투자자는 기회를 놓칠 것에 대한 두려움은 어느새 흩어졌고 지금은 그저 나가고 싶을 뿐이다. 그들은 적은 손실에 만족하고 떠난다.

잠재적 손실이 어느 순간에는 훨씬 컸을 수 있기 때문에 이 집단은 작은 손실만 났으니 잘했다고 생각한다. 다만 이 집단은 감정적으로 매매하기 때문에 어떤 매매에서든 약한 포지션에 있고, 따라서 감정을 유발하는 가격 스윙으로 조종당하기 십상이다.

반면 첫 파동의 바닥에서 매수한 집단은 완전히 다른 조건에 있다. 그들은 기다릴 준비가 되어 있다. 또한 일반적으로 그들은 경험이 더 많다. 시장이 세 번째 파동의 꼭대기를 향해 올라가면서 그들의 포지션은 잠재적인 이익 상태지만, 가격은 반전 후 하락해서 그들이 매입한 가격으로 돌아간다. 그들은 파도의 꼭대기에서 청산하지 않은 결정을 후회할 수도 있지만, 손실에 대한 괴로움은 없다. 그들은 웬만하면 반등을 기대하면서 포지션을 유지할 것이다.

파도 꼭대기에서의 약한 집단과 달리 이 집단은 각각의 파도를 거치며 받는 감정적 스트레스가 덜하다. 이들은 잠재적인 수익이 사라지는 스트레스만 처리하면 되기 때문이다. 각 꼭대기의 매수자는 약한 매수자로 간주할 수 있는 반면, 각 바닥의 매수자는 강한 매수자로 간주할 수 있다. 물론 이것은 해당 가격 움직임을 매우 단순하게 바라보는 방법이라는 걸 인정하지만, 조정 구간을 형성할 때 실제로 일어나는 일이기도 하다.

이 가격대에 밀집해 있는 많은 약한 매도자와 약한 매수자, 강한 매도자와 강한 매수자가 보이지 않는 장벽을 형성한다. 하락 추세의 바닥에서도 같은 현상이 나타날까? 답은 '그렇다'다.

하락 추세의 바닥

이때의 원리는 상승 추세에서 우리가 봤던 것과 동일하다. 〈그림 7.3〉에서 볼 수 있듯이 시장은 일정 기간 하향 추세에 있었으며, 반등하려 할 때마다 약한 트레이더들이 시장으로 유입된다. 이들은 다른 트레이더들이 하락장에

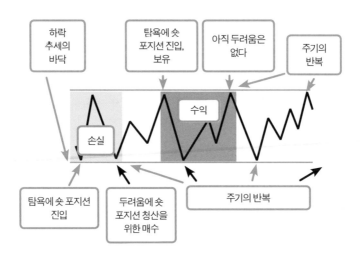

그림 7.3 **두려움과 탐욕 - 하락 추세**

서 수익을 내는 것을 보고, 마침내 트레이딩에 대한 두려움을 극복하고 시장에 참여하겠다는 감정적인 의사 결정을 내린다. 그러나 시장은 그들에 반해 즉시 방향을 전환하면서 그들을 순식간에 손실 포지션에 가두어 버린다. 손실이 늘어남에 따라 두려움도 커진다. 다행히 시장은 그들이 매입한 가격대로 돌아가고, 그들은 작은 손실로 청산할 수 있었다고 안도하며 시장을 나간다.

강한 트레이더들은 파동의 꼭대기에서 시장에 매도하는데, 그들의 포지션은 가격 범위 내에서 시장이 움직이는 동안 수익을 기록한다. 앞서 봤듯이 조정 구간은 보이지 않는 장벽을 만들고, 약한 트레이더와 강한 트레이더 집단 모두가 밀집된 이 장벽은 지지 혹은 저항이라는 한정된 가격대로 드러난다.

여러분이 이 가격대의 중요성을 깊게 깨달았기를 바란다. 이 가격 움직임은 보이지 않는 장벽과 지지대를 차트 여기저기에 만드는데, 우리는 이를 각 파동의 꼭대기와 바닥의 가격 움직임을 수평선으로 연결해서 '볼' 수 있다. 향후 가격 움직임이 이 구간에 접근할 때마다 이 가격대에 밀집된 매도자와 매수자로 인해 시장 움직임이 멈추거나 '테스트'가 진행되리라고 예측할 수 있다. 이 진행 방식에 대해서는 곧 살펴볼 예정이다.

이와 동일하게 중요한 것은 시장이 이 중 한 구간에 멈춰 있다가 본래의 추세 방향으로 움직이는 경우다. 이 두 가지 모두 중요한 결과를 초래하고, 거래량으로 검증된 핵심 신호를 보낸다. 이에 대해서는 곧 살펴보고, 그에 앞서 분석 기법을 이용할 때의 몇 가지 일반적인 원칙을 제시한다.

a. 첫 번째 원칙

천장과 바닥을 정의하고자 차트에 그리는 선은 강철봉이 아니며, 오히려 탄력성을 가진 고무줄이라고 생각하자. 기술적 분석과 VPA는 과학이 아닌 예술임을 기억해야 한다. 장벽과 지지대를 구성하는 가격대이긴 하지만 단단한 벽은 아니며, 때때로 무너졌다가 시장이 다시 채널 안으로 들어오며 재건되기도 한다. '탄력적'이며 약간의 '양보'가 있다.

b. 두 번째 원칙

와이코프의 두 번째 법칙인 원인과 결과의 법칙을 기억하자. 원인이 크면 결과도 커야 하며, 이는 지지와 저항에도 적용된다. 조정 기간이 길어질수록 시장이 이 구간을 벗어날 때 생기는 결과값도 더 극적이다. 당연히 이 원칙은 상대적으로 작동한다. 시장이 일간 차트에서 몇 주 동안 조정 구간을 형성했다면 비슷한 기간 동안 추세를 전개할 것이고, 5분 차트의 건설적인 조정 구간에서 나온 돌파는 한 시간 정도 지속될 것이다. 모두 상대적이다. 원인과 결과의 법칙은 시간 개념을 도입한다.

c. 세 번째 원칙

세 번째 법칙은 대부분의 초보 트레이더를 당황시킬 것이다. 시장이 횡보한다는 것을 어떻게 알 수 있는가? 차트를 되돌려보며 찾는 것은 쉽지만, 실시간일 때 횡보 구간은 '사건 발생 후'의 시점이 되어서야 자명해진다.

이때 고립 피봇_{pivot}(가격의 방향 전환점—역주)의 고점과 저점이 매우 중요한 신호가 되는데, 이를 자동으로 생성해 주는 지표도 있지만 시각적으로 간단히 파악할 수 있다.

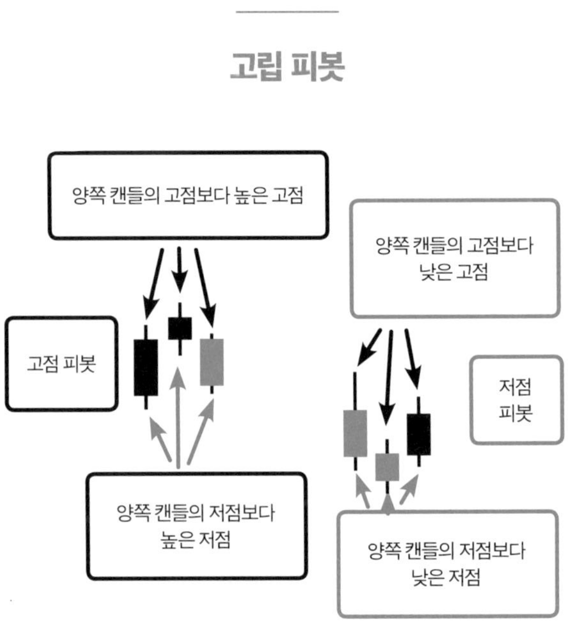

고립 피봇

그림 7.4 고립 피봇

고립 피봇은 횡보 구간의 시작을 정의하는 지점이다. 상승 추세일 때 차트에 형성된 고점 피봇을 보았다고 상상해 보자. 그랬다면 약세의 첫 징후를 본 것이다. 고점 피봇은 〈그림 7.4〉에 보이는 세 개의 막대/캔들 반전에 의해 만들어진다. 세 개의 막대/캔들 반전 패턴으로 인정받으려면 중앙 캔들이 더 높은 고점과 더 높은 저점을 찍어야 한다. 피봇이 하나 출현했다고 해서 이 지점부터 횡보한다는 의미는 아니다. 이 단계에서 알 수 있는 건 단기적인 추세 반전이 있을 수 있다는 예상 정도다.

이제 우리는 고립된 저점 피봇이 형성되기를 기다린다. 저점 피봇은 세 개의 막대/캔들 패턴에서 중앙 캔들이 양쪽 캔들의 고점보다 낮은 고점, 저점보다 낮은 저점을 갖고 있을 때 발생한다(《그림 7.4》). 이 캔들 패턴이 차트에 나타나면 천장과 바닥을 정의하는 첫 두 개의 선을 그을 수 있다. 고점 피봇이 천장, 저점 피봇이 바닥이다. 이 캔들 패턴은 모든 횡보 구간을 정의할 뿐만 아니라 상/하단 가격대도 뚜렷이 보여 준다(《그림 7.5》).

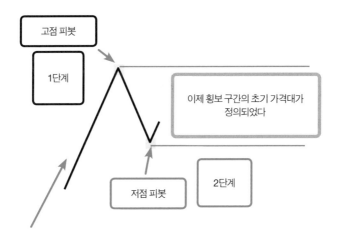

그림 7.5 횡보 구간 입구 - 상승 추세

하락 추세에서 횡보 구간에 들어갈 때도 동일하다. 〈그림 7.6〉에서처럼 저점 피봇이 고점 피봇을 선행하는 경우를 찾는다.

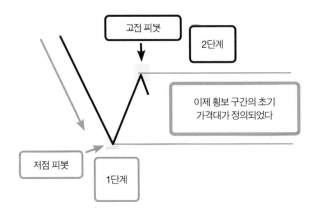

고전 피봇

2단계

이제 횡보 구간의 초기
가격대가 정의되었다

저점 피봇

1단계

그림 7.6 **횡보 구간 입구 – 하락 추세**

이 시점에서 천장과 바닥은 명확히 정의되었다. 시장이 횡보 구간으로 진입하면서 상/하단 가격대에 피봇 포인트가 나타나는데, 이는 구간을 한층 더 공고히 한다. 그다음에는 어떤 일이 일어날까? 어느 시점이 되면 마침내 돌파하는데, 이는 현재 추세가 계속될지 아니면 추세가 전환될지를 확인해 주는 우리가 기다려 온 촉매제다. 횡보 구간 내내 우리는 VPA 지식을 이용해 시장의 상승, 하락 여부를 판단하기 위한 단서와 징후를 찾을 것이다. 만약 횡보 구간이 매수 혹은 매도 정점의 결과로 생성되었다면 그때의 신호는 매우 명확할 것이다.

횡보 구간에 진입했을 때 우리가 지속적으로 찾아야 하는 신호는 돌파 시의 거래량이다. 이미 살펴봤듯이 횡보 구간은 다양한 약한 포지션에 갇힌 트레이더들이 몰린 지역이다. 따라서 이 구간을 이탈하려는 모든 움직임에는 거래량이, 그것도 아주 많이 필요하다. 그런 가격대에서 적은 거래량을 동반한 돌파는 내부자들이 깔아 놓은 덫으로 '가짜 신호'다. 한편 내부자들은 다시 한 번 트레이더들을 틀린 쪽에 가두어 두려고 하는데, 최근 횡보 구간의 브레이크 아웃을 촉발하는 것은 그들이 쓰는 또 하나의 고전적인 전략이다. 그런 가짜 움직임은 VPA 트레이더들만 알 수 있다. VPA에서는 더 높거나 늦은 모든 움직임의 거래량이 시각적으로 뚜렷하다. 이것이 이 가격대가 매우 중요한 이유인데, 그 이유를 세 가지로 정리한다.

첫째, 현재 포지션을 갖고 있고 이 포지션의 방향을 검증해 주는 돌파가 나왔다면, 이는 현재 움직임이 지속될 것이라는 명확한 징후이므로 나는 포지션을 보유할 자신감을 갖게 된다.

둘째, 내가 현재 포지션을 갖고 있지 않다면, 거래량으로 가격 돌파가 검증된 경우 이 지점은 훌륭한 진입 신호가 된다.

셋째, 내가 포지션을 보유하고 있고 추세가 내 포지션에 반해 반전되었다면, 이는 내게 포지션을 나가라는 명확한 신호가 된다.

이 가격대는 차트의 가격 움직임으로 포지션을 관리할 수 있게 해 준다는 점에서 강력하고 유용하다. 그런데 앞에서도 언급했지만 들어가기는 쉬워도 나오는 것은 매우 어렵다.

이제 시장이 횡보 구간을 벗어날 때 예상되는 것들을 알아보자. 〈그림 7.7〉은 우리가 기대해야 하는 매우 이상적인 가격 움직임의 예시다. 이 경우는 강세형 브레이크 아웃이 출현했다. 상승세가 멈췄다가 추세를 이어 가는 경우이거나 추세의 반전일 수도 있다. 둘 중 어느 것인지는 중요하지 않다. 핵심은 동일하다.

우선 어떤 브레이크 아웃이든지 횡보 구간을 돌파한 후 유효한 움직임으로 검증되려면 천장 위의 '맑은 물'을 보듯 명확히 보여야 한다. 이 가격선들은 강철봉이 아니다. 고무줄이다. 휘기 쉬우며 융통성이 있다. 그렇기 때문에 가격이 몇 포인트 위아래로 튀었다고 해서 그것이 돌파의 신호가 되지는 않

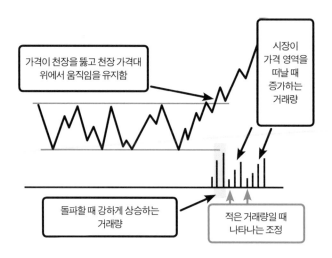

가격이 천장을 뚫고 천장 가격대 위에서 움직임을 유지함

시장이 가격 영역을 떠날 때 증가하는 거래량

돌파할 때 강하게 상승하는 거래량

적은 거래량일 때 나타나는 조정

그림 7.7 횡보 구간에서 돌파 - 상승 추세

는다. 명확하게 마감되어야 한다.

이에 물이 얼마나 맑아야 하는지를 묻는 사람들이 있는데, 안타깝게도 완벽한 법칙은 없다. 각자의 판단, 경험 그리고 시장과 투자 대상에 따라 달라진다. 다만 캔들의 종가를 기준으로 천장을 깬 '명확하게 가시적인 갭$_{gap}$'은 필요하다. 이 틈이 돌파했다는 첫 번째 신호다. 두 번째는 거래량이다.

〈그림 7.7〉처럼 초기 상승 움직임이 천장을 돌파할 때는 강하고 증가하는 거래량을 동반해야 한다. 시장이 가격대를 벗어날 때는 마치 누군가를 모래 지옥이나 늪에서 끌고 나올 때와 같은 노력을 들여야 한다. 이후 캔들 몇 개와 연계된 거래량이 적절하게 반영되어야 한다. 그렇지 않다면 내부자들이 설치한 덫이거나 그들이 이 단계에서 시장을 상승시키는 데 관심이 없는 것이다.

가격 움직임이 유효하다면 처음 돌파할 때의 거래량이 평균을 훨씬 웃돌며 증가하고 있을 것이다. 이 단계에서 가격이 상승하면서 지금은 바닥인 직전 천장을 시험하기 위해 조정 단계에 들어가도 놀랄 필요는 없다. 상승 추세는 형성되었기 때문에 거래량은 적거나 감소 중이어야 한다. 이것이 진정한 상승 움직임이라면 말이다.

상승을 명확하게 확인했다면 VPA를 도입할 차례다. VPA로 돌아와서는 추세가 펼쳐지면서 생기는 캔들 하나하나의 가격 움직임을 분석한다.

같은 원칙이 하락 추세에서 돌파가 나올 때도 적용된다(〈그림 7.8〉 참고). 이번에도 하락 추세가 계속되는지 혹은 상승세에서 하락세로의 추세 전환인지는 중요하지 않다. 〈그림 7.7〉과 유일한 차이는 횡보 구간의 천장이 아닌 바닥을 뚫고 있다는 점이다. 이 브레이크 아웃도 명확하게 구분되어야 하고 가격대를 벗어나기 위해 평균을 훨씬 웃도는 거래량을 동반해야 한다. 시장이 지금은 천장인 직전 바닥 가격대를 테스트하기 위해 재상승하는 것을 보고 놀랄 필요가 없다. 다만 이때 거래량은 적어야 하고, 시장이 마침내 가격대를 벗어날 때는 거래량이 증가해야 한다. 하락 추세를 확인할 때도 순수한 하락 움직임이라면, 이를 반영하기 위해 거래량이 증가해야 한다는 것을 기억하자.

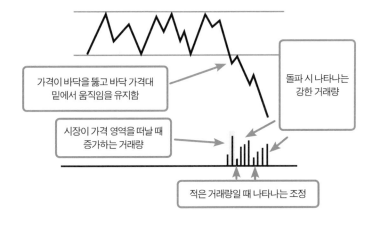

그림 7.8 횡보 구간에서 돌파 - 하락 추세

횡보 구간의 중요성은 아무리 강조해도 지나치지 않다. 이 구간은 많은 정보를 드러내고 많은 트레이딩 기회를 제공한다. 순전히 돌파에만 의존해서 매매하는 트레이더도 많다. 횡보 구간을 피봇으로 정의하고 나서 VPA로 가격 움직임을 차트에서 살펴본 다음 최종적으로 돌파할 때 거래량으로 검증되면 어떤 포지션이든 들어가도 좋다. 나는 이 시점에서 지지와 저항 또한 가격 분석의 토대가 되는 초석임을 크게 강조하고 싶다. 내가 이야기해 봤던 트레이더들은 어떤 방법이 되었든 이 개념을 이용하고 있다.

지지와 저항은 진입 포지션을 확인하는 데뿐만 아니라 포지션을 유지하거나 청산할 때도 이용할 수 있다. 간단히 말해서 여러분이 쓸 수 있는 기법 중 가장 강력하다. VPA와 결합해 적용하면 트레이더 및 투자자들이 쉽게 얻지 못하는 시장 움직임에 관한 통찰을 얻을 수 있다. 지지와 저항은 추세로 발전하는 가격 움직임의 단계 중 하나다. 많은 트레이더와 투자자가 시장이 횡보할 때 당황하는데, 횡보 구간에서는 사실 인내하고 기다리면 된다. 시장이 준비되었을 때 브레이크 아웃은 생성되며, 새로운 추세가 형성된다. 그리고 그렇게 만들어지는 모든 추세의 범위는 원인과 결과의 법칙이 결정한다.

지지와 저항의 집

여러분이 집의 입면도를 보고 있다고 상상해 보자. 〈그림 7.9〉처럼 집의 정면은 제거되었고, 옛날 장난감으로 많이 나왔던 '인형의 집'의 문을 모두 열어 놓은 것과 비슷하다. 집의 모든 바닥과 천장은 물론이고 1층, 2층, 3층과 옥상도 보인다.

지그재그 선은 1층부터 옥상까지 올라갔다가 다시 내려온 시장을 표현한다. 지지와 저항의 개념을 시각적으로 더 잘 표현할 수 있도록 집 안을 움직

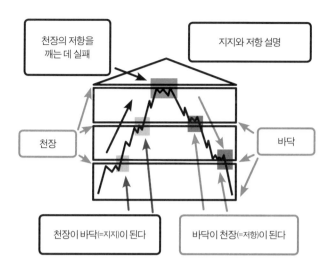

천장의 저항을
깨는 데 실패

지지와 저항 설명

천장

바닥

천장이 바닥(=지지)이 된다

바닥이 천장(=저항)이 된다

그림 7.9 지지와 저항의 집

이는 가격 움직임을 따라가며 설명하겠다.

1층에서 출발한 시장은 천천히 오르다가 천장에 도달한 후 이내 횡보한다. 이 지점에서 천장은 더 높이 올라가고자 하는 시장 움직임에 대한 저항 가격대를 형성한다. 하지만 어느 순간이 되면 천장은 깨지고, 시장은 2층 바닥으로 올라선다. 1층에서 천장이었던 것이 지금은 2층 바닥이 되었다. 다시 말해 지지 가격대가 되었다.

시장은 계속 올라 어느덧 2층 천장에 닿는다. 그러자 가격은 다시 한 번 건설적인 조정 구간으로 들어간다. 이후 돌파하고, 시장은 3층 바닥에 올라선다. 이제 2층 천장에 그려진 가격 저항선은 3층 바닥에 그려진 지지선이 되었다.

시장은 3층 천장까지 계속 오르는데, 3층 천장에서 매우 강한 저항을 받은 시장은 반전을 선택한다. 방향을 전환한 시장은 내려가서 횡보하다가 2층 천장을 뚫고 내려간다. 여기서 과정이 역으로 진행되는 것을 볼 수 있다. 바닥을 기준으로 봤을 때 가격 지지선이었던 것이 천장을 기준으로 보니 가격 저항선이 되었다. 이 과정이 2층에서도 반복되어 바닥에 있는 가격 지지선은 이제 천장에 있는 가격 저항선이 되며, 시장은 이를 뚫고 내려가며 결국 출발점으로 돌아온다.

이 개념이 왜 중요할까? 지지와 저항이 중요한 이유는 많다. 우선 건설적인 조정 구간에서 나오는 돌파는 거래량으로 유효성이 검증되었을 때 '돌파매매'라고 불리는 훌륭한 트레이딩 기회를 제공한다. 다음으로 첫 번째만큼 중요할 수도 있는데, 지지와 저항 가격대를 트레이딩에서 목표 가격대로 활용할 수 있기 때문이다. 그러면 시장 움직임을 내 포시션을 운영하는 도구로 사용할 수 있다.

'지지와 저항의 집'으로 돌아가자. 2층 천장에 가까워지면서 가격은 횡보하다가 이내 돌파한다. 이제 보호막이 되어 주는 '자연스러운 바닥'의 가격 지지선이 만들어졌다. 이 바닥은 시장이 우리를 위해 그어 준 자연스러운 방어선이다. VPA 공부를 통해 우리는 이 가격대를 뚫고 다시 내려가는 데는 많은 거래량이 필요하다는 사실을 알고 있다. 이제 우리에게 유리한 자연스러운 지지 구간이 생겼다. 바닥은 조정 구간에서 보호막이 되어 줄 뿐만 아니라 시장이 상승할 때 지지선이 되어 준다.

'지지와 저항의 집'에는 상승 추세를 예로 들었지만 하락 추세에도 동일한 방식이 작동한다. 옥상에서 시장이 반전된 때부터 보면, 가격은 3층 바닥으로 접근한다. 시장은 횡보 구간에 진입하고, 2층 천장을 아래로 뚫고 내려간다. 가격을 지지하는 바닥이었던 것이 이제는 가격에 저항하는 천장이 된다. 다시 한 번 두 가지를 제공한다. 하락 추세에 압력을 더하는, 단기 반전에 저항하는 가격 저항과 단기 조정의 경우 보호막을 제공하는 자연스러운 가격 장벽이다. 이번에는 숏 포지션에 유리한 돌파매매를 하는 트레이더를 위한 '윈-윈' 상황이다.

지지와 저항은 포지션을 잡을 때 이용하는 개념이지만, 가격 움직임과 시장이 남기는 기록으로서도 힘이 있다. 가격은 떠나가지만 가격대는 남아서, 언젠가 가격 움직임이 이 구간으로 돌아오면 힘을 발휘한다. 이 부분에서 '시장은 기억력이 있나' 하는 의문도 생긴다. 혹은 '트레이더들이 동일한 차트를 보기 때문에 생긴 자기 예언의 결과일까?' 하고 자문하기도 한다. 어쩌면 이 가격대에 약한 트레이더들이 밀집한 탓인지도 모른다. 그들은 작은 손실 또는 작은 이익에 포지션을 청산하고자 있을 수도 있다.

이유가 무엇이든 간에 시장은 이 가격대를 반복적으로 찾아가며, 따라서 이 가격대는 가격 움직임 측면에서 중대한 역할을 한다. 거듭 이야기하지만 조정이 길어질수록 영향력도 더 커진다.

다시 집 그림으로 돌아가서, 3층 천장의 저항을 깨는 데 실패한 경우를 생각해 보자. 이때의 실패는 횡보 구간이 상당 기간 지속되었기 때문일 수 있다. 시장이 예전에 이 가격대에서 돌파에 실패한 적이 있다면, 다시 실패할 확률은 매우 높다. (차트의 시간 기준을 확장해서 과거의 횡보 구간들을 확인할 수 있다.) 어쩌면 몇 년 전 매도 정점이 발생해서 이 가격대가 과매수 상태라고 여겨졌다가 지금은 적정 가치라고 생각될 수도 있다.

어쨌거나 트레이더에게 이 가격대는 중요하며, 가격 움직임의 유효성을 검증하는 데 필요한 모든 단서를 얻을 수 있다. 이 가격대가 시장이 돌파에 실패하고 반전했던 과거 횡보 구간이라고 했을 때, 이번에는 돌파에 성공한다면 상승 움직임에 상당한 의미가 부여되며 강한 지지대가 형성될 것이다. 반대로 마찬가지로 실패한다면 극도로 약한 시장임을 암시하며, 주요 가격 패턴을 살펴봐야 한다.

이것이 지지와 저항의 힘이다. 지지와 저항은 횡보 구간을 알려 주는 신호로, 시장의 DNA다. 시장의 과거 이야기가 하나로 묶여, 시장의 추세 방향에 상관없이 동일한 방식으로 작동한다. 앞서 설명한 예에서 시장이 저항에서 반전했는데, 시장이 하락하는 힘과 동등한 힘을 지니고 있는 것이 과거의 지지 구간이다. 이 구간은 시장의 추가 하락을 저지하는 지지대로서 폭이 넓고 시간적으로 길면 더 큰 중요성을 지닌다. 만약 과거에 이 지지 구간에서 주요 추세 전환이 있었다면 중요성은 한층 커진다. 이는 상승 시장에서도 마찬가지다.

횡보 구간은 다양한 형태와 규모로 그리고 모든 시간대에서 나타난다. 주식의 지수는 며칠 혹은 몇 주까지도 좁은 변동폭에서 서래될 수 있다. 이종 통화쌍은 몇 달 동안 횡보할 수도 있다. 채권은, 특히 금융 위기 때는 매우 좁은 범위에서 거래될 수 있으며, 주식은 침수된 채 몇 달을 갈 수도 있다. 반대로 몇 분 혹은 몇 시간 동안 지속될 수도 있다. 그럴 때도 기본 개념은 동일한데, VPA 트레이더로서 우리는 원인과 결과는 나란히 간다는 것만 기억하면 된다. 5분 차트의 횡보 구간은 데이 트레이더에게 지지와 저항을 알려 주고 잠재적으로 돌파 매매 기회까지 제공하는 한편, 장기 투자자에게는 거의 쓸모가 없을 것이다. 다만 같은 투자 상품의 일간 차트에 깊게 횡보 구간이 펼쳐져 있다면, 더불어 이후에 천장 혹은 바닥을 관통하는 움직임이 나타났다면 분명 중대한 의미를 지닐 것이다.

이것이 여러 시간대의 차트를 이용해 거래해야 하는 또 하나의 이유다. 5분 차트의 횡보는 15분 차트, 또 1시간 차트의 것보다 의미가 덜하다. 즉 다른 모든 조건이 동일하다고 할 때 더 긴 시간대에서 나타날수록 의미는 더 크다. 다시 한 번, 원인과 결과 그리고 시간의 개념이다.

A COMPLETE GUIDE TO
VOLUME PRICE ANALYSIS

Chapter 8

이전의 추세와 추세선은 잊자

🐌 손실은 운이 나빠서 생긴 게 아니다. 분석이 문제다.

_ 데이비드 아인혼(David Einhorn, 1968~)

이 장에서 나는 추세와 추세선을 탐구해 보고자 한다. '추세를 친구로 만들라'는 문구를 들어 봤을 텐데, 내 부족한 견해로도 이 문구는 무의미한 주문과 별반 다르지 않다. 멘토를 자처하는 사람들이 학생들에게 깊은 인상을 심어 주고자 앵무새처럼 반복하는 주문이다.

아무것도 모르는 사람도 시간이 흐른 다음에는 시장이 횡보한 때를 알아볼 수 있듯이 추세를 찾는 것도 그렇다. 따라서 이 문구를 인용하는 사람은 틀림없이 트레이딩을 거의 경험해 보지 못한 사람이다. 그들은 보통 여러 개의 선으로 그려진 아름다운 추세를 보여 주면서, 이곳이 진입 시점이었고 추세가 진행되는 동안은 보유해야 했다며 현자처럼 조언한다. 그러나 과거 차트를 볼 때는 다 쉽다.

이 주제에 관한 몇몇 터무니없는 말을 바로잡기 위해 추세에 대한 내 생각부터 이야기해 보겠다. "추세가 시작된 것을 어떻게 알까?"

짧게 답하면, 지지와 저항처럼 "끝날 때까지 모른다"는 게 내 대답이다. 횡보 구간도 그랬다. 시간대를 막론하고 추세가 형성되는지에 대한 단서를 얻기 위해서는 우선 기준이 있어야 한다. 기간을 길게 늘여서 차트에 선 몇 개를 긋는 행위로 추세를 설명하는 것은 무의미하다. 그때쯤이면 대부분의 움직임을 놓쳤을 것이고, 아마 내부자들이 나오고 있을 때 들어갈 준비를 하는 것일 것이다.

이것이 VPA가 강력한 이유다. VPA는 가격 움직임의 유효성을 검증해 주며, 긴 추세에서 어디에 있는지를 드러낸다. 우리는 매도 정점 혹은 매수 정점을 봤다면 추세가 곧 시작될 것임을 알고 있으며, 그 결과 우리가 바라는 대로 추세의 끝이 아닌 시작점부터 움직임에 동참할 수 있다. 추세선은 하나만 의존할 때는 본질적으로 추세의 끝을 의미한다. 추세선이 쓸모없다고 말하려는 게 아니다. 오히려 추세선은 올바르게 쓰일 때만 의미가 있다고 말하고 싶다. 이번 장에서 여러분에게 그 방법을 보여 줄 것이다.

추세 분석의 기초를 다진 찰스 다우부터 이야기해 보자. 그는 지수의 추세는 개별 종목의 추세보다 더 많은 것을 알려 주며, 더 큰 가치가 있다는 원리를 근거로 한다. 그는 개별 종목은 실적 발표 자료부터 증권사 추천, 애널리스트 의견까지 수많은 요소에 영향을 받을 수 있으며, 그 모든 것은 가격 변화에 영향을 미친다고 말했다. 반면 지수는 넓은 시장 심리를 대표하기 때문에 시장의 추세를 파악하는 데 유용할 가능성이 더 높다. 현대의 기술적 분석으로 흡수된 그의 많은 공리 중 하나는 시장의 체계적 그리고 비체계적 위험이다.

비체계적 위험은 한 종목 혹은 특정 시장의 특정 주식 집단에만 영향을 미치는 반면, 체계적 위험은 지수를 포함하는 모든 주식에 영향을 미친다. 다우 작업의 중심은 지수를 만드는 일이었고, 현재 금융시장의 초석이라고 할 수 있는 S&P 500, 다우존스$_{DJIA}$, 나스닥$_{NQ100}$ 그리고 전 세계 시장에 수많은 지수가 그의 작업물이다. 게다가 지수 개념은 말 그대로 모든 시장과 투자 상품에 도입되어 VIX$_{Volatility\ Index}$(S&P 500 지수의 단기 가격 변화의 상대적 강도에 대한 시장의 예측을 표현하는 변동성 지수. 시장 심리를 측정할 때 이용할 수 있다—역주), 주식 섹터 지수, 달러 인덱스$_{Dollar\ Index}$(DXY로 유로, 스위스 프랑, 앤, 캐나다 달러, 영국 파운드, 스웨덴 코로나의 6개 외환 가치 대비 미국 달러화의 가치를 1973년도를 기준인 100으로 설정하고 추종하는 지수—역주), 미국의 상품조사연구소$_{CRB,\ Commodity\ Research\ Bureau}$(천연가스, 금 등의 원자재를 기초로 한 지수—역주) 같은 지수가 만들어졌다. 몇몇 시장에서는 지수를 파생시킨 기초 자산보다 지수가 더 매력적인 트레이딩 대상으로 인식된다.

다우의 또 다른 주요 원칙은 추세를 크게 세 단계로 분류하는 것인데 주요$_{Primary}$ 추세, 보조$_{Secondary}$ 추세, 부수적$_{Minor}$ 추세가 바로 그것이다. 그의 세계에서 티커 테이프는 여전히 주요 데이터의 원천이었고, 그 당시 그를 포함한 상징적인 트레이더들의 시간대는 오늘날과 매우 달랐다. 한 예로 보조 추세는 2~3주 동안 지속되는 반면, 주요 추세는 2~3개월, 부수적 추세는 2~3일 동안 지속될 수 있다. 한편 전자 차트를 이용할 때 시계열의 범위는 훨씬 줄어드는데, 데이 트레이더에게 부수적 추세는 2~3시간, 보조 추세는 2~3일, 주요 추세는 2~3주 동안 지속될 수 있다. 이런 짧은 추세가 훨씬 현실적이다. 많은 시장에서 몇 달 혹은 그 이상 지속되는 추세는 이제 과거의 것이나 다름없기 때문이다. 시장은 인식할 수 없을 정도로 변했다. 고빈도 거래, 시장 조작 및 전자 트레이딩으로의 이전이 영향을 미친 결과다.

그럼에도 불구하고 다우의 독창적이고 선구적인 작업은 의지할 만하다. 추세의 3단계를 다음과 같이 도입한 것도 매우 흥미롭다.

1. 매집 단계
2. 기술적 추세가 따르는 단계
3. 분산 단계

이 단어들이 친숙하게 느껴질 것이다. 이것은 와이코프가 발전시키고 확장한 개념인, 내부자들이 끊임없이 그들의 창고를 채우고 비우는 과정을 따라 생기는 주기이기 때문이다. 찰스 다우는 내부자들을 '스마트 머니'라고 칭했는데, 추세의 분산 단계에서 '스마트 머니'는 이익을 실현하고 '출구' 표시를 향해 간다.

살짝 다른 관점으로 이 과정을 살펴보겠다. 대부분의 책에 나오는 이론적인 의미 없는 생각들과는 다르게 여러분의 실제 트레이딩에 도움이 되기를 바란다. 이 단계에서는 대부분의 추세 분석을 〈그림 8.1〉 같은 도식으로 살펴보겠다.

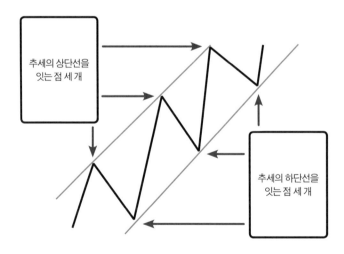

그림 8.1 높아지는 강세 추세 - 확실히 아니다

〈그림 8.1〉은 전통적인 추세를 나타낸다. 시장은 일련의 단계를 밟으며 더 높이 이동했다. 이처럼 세 단계가 형성되면 채널을 명확히 정의하는 상하 추세선을 그릴 수 있다. 두 단계는 무한한 해석의 여지가 있고 궁극적으로 의미가 없기 때문에 추세를 정의하는 것이 불가능하다. 이런 이유로 점이 세 개 나타날 때까지 기다렸다가 이 점들을 연결해서 추세선을 만들어야 한다.

시장이 상승할 때는 전 고점보다 높은 고점과 전 저점보다 높은 저점, 시장이 하락할 때는 전 고점보다 낮은 고점과 전 저점보다 낮은 저점으로, 고점과 저점을 뚜렷이 정의한다. 추세가 형성되었다는 그림이 뚜렷하게 그려지면 시장에 진입할 준비를 하고 추세가 더 전개되기를 기다린다. 이론적으로는 그렇다. 하지만 불행하게도 전 고점보다 높은 고점, 전 저점보다 높은 저점을 기다리고 들어갈 때쯤 추세는 이미 정점에 이른다. 즉 만약 산다면 분산 단계에서 사고 말 것이다.

이걸 어떻게 미리 알 수 있을까? 이 질문에 답을 하려면 핵심을 쥐고 있는 지지와 저항으로 돌아가야 한다.

지지와 저항에서 추세가 생성된다. 달리 말하면, 여기서 추세가 방향을 바꾼다. 매수/매도 정점과 함께 매집과 분산 단계도 여기서 발생한다. 지지와 저항은 모든 차트의 가격 움직임 측면에서 가장 중요하다. 종종 뉴스보다 먼저 횡보하며, 시장의 참여가 희박해지면서 거래량이 줄어드는 것이 보이는 지점도 여기다. 매수/매도 정점은 연어가 최종적으로 산란을 위해 돌아오는 큰 강 상류와 같다.

지지와 저항은 '추세의 시작일까? 그렇다면 추세의 강도는? 이 추세는 얼마나 멀리 갈 수 있을까?'와 같은 질문에 대한 답이 시작되는 곳이다. 이 질문들은 지지와 저항을 거래량 가격 분석법을 바탕으로 이해했을 때에만 비로소 답할 수 있다. 지지와 저항이 아닌 다른 방법으로 답할 경우 실패로 귀

결될 것이며, 차트에 선을 몇 개 그어 봤자 효과도 없을 것이다. 추세를 명확히 하는 데 도움이 되고 추세가 시작된 후 제한적으로는 유용할 수도 있다는 점을 인정하는 바이나, 강한 포지션을 갖고자 하는 차원에서 보면 전혀 가치가 없다.

다시금 횡보 구간을 살펴보자. 시장은 돌파를 앞두고 있으며 트레이더로서 우리가 해야 할 일은 인내심을 갖고 거래량으로 돌파의 유효성을 검증하는 것이다. 그런데 추세의 범위를 이 단계에서 어떻게 알 수 있을까? 내 대답은 '모른다'이다. 다만 합리적으로 추측할 수 있는 단서 여러 개는 얻을 수 있다.

우선 횡보 구간의 범위다. 와이코프의 원인과 결과의 법칙을 다시 소환한다. 이 법칙이 주요, 보조, 부수적 추세가 전개될지 여부를 결정하기 때문이다. 스캘퍼의 경우 부수적 혹은 보조 추세겠지만, 더 장기적인 추세의 맥락과 부합할 수 있다. 이 맥락을 고려하면 스캘퍼는 지배적인 상위 시간대 추세로 거래해야 한다. 다시 말해, 거래하는 부수적 트렌드가 더 장기적인 추세와 방향이 같아야 하는데, 데이 트레이더에게는 시간별 추세일 수 있다.

이것이 여러 개 차트가 다수 이용될 때 힘을 발휘하는 많은 이유 중 하나이며, 우리가 거래하는 추세의 시간적 틀을 확정하는 데도 도움을 준다. 시간대에 구애받지 않고 지배적인 추세로만 거래해도 문제될 것은 없다. 한 예로 지수 기준에서 시장의 지배적인 추세는 강세이나 개별 종목은 약세 추세일 수 있다. 우리가 지배적인 추세의 역방향으로 거래하고 있다는 점을 인식하는 한, 거래해도 괜찮다. 이런 종류의 트레이딩을 '역추세 트레이딩counter trend trading'이라고 하며, 두 가지 특징이 있다.

첫째, 이는 '시장의 흐름에 반하는', 말하자면 조류를 거슬러 헤엄치는 것 같은 거래이므로 해당 포지션의 위험은 지배적인 추세에 맞춰 거래할 때보다 높다. 둘째, 이 거래는 더 장기적인 지배적 추세에 역행하는 거래이므로 정의에 따라 포지션을 단기간 보유할 가능성이 높다.

다음으로 우리는 모든 횡보 구간에서 두 가지 논점을 놓고 거래량을 분석한다. 첫째, 매수 정점이나 매도 정점처럼 거래량이 증명하는 주요 반전인지 혹은 뉴스에 앞서 잠시 움직임이 멈추는 경우가 펼쳐지는지를 판단한다. 둘째, 추세가 지속될 수 있는 범위를 파악한다. 이를 위해 추가 단서가 될 브레이크 아웃에 따른 가격 움직임과 거래량을 살핀다. 이때 더 긴 시간대를 기준으로 연관 거래량과 가격 움직임을 분석하고, 앞으로 형성될 잠재적인 지지와 저항을 분석해서 검증할 수 있다. 잠재적인 지지와 저항이 더 장기적인 추세에서 움직임을 멈출 수 있는 지점이다.

첫 번째 단계는 횡보 구간을 벗어난 직후에 나타난 가격 움직임을 파악하는 것이다. 고점 피봇과 저점 피봇으로 가격대를 알아내고, 횡보 구간의 진입점을 파악했던 방식과 유사하다. 이를 통해 기준점이 생긴다. 이전의 가격 움직임—그것이 어떤 움직임이었든지 간에—은 멈췄고, 휴식기에 접어들었다. 피봇 포인트가 이렇게 멈출 것을 미리 알려 주었다. 만약 오래 멈출 것이라면 추가 피봇 포인트가 가격대의 상단과 하단에 출현하면서 가격대의 경계가 강조될 것이다. 만약 잠시 멈춘 것이라면 피봇 포인트는 거의 나타나지 않을 것이다. 만약 추세의 반전이라면 상당한 거래량과 가격 움직임이 보일 것이다. 그렇지 않은 경우 이전 추세의 연장을 예상할 수 있다.

이 모든 것은 가격 움직임이 전개되어 횡보 구간으로 들어가고, 그에 따라 천장과 바닥이 만들어지면 나타난다. 하지만 어느 순간에 시장은 이 구간을 이탈할 것이다. 그때 피봇 포인트가 전개되고 있는 추세를 정의하는 데 도움을 준다. 추세가 더 높은 고점, 더 높은 저점—혹은 더 낮은 고점, 더 낮은 저점—을 만들 때까지 기다리지 않고도 포지션에 들어갈 수 있다. 상승의 브레이크 아웃이 나타난 〈그림 8.2〉의 예시를 보자.

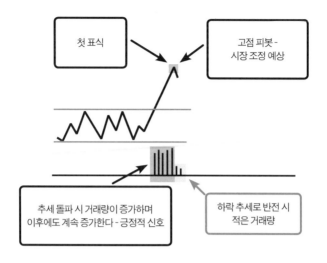

그림 8.2 첫 표식 - 고점 피봇

시장은 조정 구간에 있었고, 이내 확고한 거래량을 동반하며 돌파에 성공했다. VPA상 유효한 움직임이다. 견고하게 증가하는 거래량을 바탕으로 포지션에 들어간다. 이제 기다려야 하는 것은 첫 번째 표식이다. 앞서 횡보 구

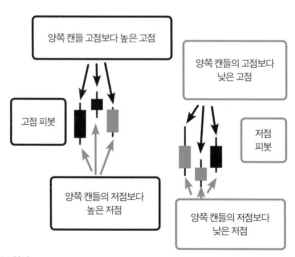

그림 8.3 피봇 형성

간의 입구를 찾을 때처럼 피봇이 나와야 하며, 강세이므로 고점 피봇이어야 한다. 시장은 절대 직선으로 상승 또는 하락하지 않는다. 움직임이 꺾이면서 상단을 정의하고, 하락하면서 첫 추세 전환의 신호가 나온다.

고점 피봇과 저점 피봇은 〈그림 8.3〉처럼 캔들 세 개로 구성된다.

첫 번째 기준점, 고점 피봇이 출현했으므로 단기간 시장의 약세와 하락 전환을 예상할 수 있다. 주요 추세의 전환일 수 있지만, 거래량과 최근 조정받은 가격 움직임을 감안하면 가능성은 낮아 보인다. 물론 이 단계에서 확신할 수는 없으며 인내심을 가져야 한다. 거래량이 감소한다는 건 좋은 신호다. 때가 되었을 때 시장은 하락을 멈추고 저점 피봇을 만든 후 상승세로 전환할 것이다. 〈그림 8.4〉에 보이는 것처럼 상승 여정에 두 번째 지표가 생기는 것이다.

이제 가격 움직임을 전체적으로 따라가 보자. 우리는 시장에 포지션을 보유한 상태이며, 거래량이 가격의 유효성을 계속해서 검증하는 한 모든 것이

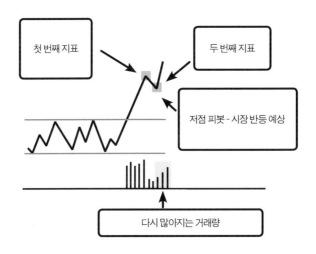

그림 8.4 두 번째 지표 - 저점 피봇

괜찮을 것이다. 피봇 포인트는 이 여정에서 중요 부분을 강조해 주고, 추세의 경계를 정의할 지표다. 대부분이 사건 발생 후에 그리는 추세선과 달리 피봇 포인트는 동적이고, 가격 움직임이 진행되는 동안 생성된다. 점점 더 높은 가격 혹은 점점 더 낮은 가격대에 일련의 순서대로 나타난다면 추세의 전개가 확인된 것이다. 거래량이 우리의 분석을 뒷받침한다면 포지션을 유지한다.

차트의 앞쪽으로 가서 같은 원칙을 바탕으로 두 가격대를 추가해 보자. 우리는 현재 위치에서 시장이 저점 피봇을 벗어나서 올라가기를 기대하고 있고, 다음 목표는 두 번째 고점 피봇이다. 이 고점 피봇이 이전 고점 피봇보다 높이 형성되면 상승 추세다. 이 두 번째 고점 피봇이 형태를 갖추면 시장이 조정받거나 잠시 멈출 수도 있는데, 이때 우리는 적거나 감소하는 거래량을 기대해야 한다.

피봇이 제대로 그려졌다. 이 피봇이 이전 저점 피봇보다 높다면 시장은 저점 피봇을 밀어 내고 추세를 더 발전시킬 것이다. 즉 포지션을 유지해도

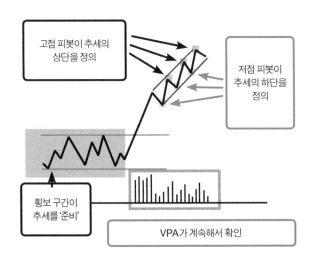

그림 8.5 동적 추세선 - 상승 추세

된다.

예상대로 시장은 상승을 이어 가고, 우리는 이전 고점 피봇보다 높은 세 번째 고점 피봇을 기다린다. 세 번째 고점 피봇은 형성과 동시에 추세의 상단을 정의할 것이다. 예상대로 피봇이 그려지면 다시 한 번, 시장은 이 고점 피봇에서 조정하고, 하락해서 또 하나의 저점 피봇을 만든다. 이 저점 피봇이 이전 저점 피봇보다 높다면 포지션을 유지한다.

이것이 VPA와 횡보 구간에서 나오는 돌파의 근본적인 원리를 토대로, 시장에서 포지션을 유지하는 동시에 추세선을 동적으로 구축하는 방법이다 (《그림 8.5》). 이 추세선을 그리는 여정은 매우 다르며, 이 여정을 통해 최적 매수점을 설정할 수 있다.

'장면의 구성'이라고 생각해 볼 수 있다. 횡보 구간이 가격 움직임을 위한 장면을 계획하면, 이후 거래량이 장면을 실제로 만들고 지탱한다. 피봇은 여정의 필요한 곳에 빛을 비춘다. 길가의 가로등처럼 우리의 위치에 빛을 비추어 명확한 시각을 갖도록 도와주고 우리를 안심시킨다.

고점 피봇이 이전 고점 피봇과 같은 수준 혹은 더 낮은 수준에 그려질 때가 있다. 이 경우에는 저점 피봇이 이를 따라오며, 시장은 2차 횡보 구간으로 들어간다. 이때 우리는 분석을 해야 한다. 추가 피봇이 있는지, 돌파가 나오는지 등 추가 신호를 찾는다. 브레이크 아웃이 나왔다면 다시 질문을 한다. "추세의 전환인가 아니면 추세의 멈춤에 불과한가?" 가격이 구간을 깨고 하락한다면 주요 추세가 상승세에서 하락세로 바뀐 것이며, 포지션을 떠나야 한다. 반대로 추세 움직임이 멈추었다가 조정 구간을 돌파했다면 포지션을 유지하고 다시 한 번 동적 추세선을 구축해야 한다.

참고로 앞서 언급한 것은 횡보 구간의 모든 브레이크 아웃에서 보고자 하는 교과서적인 예시다. 그러나 트레이딩의 일상은 교과서같이 풀릴 때가 매우 드물다. 어떤 때는 피봇이 나타나지 않는다. 한 예로 구간의 상단을 뚫고 상승할 때 고점 피봇은 안 나타나고 저점 피봇만 제때 나타날 수 있다. 이런 경우에는 VPA 분석을 바탕으로 추세가 예상대로 전개되는지를 판단해야 한다. 이는 지속적인 모멘텀을 가진 추세가 아니라는 첫 번째 조기 경고일 수 있다. 보통 모멘텀이 있다면 거래량의 지지를 받고 가격이 횡보 구간에서 멀어질 것이다. 시장이 빠르게 움직이기 때문에 매수자와 매도자 모두 차트에 피봇 포인트를 만들기 위해 속도에 맞춰 시장에 진입하거나 빠져나온다.

어떤 이유에서건 피봇이 보이지 않는다면 잠재적 모멘텀이 부족한 시장임을 시사한다. 그리고 이는 거래량 분석으로 명백히 알 수 있다. 시장이 상승하는데 거래량이 평균 혹은 평균 미만이리면 모멘텀이 부족하다는 뜻이다. 매수자와 매도자가 상승에 참여하지 않고 있기에 추세는 형성되지 않을 것이다. 에너지도 움직임도 없으며, 이것이 거래량과 관련한 가격 움직임에도 반영된다.

그러므로 브레이크 아웃마다 완벽한 시나리오를 볼 수 있을 거라고 기대하지 않는 게 좋다. 모든 브레이크 아웃은 각기 다른 특징을 지니기에 모두 다를 것이다. 우리가 할 일은 VPA를 이용해 단서를 찾은 다음 피봇 포인트가 나타나길 기다리는 것이다. 만약 피봇이 추세의 논리적인 패턴을 따르지 않는다면 시장은 잠재적으로 약해질 것이고, 약간 더 높은 가격대에서 횡보 구간으로 회귀할 수 있다.

횡보 구간에서 아래쪽을 돌파할 때의 가격 움직임과 연계된 피봇들도 동일한 방식으로 만들어지는데, 〈그림 8.6〉에서 볼 수 있듯이 처음에 저점 피봇이 형성되고 이후 고점 피봇이 뒤따라야 한다. 하락 추세에서 증가하는 거래량과 상승 추세로 반전할 때 감소하는 거래량은 VPA의 핵심 신호다.

정리하면 다음과 같다. 차트에 내가 '정적' 추세선이라고 부르는 선들을 그

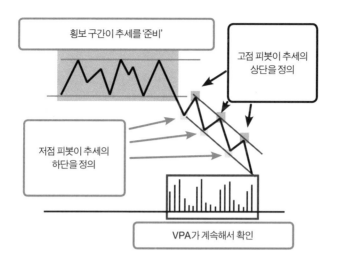

횡보 구간이 추세를 '준비'

고점 피봇이 추세의
상단을 정의

저점 피봇이 추세의
하단을 정의

VPA가 계속해서 확인

그림 8.6 동적 추세 - 하락 추세

려 넣는 것에는 아무런 문제가 없다. 심지어 이 책의 다른 차트도 여러 면에서 그렇게 그렸다. 그러나 이 장의 추세선은 시장의 동적 가격 움직임에 의해 생성되었다. 이를 책으로 설명하는 것은 어렵고, 가장 좋은 방법은 시장이 전개될 때 실시간으로 보는 것이다.

나는 여기서 분석의 과정 그리고 매매의 여정에서 우리가 어디에 있는지, 더 중요하게는 시장 움직임의 여정에서 어디에 있는지 그 위치를 묘사하고자 했다. 피봇은 동적으로 생성되고, 이들이 만들어지는 동안 추세도 형성된다. 즉 피봇을 여정의 '이정표'로 이용해서 추세를 정의할 수 있다. 완벽한 것은 없지만 최소한 VPA를 이용하고 횡보의 중요성을 이해한다면, 추세가 시작된 후가 아닌 그 이전에 추세를 식별할 수 있으며, 따라서 강한 포지션을 갖게 될 것이다. 이것이 이전 두 장에서 내가 설명하고자 한 것이다. 이를 통해 시장의 행동 방식 그리고 횡보 구간의 중요성을 이해하기를 바란다.

많은 트레이더가 시장이 횡보 구간에 진입하면 당황하는데, 나는 그게 잘 이해되지 않는다. 횡보 구간은 시장이 다음 추세를 준비하는 곳이다. 모든 추세의 발원지이며, 여러 면에서 기존 추세보다 훨씬 중요하다. 새 추세는 초기부터 트레이딩에 이용할 수 있기 때문이다. 매도 정점이든, 매수 정점이든, 더 장기적인 추세의 잠시 멈춤 상태이든, 어떤 시간대이든 상관없이 시장이 이 구간에서 벗어나고 있다면 한 가지는 확실하다. 시장은 힘을 쌓고 있으며 돌파를 준비하고 있다. 우리는 기다렸다가 VPA를 여정에 빛을 비춰 주는 피봇과 함께 가격 움직임에 적용하면 된다.

횡보 구간, VPA 그리고 추세에 대해 깊게 이해하고 나면, 트레이더로서 채택할 전술적 접근법을 결정하는 일만 남았다. 반전을 노릴 것인가 혹은 추세가 발전할 때까지 기다렸다가 뛰어들 것인가? 언제나 그렇듯이 정답도, 오답도 없다. 그저 여러분이 택한 위험과 자금 운용 규칙에 맞기만 하면 된다.

A COMPLETE GUIDE TO
VOLUME PRICE ANALYSIS

새로운 추세는 수익으로 연결된다

> ✎ 강세장에서는 강세의 편에서,
> 약세장에서는 약세의 편에서 작업하는 것이 좋다.
>
> _ 찰스 다우(1851~1902)

이번 장에서는 거래량 가격 분석법을 한 단계 끌어올린, 앞에서도 몇 번 언급한 '가격대별 거래량Volume at Price'을 소개한다. 줄여서 VAP라고 부르겠다.

가격대별 거래량은 무엇이며, 지금까지 배운 거래량 가격 분석법, 즉 VPA 와는 어떻게 다를까? 그에 앞서, 이를 설명하는 데 도움이 될 개념이 있다. 다시 한 번 도매상 이야기로 돌아간다. 도매상은 판매당 수익을 극대화하려고 하며, 이를 위한 가장 쉬운 방법 중 하나는 '시장을 시험하는' 것이다.

이는 모든 회사가 하는 일이다. 특정 가격으로 물건을 판촉하고 판매량을 기록한다. 그런 다음 가격을 올리거나 내리고 그에 따른 판매량을 기록하고 추적한다. 도매업체가 더 높은 가격에 판매하고 여전히 판매량을 유지할 수 있다면 당연히 수익은 판매량 하락 없이 자동적으로 증가한다.

어느 순간 가격이 일정 수준에 도달하면 구매자는 상품값이 너무 비싸게 매겨졌다고 생각하고 구매를 중단한다. 이에 판매량이 떨어진다. 이를 바로

잡기 위해 도매상은 가격을 낮추고, 판매량은 다시 회복하기 시작한다.

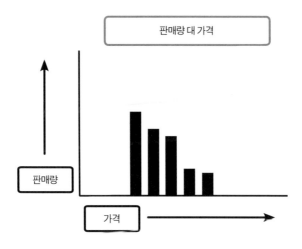

그림 9.1 판매량 대 가격

〈그림 9.1〉은 가격을 X축, 판매량을 Y축으로 그린 판매량 대 가격의 차트다. 예상할 수 있듯이 가격이 오를수록 판매량은 떨어진다. 항상 그런 건 아니지만 보통은 그렇다. 여기서 중요한 건 각 가격에 해당하는 거래량의 '지도'다. 다시 말해 가격이 변함에 따라 거래량이 어떻게 달라지는지를 시각적으로 볼 수 있는데, 이는 가격대별 거래량의 핵심이다. 보이는 것은 막대 한 개뿐이지만, 하나의 가격 움직임 안에는 여러 가격이 존재한다. 거래량 막대 한 개는 이와 연계되어 펼쳐진 가격의 총거래량이다. 이 가격 막대는 〈그림 9.1〉에서 잘 보여 주듯이 거래량은 드러내지 못한다.

그래서 이 차트를 90도 돌려 본다. 그러면 〈그림 9.2〉에서 보이는 것처럼 VAP를 차트에 완벽히 구현한다.

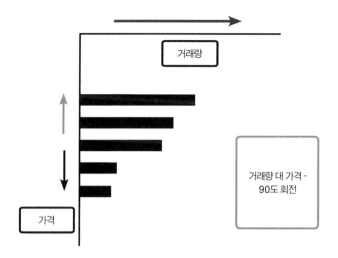

거래량

가격

거래량 대 가격 -
90도 회전

그림 9.2　거래량 대 가격 - 회전

　이제 가격대별 거래량의 원리가 여러분의 눈에도 보일 것이다. 사실 용어
자체가 이미 이 방법론을 설명하고 있다. 여기서 보이는 건 각 가격에서의 거
래량이다. 다시 말해 가격이 오르내릴 때 각 가격대에 연계된 거래량을 볼 수
있는, 히스토그램(histogram, 데이터의 구간별 발생 빈도를 시각적으로 표현한 막대그
래프―역주)이다. VPA에서 사용하는 거래량 막대 하나를 해부한 것으로 생각
하면 된다. 〈그림 9.2〉에 보이듯이 거래량 막대는 막대가 생성되는 시간 동안
가격 움직임의 범위와 관련된 모든 거래량 움직임의 기록이다.

　VAP를 통해 하려는 것은 거래량 막대 하나를 열어, 어느 지점에 거래량이
집중되었는지 보는 것이다. 바닥에 거래량이 집중되었다면, 매도보다는 매수
물량일 것이다. 역으로 막대의 꼭대기에 거래량이 집중되었다면 매도 물량
일 가능성이 높다. 가격대별 거래량은 전통적인 거래량 막대와는 달리 가격
대에 따른 매수와 매도의 집중도를 드러내는데, 이는 모멘텀뿐만 아니라 지
지와 저항에 대해서도 다른 관점을 제공한다.

내가 생각하는 가격대별 거래량의 핵심 포인트는 여기까지다. 이 방법은 VPA의 분석을 한층 의미 있게 강화하는 것이지, 이를 대체하는 방법론이 아니다. VAP는 VPA의 보조적인 기법일 뿐이다. 그 반대가 아니다. VAP는 횡보 구간 및 지지와 저항 가격대를 파악하는 도구로 활용해야 한다. 그리고 이를 다시 VPA를 이용한 전통적인 분석으로 검증해야 한다.

몇 가지 예를 살펴보자. 다행스럽게도 이 보조 지표는 웬만한 차트 프로그램에서 무료로 제공한다. 이번 장의 나머지 차트는 닌자트레이더NinjaTrader 트레이딩 프로그램에서 가져왔다.

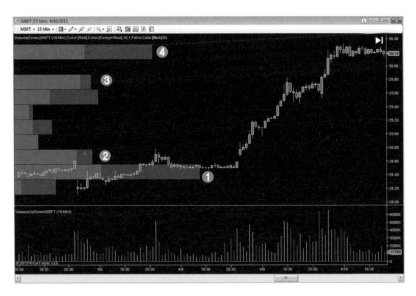

그림 9.3 **마이크로소프트**(MSFT) - 15분 차트

〈그림 9.3〉은 마이크로소프트의 15분 차트다. 기존 거래량 막대는 가로축에, 가격대별 거래량 지표는 세로축에 보인다. 지지와 저항은 모든 추세의 발원지다. 궁극적으로는 이곳을 깨고 나아가야 자유로워진다. VAP의 백미는 횡보 구간이 차트에 시각적으로 펼쳐져 있다는 데 있다. 이제 이 차트에서 한

눈에 보이는 것과 더 중요한, 한눈에 보이지 않는 것에 대해 설명해 보겠다.

그에 앞서 보통 두 가지 색을 띠는 VAP 막대에 대해 이야기하겠다. 색깔은 개인 설정에 따라 달라지긴 하지만 하락일 때는 빨간색, 상승일 때는 파란색 혹은 녹색이다. 각 막대는 해당 가격 움직임에 연계된 상승 또는 하락 캔들의 개수를 나타낸다. 막대에 균형추가 있다고 가정했을 때 상승 캔들이 하락 캔들보다 많다면, 빨간색보다는 파란색 쪽에 더 기운다. 반대로 하락 캔들이 상승 캔들보다 많았다면 막대는 파란색보다 빨간색 쪽으로 더 많이 기운다. 다른 정보 없이도 이 가격대에서 매수와 매도 간 균형을 판단할 수 있다.

〈그림 9.3〉의 예로 넘어가서, 네 곳의 횡보 구간이 보인다. 낮은 가격대에 장기간 확장된 횡보 구간(1번)이 있고, 상대적으로 짧았던 구간(2, 3번)이 있다. 그리고 현재 거래 범위에서 가장 위에 있는 횡보 구간(4번)이 있다. 차트가 보여 주는 기간은 대략 5일이다. VAP는 무엇을 드러낼까?

첫째, VAP는 이 구간을 정의한다. 각 횡보 구간은 해당 구간의 중요성을 알리는 히스토그램으로 경계를 나눌 수 있다. 〈그림 9.3〉에서 예상 가능하듯이 거래량이 가장 많이 밀집된 구간은 1번으로, '평균 초과'와 매우 높은 밀집도를 나타내는 두 가격 막대가 이 구간의 중요성을 보여 주고 있다. 차트에서 1번 막대 위의 횡보 구간은 평균보다 거래량이 적으며 미미한 움직임을 보인다. 따라서 그다지 눈에 띄지 않는다. 다음으로 2번, 3번 막대는 평균을 초과하는 거래량이 보이기 때문에 유의미한 횡보 구간임을 알 수 있다. 마지막으로 극단적으로 긴 거래량 막대, 4번이 보인다. 이 분석에서 어떤 결론을 도출할 수 있을까?

우선 저항과 지지 측면에서 이 구간들 중 향후 어디가 가장 중요할지를 알 수 있을 것이다. 가격이 회귀하면 눈에 띄지 않았던 이 가격대가 거래량 히스토그램에서 보인다. 즉 우리는 지지와 저항이 생길 만한 가격대가 어디인지 판단할 수 있다. 물론 시간이 매우 중요하다. 횡보 구간에 오래 머무를수록 거래량은 높아질 가능성이 높다. 며칠, 몇 주 동안 횡보한다면 그 모든 거래량이 상대적으로 좁은 가격 범위에 수용되고, 이는 다시 VAP 막대에 반영된다. 매우 당연한 이야기처럼 들리겠지만, 거래량과 가격 움직임에 시간 개념이 들어오면 더 많은 것을 나타낸다. VAP가 여기서 알려 주는 것들에 대해 알아보자.

이 차트의 기간은 5일 이상이고, 횡보의 첫 번째 구간은 3일 동안 지속되었다. 많은 거래량 막대로 횡보 구간에서 거래량이 밀집했음을 확인할 수 있다. 여기서 알 수 있는 건 이 구간이 중요하며, 거래량 막대로 강력한 지지대를 확인할 수 있으므로 만약 상승 돌파할 때 거래에 들어간다면 매우 마음이 편안하리라는 정도다. 향후에도 이 가격대로 돌아와 테스트한다면, 이 가격대를 뚫기 위해 엄청난 거래량이 필요할 것이므로 강한 지지대가 있다고 확신할 수 있다.

다음 횡보 구간으로 넘어가 보자. 시장이 상향 돌파하며 이 가격대를 벗어나기까지 길어도 몇 시간이 채 걸리지 않았다. 이 구간은 2차적인 횡보 구간이며, 이는 VAP 거래량으로 바로 확인된다. 가격대별 거래량은 평균 미만이며, 그중 두 개만이 유의미하다. 시장이 향후 이 구간을 테스트한다면 방향과 무관하게 이 가격대를 뚫고 들어오는 데 큰 노력이 필요하지 않을 것이다.

마지막으로 가장 많은 것을 드러내고 있는 세 번째와 네 번째 횡보 구간을 살펴보자. 세 번째 가격 구간은 대략 4시간 동안 지속되며 14개의 가격 캔들을 거친 반면, 네 번째 가격 구간은 장이 열린 시간 내내 지속되었다. 그런데 여기서 이 네 번째 구간에 연계된 거래량 막대를 3일간 지속되었던 횡보 구간(1번) 막대와 비교해 보자. 네 번째 구간의 거래량 집중도가 첫 번째 횡보 구간과 거의 같다.

이 횡보 구간에 대해 가격은 무엇을 알려 주고 있는 걸까? 다른 모든 거래량 분석과 마찬가지로 우리가 거래량을 이용해 찾는 이상 징후는 다른 거래량과 비교할 때 드러나며, 이는 VAP에서도 다르지 않다. 〈그림 9.3〉은 장중 차트이며, 차트의 가장 아래에 있는 횡보 구간은 다른 횡보 구간과 비교/측정하며 판단할 수 있는 기준이 된다.

두 번째 횡보 구간에는 평균 미만의 거래량 막대가 보이며, 세 번째 횡보 구간에는 벌써 알림음이 울린다. 횡보의 기간이 짧은 데 반해 평균을 초과한 가격 막대가 넓게 퍼져 있기 때문이다. 신호가 나온 것이다. 이 가격대가 중대한 가격 지지선이므로, 브레이크 아웃에 대한 확신을 가질 수 있고 따라서 포지션을 계속 보유할 수 있다.

마지막으로 네 번째 횡보 구간이다. 매우 높은 VAP 거래량이 눈에 띄며, 추가적으로 전통적인 거래량 막대를 보면 매우 좁은 가격 범위임에도 많은 거래량 막대를 볼 수 있다. 이 가격대에서 시장은 약세이고, 거래량은 많으며, 매도가 일어날 것 같다고 추측할 수 있다. 보통은 이 정도의 거래량이라면 시장의 상승을 예상하겠지만 결과적으로 시장은 상승하지 못하고 이 가격 구간에 묶여 버렸다.

이 차트가 VAP의 힘을 과시하기 위해 선별된 것이라고 의심할 수도 있겠다. 그러나 전혀 그렇지 않다고 말해 주고 싶다. 이 장을 쓸 때 우연히 고른 차트인데, 믿기 힘들 수도 있겠지만 쓰는 동안 장이 열렸고, 마이크로소프트 주가가 개장 때 돌덩이가 떨어지듯이 1.40달러가 떨어졌다.

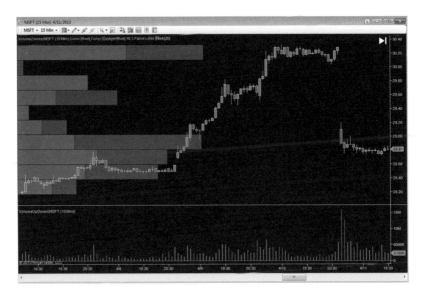

그림 9.4 마이크로소프트(MSFT) 15분 차트 - 개장 후

자, 이 차트를 보자! VAP와 일반 거래량 막대 모두에서 확인되는 것처럼, 많은 거래량이 유입되고 가격대별 거래량 분산의 특징이 바뀌었다. 이번에도 가격대별 거래량 분석의 힘을 볼 수 있다. 잠재적인 지지 구간이 형성된 것이 시각적으로 보일 뿐만 아니라 일반 가격 막대에서도 확인된다. 이 지지 가격대를 가격 변동 범위(캔들의 몸통—역주)를 이용해 분석하고 이를 거래량으로 뒷받침하면 가격 움직임의 온전한 이야기가 완성된다.

이제 이 장을 마무리하는 몇 가지 다른 VAP의 예를 보자.

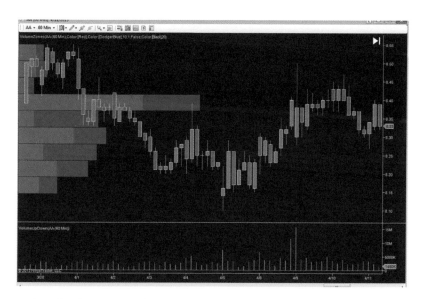

그림 9.5 알코아(Alcoa, AA) - 1시간 차트

　〈그림 9.5〉는 정말 흥미로운 차트다. 알코아의 1시간 단위 차트인데, 가격대별 거래량 히스토그램의 중간에 갑자기 거래량이 튀었다. 거래량이 엄청나며, 더 중요하게는 횡보 구간인 현재 가격 움직임과 딱 맞아떨어진다. 시장은 이 가격 범위에서 거래된 적이 있으며, 이 가격대는 VAP로도 증명되듯이 중대한 조정 구간이다. 여러분에게도 보이는 것처럼 최근 몇 시간 동안 시장이 급상승했고 이 가격대를 깨려고 시도했지만, 차트 왼쪽의 VAP 히스토그램에 보이는 거래량 분산의 특징에서 예상되듯이 실패했다. 이 시점에서 전통적인 거래량 가격 분석법으로 넘어가서 이상 징후를 찾고 유효성을 검증한다. 아마 분석 결과는 실패를 재확인하며, 하락 돌파를 예상할 것이다.

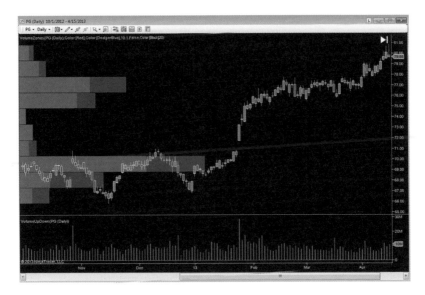

그림 9.6 프록터 앤드 갬블(PG) - 일간 차트

〈그림 9.6〉의 프록터 앤드 갬플은 지금 거래하기 정말 좋은 종목으로 보인다. 투자자라면 장기 보유 종목으로 눈여겨봤을 것이다. 〈그림 9.6〉은 일간 차트이며 6개월여의 기간을 보여 준다. 처음 3개월 동안 이 종목은 횡보 구간에 있었다. 그런데 VAP의 거래량을 보자. 극단적으로 긴 거래량 막대 하나와 평균 거래량 막대 하나가 보인다. 그리고 차트의 더 위쪽에 2개월간 지속된 횡보 구간이 보이는데, 이 구간의 거래량 막대는 평소 수준 혹은 평균 이상 수준에 지나지 않는다. 따라서 더 낮은 가격대에 형성된 지지대는 기준이 된다. 하방으로 추세가 전환되는 모든 경우에 대응하는 강력한 자연 방어벽이 있는 셈이다.

더 중요하게 이 구간에서 갭 상승으로 돌파했다면, VPA를 이용한 거래량 분석으로 유효성이 검증되었다는 전제 아래 언제나 강한 신호다. 갭 상승 이후로 가격은 강하게 상승했고 두 번째 횡보 구간 이후 한 번 더 상승했다. 다만 두 번째 횡보 구간에서의 핵심은 상대적으로 이 구간의 거래량이 첫 번째 보다 적으므로, 하락으로 추세를 전환할 경우 이 가격대가 동일한 수준의 지지 역할을 할 수 없다는 것이다. 이런 분석은 손절을 위한 역지정가 주문을 넣을 때 도움이 된다. 참고로 손절을 위한 가격 설정은 위험과 자금 운용 원칙에 따라 결정한다.

요점은 이렇다. VAP 접근법을 이용해 그린 이 시각적인 구간들은 여러 면에서 단서와 신호를 보내 주며, 현재 가격 움직임을 검증하는 데도 도움이 된다. 주요 횡보 구간의 지지와 저항의 '크기depth'를 드러내고, 지지와 저항이 드러난 경우 우리에게 돌파에 대한 확신을 준다. 신호가 강력하면 포지션에 들어가도 된다는 확신을 얻을 수 있고, 약하면 물러나 다음 신호를 기다릴 수 있다. 마지막으로 VAP는 지지와 저항이 향후 가격 움직임에 대해 발휘할 수 있는 힘을 드러내는데, 이는 다시 우리가 위험을 분석하고 시각화하는 데 도움이 된다.

여러분에게 VAP에 대해 더 공부해 보라고 권하고 싶다. 여기서 내가 예로 든 차트는 모두 주식이지만, VAP는 다른 시장과 투자 상품에도 동일하게 적용된다. 또한 대부분의 차트 프로그램에서 어떤 형태로든 이 지표를 제공하고 있다.

나는 시장의 현재 모습을 규정짓는 원리와 이를 가격대별 거래량에 통합시킬 방법에 대해 연구했다. 그 결과 거래량 가격점VPOC, volume point of control이라고 부르는 독특한 지표를 개발했는데, 이는 현재 닌자트레이더, MT4/MT5에서 제공하고 있고 앞으로 트레이드스테이션Tradestation 같은 트레이딩 플랫폼에도 들어갈 예정이다.

이 지표는 거래량 분산의 특징을 지금 살펴본 것과 같은 방식으로 히스토그램으로 보여 주고, 오랫동안 합의된 가격점에 시장의 균형추라고 할 수 있는 거래량 가격점을 표시한다. 히스토그램의 거래량 고점과 거래량 저점은 이후 거래량이 가장 많이 집중된 가격대과 가장 적게 집중된 가격대를 구분해 주는데, 가격 움직임이 여기에 다가가면 이 구간에서 움직임이 힘겨워질지 혹은 이를 쉽게 통과할지에 대한 선명한 신호를 보내 준다.

A COMPLETE GUIDE TO
VOLUME PRICE ANALYSIS

**Chapter
10**

VPA의 A to Z

내가 이 책을 쓴 목적은 두 가지다. 첫 번째는 여러분을 내가 트레이딩을 시작할 때 운 좋게도 따라갔던 방향으로 안내하는 것이다. 그때 알버트는 무법자 같았고, 많은 비방꾼을 불러 모았다. 나는 우연히 신문에서 그의 기사를 발견한 날에 감사해 하고 있으며, 앞으로도 그럴 것이다. 나에게 거래량은 이치에 맞고, 논리적이며, 시장이 조작되었는지 여부와 상관없이 시장 움직임을 들여다볼 수 있는 유일한 방법이다.

이 책을 쓴 두 번째 목적은 이 방법에 대해 쉽게 설명하기 위해서다. 시장은 복잡할 수 있지만 이해하기 어렵지 않으며, 배울 준비만 되어 있다면 VPA 전문가가 될 수 있다. 지름길은 없지만, 자전거를 타는 것처럼 한 번 배워 두면 절대 잊어버리지 않는다. 나는 컴퓨터 소프트웨어가 나 대신 분석을 해줄 거라고 믿지 않는다. 트레이딩은 과학이 아닌 예술이고, 시장의 미묘함과 섬세함은 프로그램이 아무리 정교해도 컴퓨터 코드의 능력으로 감당할 수 없다. 더불어 트레이딩이 예술인 이유는 시장이 두려움과 탐욕의 토대 위에 선 사람과 그들의 돈에 이끌려 가는 데 있다.

따라서 나는 다양한 시장과 여러 거래 방식에 따른 예를 살펴보고자 한다. 이 모든 곳에 거래량이 있다. 현물과 선물시장처럼 실제 거래량인 경우도 있고, 현물 외환시장처럼 다른 형태일 수도 있다. 그럼에도 모두 한 가지 공통점을 지니는데, 각 시장에 VPA를 적용하는 방법은 동일하다는 것이다.

미국 주식시장부터 시작해 보자. 첫 차트는 〈그림 10.1〉의 허니웰Honeywell 이다.

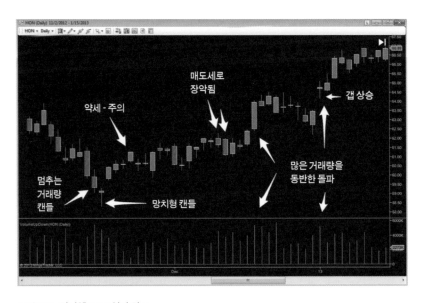

그림 10.1 허니웰(HON) 일간 차트

가격이 빠르게 하락하는 중에 약세 신호가 작은 유성형 캔들에서 나왔다. 이후 증가하는 거래량과 긴 몸통의 하락 캔들이 이를 검증해 주고 있다. 그러므로 이상 징후는 없다. 그리고 나서 짧은 몸통의 하락 캔들이 이전 막대보다 많은 거래량과 함께 따라 나온다(멈추는 거래량 캔들). 이상 징후다. 다음 날 시장은 많은 거래량을 동반한 망치형 캔들을 보이며 마감한다. 이제 이 주식은 횡보 구간으로 들어가거나 브레이크 아웃이 나오면서 더 상승하기 전, 한 번 더 매집 단계에 들어갈 수도 있다.

허니웰은 다음 날 개장 때 갭 상승을 보이고, 그다음 날은 짧은 몸통의 캔들을 선보인다. 가격은 올랐지만 거래량이 줄어들고 있다. 이는 좋은 신호가 아니며 약세를 암시한다. 종목이 멀리 움직이지 못할 것처럼 보이는데, 실제로 횡보 구간으로 진입한다. 그러나 이 단계가 끝날 무렵에 일일 매도 압력이 짧은 하락 캔들과 많은 거래량에 흡수되는 것을 볼 수 있다. 이상 징후다. 만약 매도 상황이었다면 긴 몸통 캔들이 보였을 텐데 보이지 않았다. 짧은 캔들이 나오고 이후 세 개의 캔들 다음에 짧은 캔들이 또 나왔다.

매도가 흡수되고 이제 이 가격대에서 브레이크 아웃이 나올 차례다. 차트는 기대한 대로 당도한다. 많은 거래량을 동반한 긴 몸통 캔들이 나타난다. 시장이 상승세라는 긍정적인 신호다. 잘 형성된 지지대도 있다. 이후 시장은 더 높은 가격대에서 2주 동안 횡보하는데, 이때 하락 캔들을 눈여겨보자. 매도 거래량이 이 구간에서 계속 감소하고 있는데, 이는 하락장의 신호가 아니다. 종목이 진정으로 하락세라면 가격이 하락하고 거래량은 늘었어야 한다. 그런데 거래량이 줄어들고 있다. 기억하자, 상승과 하락에는 노력이 든다!

이제 매수자가 시장에 들어올 것을 예측할 수 있다. 매수자는 평균을 초과하는 거래량과 함께 들어오는데, 이때 캔들의 아랫꼬리를 주목하자. 긍정적인 듯하다. 다음 날 많은 거래량과 함께 돌파한다. 속임수가 아닌 순수한 상승 움직임이다. 또한 돌파와 함께 갭 상승도 출현했다. 모든 상승장의 신호가 거래량으로 검증된다. 3개월 후 이 종목은 76.08달러에 거래된다.

다음 종목은 내가 특히 좋아하는 주식이다. 남편과 나는 듀크 에너지가 17

달러일 때 거래했고, 지금은 70달러가 넘는다. 당시에 우리는 이 주식을 보유하고, 커버드 콜Covered Call(주식 등의 기초 자산을 보유한 상태에서 해당 자산을 살 수 있는 권리인 콜 옵션을 매도해서, 옵션을 매도할 때 받는 옵션 프리미엄으로 추가 수익을 올리는 옵션 전략—역주)을 팔곤 했다. 커버드 콜은 훌륭한 옵션 전략으로, 따로 다른 책에서 다루고 싶은 주제다.

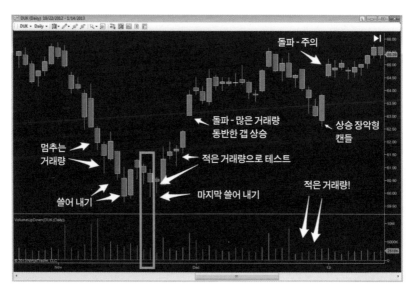

그림 10.2 듀크 에너지(DU) 일간 차트

이 예시에도 교훈이 여러 개 있는데, 그중 가장 중요한 것은 바로 인내다. 나는 VPA를 이용한 트레이딩을 시작했을 때 망치형 캔들이나 멈추는 거래량을 볼 때마다 매우 신나서 즉시 시장에 들어가 포지션을 잡곤 했다. 그러나 유조선마냥 시장이 멈추는 데는 시간이 걸린다. 그러면 〈그림 10.2〉에서 무얼 배울 수 있을까?

차트의 가장 왼쪽을 보면 적은 거래량을 바탕으로 상승하는 모습이 보인다. 이때 마지막 상승 캔들의 몸통 길이가 이전 캔들보다 길다는 걸 확인할 수 있을 것이다. 이는 다가올 약세에 대한 조기 경보이며, 실제로 뒤이어 두 개 캔들이 등장한 후 가격은 급격하게 떨어진다. 가격 하락 폭로에 들어서기 전에 거래량이 한 차례 제동을 가하는 모습이 보인다. 종목이 단기간 상승을 시도하는 것인데, 윗꼬리가 달린 캔들이 등장하면서 주가는 한층 더 떨어진다. 특이점이라면 이때 두 개의 캔들 모두 몸통이 길다. 보통 폭포의 캔들이라면 거래량은 훨씬 더 많아야 했다. 매도가 이 가격에서 흡수되고 있다는 증거다.

듀크 에너지는 이번에는 상승 장악형_{Bullish Engulfing}(두 개의 캔들 중 뒤 캔들이 양봉이면서 이전 막대의 몸통보다 길어서 이전 막대를 완전히 삼킨 것처럼 보이는 캔들. 상승 반전의 신호로 간주된다—역주) 캔들을 내보이며 단기간의 빠른 상승을 시도하지만 거래량은 평균 수준이며, 강세의 신호는 아직 없다.

그러고 나서 적은 거래량을 동반하며 작은 망치형 캔들 두 개가 나오면서 시장이 후퇴한다. 매도세를 마지막으로 쓸어 내는 단계일까? 답은 적은 거래량으로 테스트한 다음 캔들에 달려 있다. 내부자들은 시장에 추가 매도 물량이 있는지를 테스트한 결과 '성공'임을 알려 준다. 듀크 에너지는 이제 밑작업을 끝내고 움직일 준비가 되었다.

종목은 적절한 거래량을 바탕으로 상승하고, 다음 날 강한 거래량의 지지를 받으며 갭 상승한다. 속임수가 아닌 순수한 상승이며, 내부자들이 참여하고 있다. 그 후 횡보 구간에 들어가고, 이후 추가 갭 상승과 많은 거래량을 바탕으로 한 브레이크 아웃이 따라오는데, 이 움직임에서 주가가 천천히 하락한다. 이때 이상 징후가 나타난다. 거래량이 적다. 이를 통해 주가가 더 많이 떨어지지는 않을 거라고 어느 정도 확신할 수 있다. 만약 떨어질 거였다면 많은 거래량이 나왔을 것이다.

다음 날 이 구간의 마지막 캔들 뒤로 상승 장악형 캔들이 나오고, 그다음 날 갭 상승을 보인다. 그런데 갭 상승 때 거래량을 주의 깊게 보자. 매우 적다. 내부자들의 속임수일까? 전반적인 가격 움직임에서 현재의 위치를 보자. 가격으로 보자면 시작점으로 돌아왔고, 따라서 지난번 이 가격대에서 실패한 것을 감안하면 잠재적인 가격 저항이라고 해석할 수 있다. 그러므로 두 배로 경계해야 한다. 적은 거래량의 갭 움직임이므로 앞으로 저항이 있을 것이다.

이제 무슨 일이 일어날까?

그림 10.3 듀크 에너지(DUK) 일간 차트 - 전진

마침내 저항을 뚫고 꾸준한 상승을 이어 가기 전, 듀크 에너지는 65.75달러에 며칠간 머물렀다. 언제나 그렇듯이 거래량은 이야기를 들려준다. 추세의 마지막에 몸통이 짧은 캔들 아래 매우 많은 거래량 막대 세 개가 보인다. 시장은 강세일까, 약세일까? 정답은 약세이며 가격은 빠르게 하락하는 듯 보인다. 그러나 매도 거래량은 평균이므로 상승은 지속되었고, 이 글을 쓰고

있는 시점에 듀크 에너지는 74.41 달러에 거래되고 있다.

다른 시장과 시간대를 살펴보고자 한다. 첫 번째 예로 은 ETF_{exchange traded}
_{fund}인 SLC를 보자. SLV는 가장 인기 있는 ETF 중 하나로 레버리지_{leverage}(본
래 지레 장치 혹은 지렛대 효과라는 뜻으로 타인 자본, 즉 부채를 이용해서 더 큰 이익을
노리고 더 큰 포지션을 취하는 것. 가격이 예상과 반대 방향으로 가는 경우 손실은 더 커
진다─역주)를 이용하지 않으며, 실제 금속 실물로 뒷받침된다. 이 예시는 5분
차트로 장중 스캘핑 전략을 짜기에 완벽하다.

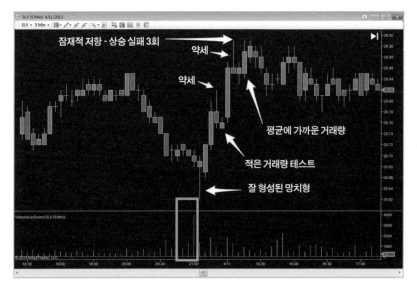

그림 10.4 SLV - ETF 5분 차트

〈그림 10.4〉에 보이는 것처럼 SLV는 강세를 보이다가 횡보했고, 이후 거래
량 증가와 함께 캔들 5개가 연속적으로 하락했다. 평균 이상으로 증가하는
거래량은 가격 움직임을 검증한다.

이후 횡보하던 SLV 주가는 짧은 몸통의 하락 캔들 두 개를 생성한다. 이
두 개 중 첫 번째 캔들은 거래량이 평균을 초과해 이상 징후를 보였고, 심지

어 두 번째 캔들의 거래량은 매우 높았다. 이는 멈추는 거래량이며, 매수가 있다는 신호다. 정상적이었다면 몸통이 길었을 것이다.

다음으로 망치형 캔들이 많은 거래량을 동반하며 나타났다. 적은 거래량의 상승 캔들이므로, 즉 반응이 다소 잠잠했으므로 강세 신호는 아니지만 다음 캔들에 거래량이 증가하면서 긴 몸통을 만들었으므로 희망을 주는 신호라고 해석할 수 있다. 내부자들은 이때 적은 거래량 테스트를 한다. 견고한 거래량을 바탕으로 상승하는 듯 보였으나 약세가 긴 몸통의 캔들과 함께 출현하며 테스트에 실패한다.

다음 캔들은 평균보다 많은 거래량을 동반한 일종의 유성형 캔들로 약세를 예측하게 한다. (추세의 꼭대기에서 나온 것은 아니지만, 그럼에도 불구하고 긴 윗꼬리가 있기 때문에 약세 신호다.) 이후 긍정적인 신호인 적은 거래량 테스트가 행해지는데, 평균을 초과하는 거래량을 바탕으로 한 긴 몸통의 캔들이 따라 나왔다. 그러나 꼭대기를 향하는 마지막 부분에서 움직임이 잠시 멈춘다.

아마 공격적인 스캘핑 트레이더였다면 망치형 캔들 하나에만 의존해서 포지션에 들어갔을 수 있다. 강력한 강세 신호처럼 보이기 때문이다. 반대로 조심스러운 트레이더였다면 망치형 캔들에 대한 초기 반응에 주목해서 약세의 신호로 받아들여 시장을 관망하고, 포지션에 들어가기 전에 강세 신호인 두 번째 캔들을 기다렸을 것이다. 그랬다면 이 거래는 작은 수익이나 작은 손실 혹은 본전을 기록하고 끝났을 것이다. 내가 말하고 싶은 것은 이것이다.

이번 장의 예들은 다양한 상황에서 VPA를 적용하는 방법을 알려 주고자, 더 중요하게는 모든 추세와 트레이딩 기회는 상대적이라는 것을 알려 주고자 선별했다. 〈그림 10.4〉의 경우 스캘핑 트레이더로서 포지션을 취했다면 20, 30센트 정도 수익을 얻었을지도 모른다. 이전 종목의 예에서는 며칠, 몇 주 혹은 몇 달 동안 포지션을 보유한 결과 몇 천 혹은 몇 백 달러를 남겼을 것이다. VPA의 백미는 논리를 바탕으로 의사 결정을 한다는 데 있다. 거래량과 가격이 그 논리다. 나머지는 각자가 감당할 수 있는 만큼의 위험에 맞춰 자금을 운용하고, 그에 따라 거래할 수 있는 기술에 달렸다. 트레이딩 기회는 VPA가 주겠지만, 매매의 위험을 평가하고 얼마나 많은 자금을 투입할지는 여러분의 몫이다.

위험에 대한 여러분의 평가 역시 다중 시간대를 이용한 여러분의 분석을 바탕으로 한다는 것도 기억하자. 앞서의 예에서 더 긴 시간대의 차트로 바라봤다면 해당 기회가 사실은 약세 움직임이며, 따라서 위험도가 높다는 신호를 받았을 것이다. 심지어 지배적인 추세를 역행하는 것이었을 수 있다. 실제로도 그랬다. 당시 은의 추세가 약세였으므로, 본질적으로 높은 위험을 내포하고 있었다.

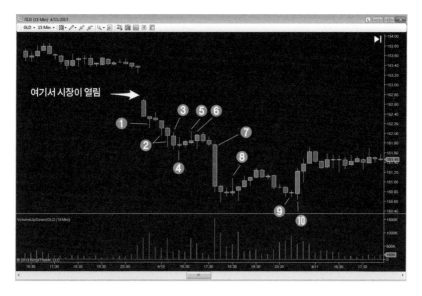

그림 10.5 GLD ETF 15분 차트

〈그림 10.5〉는 금 ETF인 GLD펀드다. 이번에도 짧은 시간대를 선별했고,

캔들 하나하나를 설명하지만 주해는 달지 않았다. 차트가 너무 지저분해지기 때문이다. 시작하기 전에 배경 설명으로 금시장에 대해 언급하고자 한다. 이 차트 시점에 금은 약세였고 낮은 인플레이션 환경에다가 위험 시장으로 자금이 빠져나간 상태였다.

이제 차트의 장중 가격 움직임을 보자. 시장이 극도로 많은 거래량을 동반한 갭 하락으로 시작했다. 분명한 약세 신호다. 다음 캔들로 매우 많은 거래량과 함께 작은 망치형 캔들이 출현한다(1번). 멈추는 거래량일까? 그럴 수도 있지만 우선 다음 캔들이 형성되기를 기다린다. 추가 약세를 예견하는 많은 거래량을 동반한 윗꼬리가 달린 작은 캔들이 나왔다. '멈추는' 거래량에 대한 긍정적인 반응은 아니다.

다음 두 개의 하락 캔들(2번)은 각각 아랫꼬리가 지지해 주는 모양새다. 미약하나마 존재하는 매수세를 보여 주지만, 거래량이 증가하며 시장이 하락한다.

3번 캔들은 평균 거래량으로 마감되고, 다음으로 오랜만에 상승 캔들(4번)이 출현한다. 평균의 거래량을 동반한, 짧은 몸통과 비교적 긴 윗꼬리가 달린 캔들로 약세 신호다. 여전히 시장이 방향 전환을 하기에는 버거워 보인다. 다음은 평균 거래량을 동반한 짧은 몸통의 상승 캔들로 괜찮아 보인다.

5번 캔들은 4번 캔들이 반복되는 것처럼 보이지만, 다른 게 있다면 이번에는 거래량이 많다는 것이다. 이는 시장이 매우 약세라는 큰 경고음이다. 매수 거래량이라면 시장은 빠르게 상승하겠지만, 상승하고 있지 않으므로 매도 거래량이라고 할 수 있다. 경고를 느낀 트레이더들이 시장이 폭락하기 전에 팔고 나가려고 하면서 모든 상승 시도는 매도 압력으로 좌절된다. 따라서 다음 캔들(6번)은 더 안 좋은 모양을 보인다. 모두가 팔고 있고 시장이 지금 엄청나게 약세라고 알려 주고 있다. 왜 약세일까? 많은 거래량이 나오는데 시장은 전진하지 못하고 있기 때문이다. 매수 거래량이었다면 시장은 상승했을 것이다. 그러나 내부자들이 시장을 지탱하며 가격 폭포 때 매집한 물량을 가격이 더 하락하기 전에 팔고 있다. 그 결과 가격 변동폭이 좁다.

다음 두 캔들은 적은 거래량과 함께 나온 짧은 몸통의 캔들인데, 아무런 단서를 주지 않는다. 그러다가 예상대로 시장은 급격한 매도세로 추가 하락을 넘보는데 매우 많은 거래량으로 유효성이 검증된다(7번). 다음은 짧은 몸통에 긴 꼬리가 달린 캔들로 멈추는 거래량을 예견한다. 이는 다음 캔들에서 많은 거래량과 짧은 몸통을 바탕으로 반복된다. 이제는 시장이 회복되는 것이 보여야 하지만, 다음 캔들(8번)을 보자. 시장이 상승을 시도하지만 평균 거래량에 시작가에 가까운 가격으로 마감된다. 아직 강세 신호는 아니지만, 작은 망치형 캔들이 많은 거래량을 동반했으므로 시장에 더 많은 매수자가 있을 수 있다. 최근 몇 개 막대의 거래량에 근거해 볼 때 이제 추세 전환 기조가 가능할까?

그러고 나서는 강세형 캔들 세 개가 따라오는데 각각 몸통이 짧지만 거래량에 거의 변화가 없으므로, 시장은 보합세의 거래량을 기반으로 상승하고 있다는 뜻이다. 다만 멀리 가지는 못할 것 같다. 시장은 이 구간에서 방향을 전환하다가 증가하는 거래량과 더불어 재차 하락한다.

이번 캔들 배열의 마지막 캔들(9번)은 몸통이 매우 짧은 도지 캔들이다. 거래량이 많으므로 멈추는 거래량이며, 매수자들이 다시 한 번 시장으로 유입되고 있다고 추정할 수 있다.

평균 거래량을 동반하고 나온 긴 몸통의 상승 캔들(10번)이 이를 확인해준다. 다음 두 캔들에서 시장이 상승하는데 거래량은 줄어든다. 내부자들이 시장을 더 이상 끌고 가지 않는 것이다. 시장은 횡보에 들어가고, 꽤 길어진다. 랠리를 시도하지만 모두 실패하고, 거래량은 적은 수준으로 구간 내내 유지된다.

다음 날 GLD는 전날 개장 때보다 세 배 증가한 거래량과 함께 갭 하락을 띄우며 등장했다. 전날의 약세 분위기가 극적인 방식으로 전개되었다.

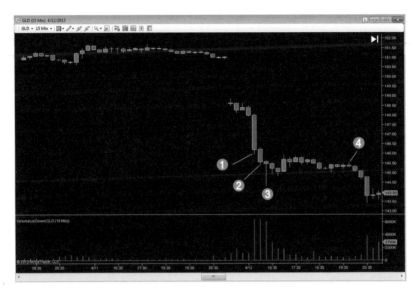

그림 10.6 GLD ETF 15분 차트, 다음 날

망치형 캔들이 동반한 거래량은 시장 동력을 늦추기에 역부족이었고, 홀로 있는 많은 거래량을 동반한 긴 몸통 캔들도 상승을 이어 가는 데 실패하자 시장은 횡보 구간으로 진입했다. 이 캔들 배열의 4개 하락 캔들(8번 이후)의 증가하는 거래량이 더한 하방 압력과 투매를 예고한다. 이 횡보 구간에 대한 분석 측면에서 VAP 및 지지와 저항이 중요한 역할을 할 것이다.

내가 여기 써 놓은 시장 분석은 어떤 차트, 어떤 시장, 어떤 시간대의 차트이든 화면에 이 가격 움직임이 나타났다면 내 머릿속에서 떠올랐을 생각이다. 거래량은 시장에서 무슨 일이 벌어지고 있는지를 파악할 수 있는 관점을 제공한다. 그러므로 거래량이 내가 필요한 전부다. 거래량에 기반한 가격 움직임으로 결론을 도출할 수 있다. 앞의 예시는 금이었지만 어떤 상품이든 상관없다.

이제 외환 현물시장으로 넘어가서 MT4/MT5 트레이딩 프로그램에서 가져온 차트를 보자. 분 단위 차트이며 틱 기준이지만 같은 원리가 작동한다.

첫 사례는 내가 갖고 있던 미국 달러 대비 호주 달러(AUD/USD) 이종 통화쌍 포지션이다. 15분 차트를 참고한다(《그림 10.7》). AUD/USD 환율은 한동안 부드럽게 상승했고, 거래량은 평균 정도였으며, 이 단계에서 이상 징후 또는 약세 신호는 안 보였다. 그러다가 갑자기 긴 몸통의 상승 캔들이 형성되는데,

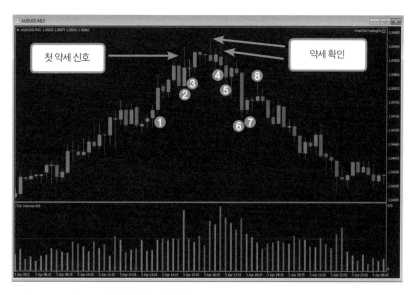

그림 10.7 AUD/USD 15분 외환 현물 시장 차트

다음 날 동일한 길이로 윗꼬리가 달리며 차트에서 '첫 약세 신호'가 그려진다.

거래량에 따르면 AUD/USD는 강하게 상승했어야 했다. 그러나 대량의 매도가 보이고, 캔들 몸통 위의 긴 윗꼬리(1번)가 주의를 기울이게 한다.

힘겹게 상승을 이어 가던 가격은 많은 거래량과 함께 유성형 캔들(2번)을 마주한다. 다음 캔들도 많은 거래량이 뒷받침하는 좁은 몸통의 도지 캔들(3번)이다. 약세 신호로 추세 전환이 예견된다. 얼마 지나지 않아 많은 거래량을 동반한 유성형 캔들이 연이어 출현한다(4번, 5번). 여기서 중요한 건 이전 캔들(4번)보다 5번 캔들의 고점이 낮다는 사실이다. 첫 캔들의 윗꼬리 가격대로 손절 주문을 걸고, 숏 포지션에 들어갈 타이밍이다.

여기서 내가 강조하고 싶은 측면은 VPA를 통해 이익을 극대화하는, 강한 포지션을 가지는 방법이라는 것이다. 다들 아는 것처럼 시장은 곧게 뻗은 직선처럼 움직이지 않는다. 하락하다가 조정이 오고 다시 하락한다. 이 예시로 이런 가격 움직임을 설명할 수 있다.

두 번째 유성형 캔들 다음으로 네 개의 캔들이 나온 후 몸통이 긴 하락 캔들(6번)이 나왔는데, 이걸 보는 우리는 기뻐해야 한다. 분석이 맞았다는 것을 확인했을 뿐만 아니라 현재 강한 포지션에 있기 때문이다. 그런데 시장은 포지션의 반대 방향으로 움직인다(7번). 추세의 반전인 걸까, 아니면 하락 중 멈춤인 걸까?

7번 캔들은 몸통이 비교적 짧고 거래량은 평균을 상회하므로 긍정적인 신호다. 게다가 멈추는 거래량에 대한 증거가 없으므로, 추세의 멈춤으로 보인다. 다음 캔들이 이를 확인해 준다. 감소하는 거래량을 바탕으로 시장이 상승을 도모하는 것이 보이고, 우리는 이것이 무엇을 의미하는지 알고 있다.

그다음 캔들은 약세 신호로, 평균보다 적은 거래량을 동반한 유성형 캔들이 또 하나 나왔다. 이후 랠리를 시도할 때마다 가격이 떨어지며 약세가 확인되는데, 이것이 내가 말하고자 하는 요점이다. 시장에서 포지션을 잡으면 VPA 기법으로 꾸준히 시장을 봐야 한다. 그래야 추세에 남을 확신을 가질 수 있다.

숏 포지션을 취한 상태에서 조정이 일어난 다음 시장이 나에게 불리한 방향으로 가고 있더라도 상승 움직임의 거래량이 감소하고 있다면, 이 조정은 일시적이며 주요 추세의 반전이 아닌 것이다. 다시 말하면 이 움직임은 보조 추세의 조정인 셈이다. 동일하게, 멈추는 거래량 신호를 따라 나온 조정이라면, 해당 가격대에 시장에 매수자가 없는 것이기 때문에 추세 반전이 지속되지 못할 것이므로 포지션을 계속 보유할 수 있다. 롱 포지션을 취했을 때도 시장을 똑같이 대하면 된다. 상승 추세에서 시장은 내 포지션의 반대로 전환되기 마련이다. 이 방향 전환에서 거래량이 감소하고 있다면, 특히 오르는 거래량을 보지 못했다면, 이는 사소한 방향 전환이라는 걸 알게 된다.

마지막으로 차트의 오른쪽에 매도세가 평균 미만으로 떨어지면서 시장이 횡보 구간으로 들어가고, 멈추는 거래량이 마침내 나타났다. 여정을 끝마쳤으니 이때 포지션을 나간다.

포지션을 진입할 때, 유지할 때 그리고 나올 때 모두 VPA를 이용해 트레이딩을 했다. 다른 아무것도 없었다. 더 많은 트레이더, 투자자들이 왜 거래량에 관심을 기울이지 않는지 나는 도무지 이해가 가지 않는다. 외환 현물 세계에서 가져온 몇 가지 예시를 더 살펴보자.

이 주간 차트를 선별한 이유는 매도 정점을 잘 보여 줄 뿐만 아니라 얼마나 오래 지속될 수 있는지, 즉 매도 정점의 지속 시간에 대한 시각을 제공하기 때문이다. 이미 여러 번 말했지만, 인내해야 한다. 추세의 주요 변화는 실현되려면 시간이 걸리는데, 〈그림 10.8〉이 좋은 예다. 여기서 VPA가 모든 시간대에서 작동한다는 것도 알 수 있다. 이 차트는 18개월의 시간을 보여 주고

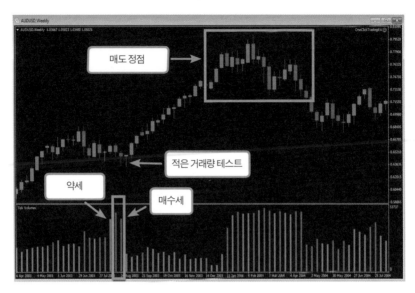

그림 10.8 AUD/USD 주간 외환 현물 차트 - 매도 정점

있으므로, 여기서 인내심을 가진다면 장기간의 큰 수익을 만들 수 있다.

차트의 왼쪽부터 시작해 보자. AUD/USD는 상승세였다가 평균 거래량을 보이며 횡보 구간으로 들어간다. 그리고 첫 번째 이상 징후가 나타난다. 매우 많은 거래량을 동반하며 짧은 몸통의 캔들이 출현했다. 이 가격대에서 어려움을 겪고 시장은 반응하지 않는다. 다음 주간 캔들이 극히 많은 거래량을 동반하고 나타나는데, 이때 급격히 매도한다면 이 캔들은 몸통이 긴 하락 캔들이 된다고 예상할 수 있다. 하지만 그렇게 되지 않았다. 몸통이 짧다. 매수자들이 이 가격대에서 시장을 지지하고 있다. 다음 캔들이 당도한다. 긴 아랫꼬리를 가진 망치형 캔들이며, 이 캔들이 이전 캔들을 검증해 준다. 이제 추가 매수 신호를 기다리는데, 다음 캔들에 나타났다. 작은 망치형 캔들은 적은 거래량 테스트를 의미한다. 이전의 여러 캔들에서 보였던 많은 거래량을 동반한 매도세가 매수자에게 흡수되어 사라졌고, 내부자들은 이 통화를 밀어 올릴 준비를 마쳤다. 시장은 천천히 그리고 꾸준히 증가하는 거래량을 토대로 상승한다. 상승 움직임은 수개월간 지속된다.

여기서 주목할 것은 같은 기간 거래량이 천천히 하락하느냐다. 극적이 아닌, 꾸준한 하락이다. 이후 차트의 꼭대기 박스권에 진입하는데, 여기서는 무엇이 보일까?

박스의 왼쪽부터 차근차근 보면, 두 개의 긴 막대가 연속으로 있다. 그런데 이때의 거래량은 줄어서 없는 것이나 다름없다. 이는 이 통화가 소진되고 있다는 큰 경고 신호이며, 김이 빠졌다거나 어떤 다른 이유가 있을 것이다. 명확한 건 내부자들이 적은 거래량으로 가격을 올려 왔고, 이제 시장에서 철수했다는 것이다.

반대로 긴 상승 추세를 놓친 트레이더들은 두려움과 탐욕에 이끌려 이제야 뛰어든다. 황금 기회를 놓칠 것 같다는 두려움이다. 결국 이 시장이 계속해서 오르는 것을 지켜보다가 내부자들이 옆문으로 빠져나갈 때 들어와 매수한다. 그러고 나서 매도 정점이 시작된다. 내부자들이 엄청난 거래량을 표출하며 이 가격대에서 매도하는데, 몇 주 후 결국 이 가격은 깨지고, 하락으로 돌아설 때까지 매도는 계속된다. 그리고 랠리 시도에서 추가 약세 신호가 나오고, 하락세가 가팔라진다.

차트 오른쪽의 랠리 시도를 눈여겨보자. 많은 거래량을 동반하며 긴 몸통 캔들이 나온 후에 하락하는데, 이는 추가 약세가 있을 거라는 강한 신호이며 실제로 가격이 더 하락한다.

여기서 자세히 다루고 싶은 게 하나 있다. 거래량의 상승과 하락은 추세와 연계해서 판단해야 한다는 것이다. 모든 분석과 해석에는 어느 정도 유연성이 필요하다. 상승 추세를 '거래량의 법칙'으로 본 입장에서, 이때 10개의 캔들은 각각 이전 캔들보다 상승했어야 했지만 그러지 못했다. 이로 인해 추세가 갈 수 있는 범위가 제한된다. 거래량이 영원히 증가한다고 기대할 수는 없기 때문이다.

이 예가 보여 주는 진실은 이렇다. 상승세의 첫 몇 개 캔들을 지지하는 데 거래량이 오르내리지만 결론적으로는 평균 근처이거나 평균보다 많다. 이건 괜찮다. 어느 정도 변동은 있고, 장기적인 시간대를 볼 때는 특히 그렇다. 계절적인 영향이 있을 수도 있고, 시장이 휴가철이라서 거래량이 적을 수도 있다. 외환시장에서는 이런 일이 거의 일어나지 않지만 다른 시장에서는 일어나고 있으며, 그럴 때 외환시장에도 영향을 준다.

추세에서 거래량을 판단할 때는 융통성을 발휘해야 한다. 이 예에서 우리는 이상 징후를 기다렸지만, 두 개의 적은 거래량 캔들이 나오기 전까지 신호를 내야 할 임박한 추세 변화가 없었다.

이제 그 반대 경우, 즉 매수 정점을 생각해 보자. 역시 AUD/USD 쌍이며 주간 차트다(《그림 10.9》). 이 차트는 18개월의 기간을 보여 주는데, AUD/USD 가격이 정점을 벗어나 상당한 가격 폭포로 접어들었고, 이 모두를 증가하는 매도 거래량이 확인해 주었다. 즉 하락 움직임이 이 모두를 통해 검증된 것도 알 수 있다.

그런데 이때 망치형 캔들이 나타나고, 멈추는 거래량이 있는지 따져볼 필요가 있다.

시장은 매수 정점 단계로 들어가면서 매도 압력을 지속적으로 받는다. 하지만 AUD/USD가 랠리를 시도하면서 긴 윗꼬리와 짧은 몸통의 상승 캔들이 처음으로 만들어지는데, 많은 거래량을 동반하긴 했지만 강세 신호라고 보기는 어렵다. 아직은 상승할 준비가 되지 않았으며, 다음 캔들 두 개가 매우 적은 거래량으로 이를 확인해 준다. 이 중 두 번째는 특히 매우 적은 거래량과 긴 몸통을 갖고 있으므로 중요하다.

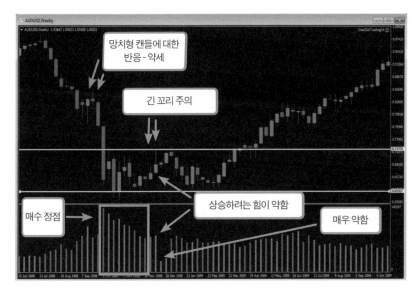

그림 10.9 AUG/USD 주간 외환 현물 차트 - 매수 정점

AUD/USD는 이후 내려간 다음 횡보 구간으로 들어가는데, 그림에 가로줄 두 개로 표시된 구간이다. 이 선이 저항의 천장과 지지의 바닥을 정의하는데, 이제부터 이 선을 추적해 관찰해야 한다.

이 저항 구간을 깨고 위로 올라오려면 상당한 거래량의 지지가 필요하다. '폭발'적일 필요까진 없고, 사실 여러 이유로 그렇지 않은 것이 더 낫다. 꾸준하게 증가하는 거래량이 필요한 것이다. 만약 갭 상승과 함께 브레이크 아웃이 나타난다면, 우리가 이전 사례에서 본 것처럼 평균을 훨씬 웃도는 거래량 또는 극적으로 많은 거래량까지도 예상할 수 있다. 하지만 저항 구간을 벗어나는 일반적인 브레이크 아웃이라면 평균보다 많기만 하면 된다.

AUD/USD가 몇 번 움직임이 멈추면서 균등한 상승세를 전개한다. 이 추세가 9개월 동안 지속되고 마침내 매도 정점이 전개되면서 힘이 빠진다.

이제 선물의 세계로 이동해서 닌자트레이더 프로그램으로 돌아간다. 첫

차트는 스캘핑으로, 현물시장의 다우존스 산업평균지수 Dow Junes Industrial Average
의 파생 상품인 YM E-mini 선물 계약의 5분 차트다.

지수에는 두 가지 종류가 있는데, '작은' 다우와 '큰' 다우다. 이 경우는 작
은 다우로, 지수 포인트 하나가 5달러의 가치를 지닌다. 큰 다우는 25달러다.
나는 초보 트레이더에게 어떤 시장에서든지 가장 작은 상품부터 시작하라고
권유한다. 지수 트레이딩 혹은 선물시장 자체가 처음이라면 미니 다우부터
시작하면 된다.

이 예를 실은 이유는 시장 개시 시간을 중점적으로 보여 주기 위해서다.
이 상품은 실질적으로 하루 24시간 거래되고 있다. 시장이 끝나면 그때부터
야간에 글로벡스에서 거래되며, 시장도 전자 계약의 추세를 따르기 때문에
실제 시장이 열려도 예전만큼 서프라이즈가 많이 나오지는 않는다.

이 차트는 무얼 보여 주고 있을까?

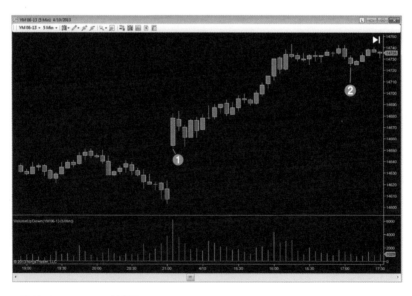

그림 10.10 YM E-mini 5분 차트

현물시장이 열리면서 갭 상승이 발생했다(1번). 많은 거래량을 동반한 꽤 긴 몸통 캔들로 첫 5분 동안의 거래가 마감되었다. 내부자들이 움직임에 동참한 것이다. 다음 두 캔들은 하락인데 거래량이 감소하고 있으므로 시장이 멀리까지 갈 것 같지는 않다. 사실 이 중 두 번째 캔들의 아랫꼬리가 하나의 단서를 주고 있다. 이 하락은 갭 상승의 이익 실현 매물이라는 것이다. 즉 아직 매수자가 통제하고 있다.

이 시점부터 시장은 꾸준히 상승한다. 단기 조정은 있지만 추세 전환의 신호가 없는 꾸준한 상승이며, 작은 하락의 물결이 있을 때마다 이를 상쇄하고, 균형을 맞추는 거래량 증가가 나타난다. 이는 내가 앞서 자세히 언급하고 싶었던 것이다. 상승하거나 하락하는 추세에서 거래량을 볼 때는 약간의 융통성을 발휘해야 한다.

첫 '물결'을 두 번째 '물결'과 매수 거래량 측면에서 비교해 보면 매우 흥미롭다. 두 번째 상승 물결의 거래량은 첫 번째 물결의 거래량보다 약간 적은데, 이런 이유에서 움직임의 힘이 빠지고 있고 나가야 할지도 모른다는 생각이 들 수 있다. 하지만 이후 따라오는 가격 움직임에서 두려워해야 할 이유가 딱히 보이지 않는다. 차트의 오른쪽(2번)에 보이는 것처럼 하락 캔들의 거래량이 매우 적다. 다만 관심이 사라지고 있는 것으로 보이며 경계할 필요는 있다.

거래량은 대개 장이 시작할 때 훨씬 많고, 가격이 치솟은 후 자연스럽게 빠지는 경향이 있다. 그러므로 일반적인 하락은 정상이며 장중 거래량 패턴의 일부이기도 하다. 겨울 세일처럼 문이 열리면 할인을 노리는 사람들이 몰려오고, 첫 쇼핑객의 파도가 가라앉으면 흐름이 안정된다. 여기서도 마찬가지다.

다음 차트로 넘어가기 전에 추가로 볼 것이 있다. 개장 때 초기 저항 구간을 돌파한 상승은 확신을 준다. 보조적인 저항 수준에 불과하지만, 그래도 포지션을 취하는 과정에서 또 하나의 '신뢰 구축'을 한 셈이다. 차트의 오른쪽에도 같은 방식을 적용할 수 있다. 시장이 횡보 구간으로 들어갈 때 거래량이 전반적으로 줄어드는데, 이는 저항이 형성되고 있으므로 이 단계에서 시장을 나가라는 메시지다.

그림 10.11 ES E-mini 10분 차트

〈그림 10.11〉은 스캘핑 트레이더에게 인기가 높은 또 하나의 선물 지수인 ES E-mini다. ES E-mini는 S&P 500의 파생 상품으로 변동성이 매우 심하다. 모든 지수를 통틀어 내부자들의 조작이 가장 심하기 때문에 사례로 선별했다. 〈그림 10.11〉은 10분 차트이고, 차트의 중앙에 하루 거래 시간을 담고 있다.

왼쪽부터 살펴보자. 장 마감 시간이 다다르자 매우 많은 거래량을 동반한 캔들이 솟아오른 것이 보인다. 내부자들이 다음 날을 위해 시장을 청소하는 모습이다. 극도로 많은 거래량과 연계된 유성형 캔들은 확실한 매도 신호지만, 많은 거래량을 동반한 상승 캔들이 따라 나왔다. 내부자들은 시장에 팔고 있으며, 이 가격대를 유지하는 데 어려움을 겪고 있다. 마침내 평균 거래량이 뒷받침하는 작은 도지 캔들로 이날 장이 종료된다.

다음 날 전날 밤 종료 때의 가격대에서, 내부자들이 전형적으로 사용하는 속임수인 평균 거래량을 동반한 긴 몸통을 가진 상승 캔들이 나타난다. 전날 밤 유성형 캔들을 따라 나온 상승형 캔들의 거래량과 이 캔들의 거래량을 비교해 보자. 가격폭은 다를 게 없는데 거래량은 상당히 적다. 이는 내부자들이 전날 밤에 준비해 놓은 상승 속임수인 것이다. 특히 개장 때 출현하는 움직임이며, 반복적으로 선물, 현물시장에서도 보게 될 것이다. 내부자들은 트레이더를 약한 포지션에 가두는 것을 좋아하는데, 트레이더가 시장이 열리기를 기다리면서 상방이건 하방이건 좋은 움직임을 놓칠까 봐 두려워서 감정적으로 의사 결정을 내리는 이때가 이들이 속임수를 쓰기 가장 좋은 순간이다. 이제 매도가 시작되고 하락한다.

여러분도 모든 시장, 모든 시간대에서 이들을 발견할 수 있을 것이다. 거래량은 속임수가 진행될 때 이를 알아볼 수 있는 유일한 방법이다.

이 점을 증명하듯이 3일째에 시장이 갭 상승과 함께 시작되는데, 이때 거래량을 보자. 거래량이 많고 전날 거래량을 훨씬 웃돈다. 순수한 움직임이며, 내부자들이 상승세에 매수하고 있다.

다른 거래소의 다른 시장, 다른 종류의 차트로 넘어가 보자. 지금까지 거래량 분석에서 다룬 모든 차트는 시간을 기준으로 했는데, 나를 포함한 많은 트레이더가 일부 시장에서는 틱 차트를 쓴다. 틱 차트를 써 본 적이 없다면, 교육의 일환으로 한 번 살펴보기를 권장한다.

시간 기준 차트로 거래하면, 예를 들어 15분 차트에서 캔들은 15분마다 형성된다. 이와 대조적으로 80틱 차트로 거래할 때는 각 캔들이 이를 완료하는 데 걸리는 시간에 따라 형성된다. 다시 말하면, 각 캔들을 구축하는 데 걸리는 시간은 시장의 에너지와 움직임에 따라 달라진다. 이는 거래량과 시장 움직임을 생각해 보는 또 하나의 방법이다. 선물 차트의 틱 한 개는 본질적으로 주문이지만 이 주문은 1계약일 수도, 100계약일 수도 있다. 틱 차트의 핵심은 이렇다. 시장이 활발히 돌아가고 많은 양의 매매 활동이 있을 때, 한 예로 뉴스가 발표된 후에는 매우 짧은 시간에 수많은 주문이 시장에 들어오는데, 주문 하나는 틱으로 기록되며 이때 80틱짜리 캔들은 매우 빨리 아마 몇 초 안에 형성될 것이다.

비농업고용지수 데이터가 발표된 후 틱 차트를 지켜본다고 하면, 캔들은 기관총에서 발사되듯이 만들어질 것이다—말 그대로 차트에 고속으로 찍힌다—. 다만 틱의 캔들을 형성하는 데 걸리는 시간은 각기 다르다. 그러므로 틱 캔들이 형성되는 과정을 보면서 시장의 내부와 '거래량' 또는 매매와 관련된 움직임을 보게 된다. 각 캔들이 시간 기준으로 경계가 정의되기 때문에 이들을 볼 수 없는 시간 기준 차트와 달리, 틱 차트에서는 볼 수 있는 것이다. 이것이 틱 차트와 시간 기준 차트의 핵심적인 차이점이며, 많은 전문 개인 트레이더와 트레이딩 전문가들이 틱 차트만 사용하는 이유다.

이것이 실제로 어떻게 다른지 그 맥락을 살펴보기 위해 다음 시나리오의 틱 차트를 상상해 본다. 우선 앞서 언급한 뉴욕 트레이딩 개장 시간과 비농업고용지수 발표를 생각해 보자. 80틱 캔들은 몇 초, 아마 몇 밀리초milliseconds 만에 만들어질 것이다. 같은 차트를 한 시장은 폐장하고 다른 시장 하나가 개장하면서 시간상 겹치는 아시아에서 본다고 하자. 그러면 차트에서 캔들 하나당 걸리는 시간은 아마 30초 혹은 몇 분일 것이다.

요점은 이렇다. 틱 차트에서 여러분은 캔들이 생성되는 시간으로 움직임을 시각적으로 볼 수 있다. 시간 차트로는 움직임을 절대로 볼 수 없으며, 캔들이 형성되면서 오르고 내리는 가격만 보는 것이다. 이것이 틱 기준과 시간 기준의 차이이며 많은 트레이더가 틱 차트를 기준으로 하는 트레이딩을 선호하는 이유다. 틱 차트에서 '시장의 내부'를 보게 되고 이를 통해 거래량 분석의 힘을 더 강화할 수 있다. 결국 거래량이라는 것은 우리가 틱 차트를 통해 시각적으로 보는 '움직임', 그 이상도, 이하도 아니다.

틱 차트에 관한 중요한 점 하나가 있는데, 거래량을 틱으로 나타내면 열하나가 80틱 혹은 80거래를 의미하는, 일련의 같은 키의 '병사'를 보는 것과 같아진다. 이 문제를 해결하기 위해서 대부분 트레이딩 프로그램에서 차트 설정 시 거래량 기준을 틱과 체결량 중 선택할 수 있도록 하며, 내가 이용하는 다른 트레이딩 계정도 이를 제공하고 있다. 차트를 설정할 때 틱이 아닌 체결량을 선택하면, 체결량에 따른 거래량을 볼 수 있다.

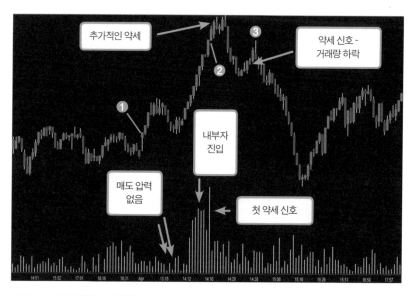

그림 10.12 커피 선물 - 80틱 차트

〈그림 10.12〉에서 시장이 약한 상승세로 개장한 후 하락해 미끄러지기 시작했지만 이 단계에서 매도 압력이 매우 적다(1번). 시장은 하락하고 있지만 거래량이 감소하고 있으므로 하락이 오래 지속될 것 같지는 않다.

그러다가 내부자가 시장에 들어온다. 거래량은 급상승하고, 시장이 위를 향해 차근차근 더 긴 몸통의 캔들을 여러 개 형성하며 전진한다. 하지만 9번째 막대(2번)에서 매우 많은 거래량에 상응하지 않는 캔들을 내보이며 첫 약세 신호를 보인다. 캔들의 몸통이 길지만 앞서 나온 캔들과 비교해 보면 시장의 반응은 훨씬 컸어야 한다. 이 지점의 캔들이 매우 짧은 윗꼬리를 갖고 있긴 하지만 이는 약세를 의미하고, 내부자들은 어려움을 겪기 시작한다.

시장은 평균을 초과하는 거래량과 윗꼬리가 달린 짧은 몸통의 캔들을 보이면서 조정 구간으로 들어간다. 이를 통해 초기 상승 추세에서 처음 보였던 약세를 확인해 준다. 시장은 이후 하락하면서 많은 거래량에 매도되고, 회복을 시도할 때 가격은 상승하지만 거래량이 감소하는 전형적인 약세의 징후가 추가적으로 나타난다. 이는 이 가격대에서 가격 폭포를 촉발하는 유성형 캔들(3번)이 그려지며 확인되는데, 이후 실제로 가격 폭포가 발생한다.

가격 폭포에서 회복할 때 매수 거래량 혹은 멈추는 거래량에 대한 명확한 신호가 없었던 점은 흥미롭고 주목할 만하다. 그렇다고 이 이유 때문에 이 사례를 선택한 것은 아니다. 본질적으로 의심스러운 상황이다. 매우 심각한 가격 하락이기 때문에 바닥에서 많은 거래량이 보였어야 한다. 그렇다면 이 움직임은 적은 거래량의 상승 속임수가 연장된 것일까? 그렇지는 않다. 이것이 주의를 기울여야 하는 이유다.

상승 움직임의 거래량은 극적으로 많아서 동일 거래 시간대의 다른 거래량을 왜곡하는 경향이 있다. 사실 차트를 넘겨보면 가격 폭포의 바닥일 때 거래량은 평균보다 꽤 많지만, 상승 추세의 거래량에 의해 왜곡되었다. 다음 날 매도세가 발생했으며, 해당 거래 시간대에 전혀 상승하지 못했다. 그러므로 이 점을 기억해 두는 것이 좋다. 우리가 어떤 대상을 거래하건 거래량의 수준, 즉 많고, 적고, 평균이 어느 정도인지를 이해하려고 해야 한다. 그래서 극단적으로 많은 거래량이 나타났을 때 나머지 거래 시간대에서 이로 인해 왜곡된 시각을 갖지 말아야 한다.

VPA가 모든 시간대와 모든 투자 대상 그리고 모든 시장에서 작동한다는 것을 보여 주는 사례로 이번 장을 마무리하고자 한다. 〈그림 10.13〉은 DJIA의 주간 차트이며, 주식을 장기간 보유할 때 특히 봐야 하는 시간대다. 이때 주요 지수가 핵심적인 역할을 한다.

〈그림 10.13〉에서 주요 매수세가 어디에 있는지 보일 것이다. VPA의 핵심이 바로 이것이다. 극단적으로 많은 거래량, 극단적으로 적은 거래량 혹은 거래량이 집중된 구간 등 이상 징후가 있는 곳에 금방 눈이 가게 된다. 거기서

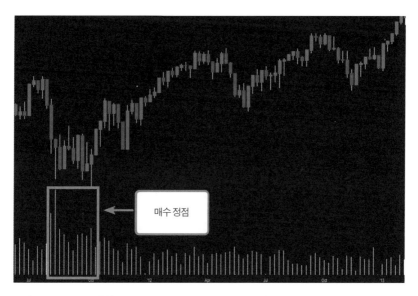

그림 10.13 DJ30 주간 차트

부터 파고 들어가서 거시적인 관점에서 수사하듯이 보면 된다. 〈그림 10.13〉
은 시장이 상승했다가 약간 하락하고 다시 상승하고 또 하락하는, 원형 천장
rounded top 을 만드는 고전적인 차트다.

내부자들은 11주라는 기간 동안 시장으로 강하게 밀고 들어왔으며(상자 안
의 거래량 참고), 다음 6~8주 동안 이 가격대에서 재고를 쌓았다. 이에 따라 이
구간에서 4~5개월 동안 건설적인 조정 구간이 형성되었다. 이는 매집에 걸리
는 시간이며, 그들은 준비가 끝날 때까지 움직이지 않는다.

이쯤에서 '이 시장이 얼마나 더 지속될 것인가' 하는 물음이 생길 것이다.
이에 답하려면 거래량을 봐야 한다. 매집 단계 이후 꾸준히 평균 거래량을
바탕으로 상승했다. 어떤 형태로든 급격한 거래량은 나타나시 않았다. 주요
추세가 전환되려면 매도 정점의 신호가 나타나야 하며, 이 차트의 경우 아직
은 때가 아닌 것이 확실하다.

주요 추세 전환이 일어난다면 월간 차트이건, 주간 차트이건, 일간 차트이
건 상관없이 즉시 알아볼 수 있을 것이다. 내부자들이 어떤 노력을 들였든 거
래량은 숨겨지지 않는다. 그들에게도 큰 블록 주문을 숨기는 방편은 있지만,
일간 거래량은 모두가 무료로 볼 수 있다. 그들은 영리하지만, 거래량을 안
보이도록 숨기는 방법은 아직 찾지 못했다.

A COMPLETE GUIDE TO
VOLUME PRICE ANALYSIS

Chapter
11

패턴을 알면 수익이 보인다

시장은 우연과 운으로 운영되지 않는다.
전장에서처럼 경우의 수와 확률로 운영된다.

_ 데이비드 드레먼(David Dreman, 1936~)

거래량을 지배적인 지표로 이용했던 나의 20년 경험을 바탕으로 몇 가지 생각, 관찰, 조언, 의견을 여러분에게 전달하고 싶다. 앞서 말한 것처럼 나는 운 좋게도 처음부터 거래량으로 트레이딩을 배웠다. 덕분에 크게 시간을 낭비하지 않을 수 있었고, 수년 동안 상당한 수익을 얻을 수 있었다. 많은 트레이더 지망생이 몇 년간 효과가 없는 시스템과 방법으로 트레이딩하다가 금전적 손실은 말할 것도 없고 자신감까지 잃게 된다. 그리고 대부분 포기한다.

이 중 일부는 우연히 거래량을 발견하기도 한다. 내가 그랬던 것처럼 즉시 이 방법론을 받아들이는 사람도 있고 그렇지 않은 사람들도 있는데, 여러분이 후자에 속한다면 VPA가 논리적이며 합리적인 방법이라는 것이 잘 전달되었기를 바란다. 여러분이 VPA가 본인에게 맞지 않는다고 판단했다면 책을 사는 데 들인 돈 몇 달러를 제외하고는 아무것도 잃은 것이 없을 것이다.

VPA가 논리적이며 매우 합리적이라고 판단했다면, 여러분 앞날에 성공이 기다리고 있으므로 매우 기쁘게 생각한다. 물론 여러분이 내가 설명한 원칙을 따른다면 말이다.

내가 트레이딩과 투자에 사용하는 분석 기법을 조금 더 소개하겠다. 첫 번째 기법은 횡보의 중요성에 대해 배울 때 살펴봤던 가격 패턴 인식법이다. 브레이크 아웃과 추세 전환에 중요한 역할을 하는 다른 주요 패턴도 포함했다. 이 모두는 거래량 가격 분석법과 관련된다. 가격 패턴 인식법을 다시 보는 이유는 이전 장에서 거래량과 가격의 관계에 의도적으로 초점을 맞추는 대신, 광범위한 가격 움직임은 덜 강조했기 때문이다.

이번 장의 차트는 온전히 횡보와 이를 따르는 추세 진환과 브레이크 아웃에 초점을 맞출 것이며, 이를 통해 여러분의 머릿속에 이들 가격 움직임이 확고히 자리하기를 바란다. 첫 사례는 외환시장이며 케이블_{Cable}(외환시장에서 GBP/USD를 통칭하는 말—역주)의 15분 차트다.

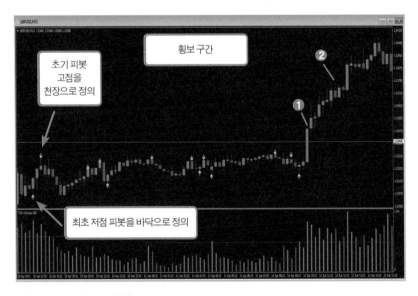

그림 11.1 GBP/USD 15분 차트

〈그림 11.1〉에는 횡보와 거래량 브레이크 아웃 간 관계에 관해 우리가 알아야 할 모든 것이 담겨 있다. 차트의 왼쪽부터 시작하면, 횡보 구간의 초기 진입 지점이 평균 이상의 거래량과 함께 저점 피봇으로 표시되었다. 이후 GBP/USD는 거래량이 감소하고 가격도 하락하면서 약세를 보이고 있다. 아직 상승을 위한 준비가 되지 않았으므로 지속될 만한 추세가 없다. 거래량이 매수와 매도를 오가며 전반적으로 감소하고, 시장은 횡보 구간에 진입해 있다. 추가적으로 두 개의 고점 피봇과 이를 따라 나온 한 개의 저점 피봇이 보인다. 이후 일련의 피봇이 횡보 구간의 천장과 바닥에서 따라 나온다.

앞서 설명했듯이 이 가격대는 강철봉이 아닌 고무줄로 생각해야 한다. 이 예시에서 피봇 포인트는(위 화살표와 아래 화살표)는 모두 일직선상에 있지 않다. 시장은 선형적으로 움직이지 않으며 기술적 분석은 과학이 아닌 예술이다. 그래서 추세 변화를 예측하려는 거래량 소프트웨어는 신뢰할 수 없다. 이 분석은 손으로 해야 한다.

가격은 계속 횡보 구간 안에서 거래되고 있고, 모두 브레이크 아웃의 신호를 기다리고 있다. 참고로 이 차트는 영국의 경제 데이터가 제공했다. 내가 기억하기로 RPI_{Retail Prices Index}(영국의 비공식적인 인플레이션 지수라고 할 수 있는 소비자물가지수—역주) 발표였다. 발표 자체보다 가격 차트의 반응이 중요하다. 횡보 구간의 가격과 거래량의 관계가 VPA의 기본 개념을 보강해 주고 있다. 어느 순간 내부자들이 참여하지 않고 있다는 걸 알 수 있는 적은 거래량이 보이는데, 좁은 범위의 가격 움직임이 이 사실을 뒷받침한다. 이는 뉴스가 나오기 전의 전형적인 모습이다. 모두가 경기장 밖에서 지켜보고 있다.

발표 시점으로 가 보자. 첫째, 저항인 천장을 온전히 돌파했다(1번). 이제 저항은 지지가 되었다. 돌파에 대해 언급한 부분을 기억하겠지만, 횡보 구간의 천장을 돌파한 후 깔끔하게 마감될 때까지 기다려야 하는데, 첫 번째 캔들이 이에 성공했다. 잘 형성된 긴 몸통의 캔들이다. 두 번째, 이 움직임이 유효한지 검증해야 하는데, 좋은 소식이다. 거래량이 이 돌파를 검증해 주었다.

이 구간은 광범위하게 형성된 횡보 구간이었으므로 이를 돌파하는 데는 상당한 노력이 필요한데, 내부자가 시장을 견고하게 받치며 상승시켰다. 이 움직임에 동참해도 되는 걸까? 우리가 기다려온 움직임이 바로 이것이다. 채비를 마치고 횡보 구간에서 기다리던 촉매제가 마침내 도착했으니 많은 거래량을 바탕으로 움직인다. 아래쪽에는 가격 방어선이 깊게 자리를 잡고 있다. 손절 가격은 마지막 저점 피봇 가격대의 밑으로 정하면 된다.

원인과 결과의 법칙이 발현되면서 시간도 제 역할을 했다. 〈그림 11.1〉은 15분 차트다. 조정 구간이 건실하게 형성되었으니, 이 조건을 구축하는 데 들인 시간에 상응하는 결과가 있어야 한다. 다시 말해, 한동안 지속되어야 한다. 매수했다면 인내하고 기다리기만 하면 된다.

마지막으로, 브레이크 아웃에 대해 한 가지 더 짚고 넘어갈 것이 있다. 2번 캔들은 내부자는 이 데이터가 영국 파운드에 호재라고 확인해 주었고 시장이 반응한 결과다. 시장이 상승해서 횡보 구간에서 멀어질 때 거래량이 다시 한 번 증가했고, 또 하나의 추세가 탄생했다. 이것이 횡보 구간의 힘이다. 횡보 구간은 추세와 추세 전환의 발원지다. 이 경우 천장이 깨졌는데, 이 천장은 바닥이기도 하다. 방향은 무관하다. 우리는 브레이크 아웃이 거래량으로 검증되기를 기다려서 확인하고 이에 따라 거래하면 된다.

〈그림 11.2〉의 두 번째 예시도 GBP/USD다. 이번에는 시간별 차트를 총 4일 동안 본다.

다시 한 번 주요 핵심 부분을 설명해 본다. 미 달러 대비 영국 파운드가 상

그림 11.2 GBP/USD 1시간 차트

승했지만 긴 몸통의 하락 캔들에서 보이듯이 시장이 갑자기 떨어졌다. 이어 평균 거래량을 동반한 몸통이 짧은 하락 캔들이 나타나는데, 이는 반전에 대한 매수의 기회를 알린다. 다음으로 몸통이 긴 캔들을 만들면서 시장이 더 높게 오르고, 차트에서 작은 화살표가 가리키는 '저점 피봇'이 기록된다. 이제 우리가 찾을 것은 잠재적인 횡보 구간의 경계를 정의할 만한 고점 피봇 이다.

캔들이 두 개 나온 후에 고점 피봇이 정착한다. 이제 잠재적인 횡보 구간 이 생겼으니 가격 범위를 정의할 추가 피봇을 찾아야 한다. 그런데 이때 다음 캔들이 상승하면서 이 잠재적인 횡보 구간을 확연히 벗어나 버린다. 미 달러 대비 영국 파운드가 양호한 거래량을 바탕으로 상승하면서, 횡보 구간으로 설정한 영역이 상승 추세가 잠시 멈춘 구간이라는 것을 알게 된다.

캔들 2개가 지난 후 피봇이 하나 더 형성되었다. 다시 한 번 횡보 구간이 될 만한 곳을 찾기 위해 저점 피봇을 찾아본다. 이 예시에서 미국 달러화 대비 영국 파운드화는 적은 거래량을 바탕으로 횡보 구간에 들어갔고, 단기간의 가격 상승이 있을 때마다 고점 피봇이 생겼다. 이는 잘 정의된 천장을 만든다. 그런데 바닥을 정의하는 피봇이 없다. 문제가 될까?

이것이 이 예시를 실은 이유인데, 사실 문제 되지 않는다. 피봇은 캔들 세 개의 고유한 조합이며, 해당 구간을 시각적으로 정의하는 데 도움을 준다. 가격을 따라가는 여정에 발생하는 신호들의 이정표인 것이다. 하지만 하나도 안 나올 때 혹은 한 개만 나오고 더 이상 나오지 않을 때도 종종 있는데, 이 때는 눈대중으로 가격대를 찾아 구간을 정의해야 한다. 결국 피봇은 이 구간의 경계를 알려 주는 신호들을 더 쉽게 볼 수 있는 지표다. 이 예시에서는 고점 피봇이 형성되었을 뿐 이와 상응하는 저점 피봇은 없으므로 '바닥'을 찾아서 만들어야 한다.

캔들 4개가 만들어진 후 시장이 재차 상승한다. 두 번째 고점 피봇을 기록했으므로 천장은 잘 정의되었다. 다음 하락 단계는 세 개의 캔들로 구성되는데, 하락 후 동일한 가격대에서 멈추고 난 후 방향을 전환해 다시 상승한다. 시장이 하락 중이고 거래량도 감소하고 있으므로 이번 하락이 멀리 가지 못할 거라는 걸 알 수 있다. 이제 지지의 바닥이 가격 움직임으로 잘 정의되었고, 관련 거래량으로 횡보 구간에 들어섰음을 알 수 있는데, 요점이 이것이다.

분석 기법을 이용할 때는 어느 정도 여유를 두어야 한다. 시장이 횡보 구간으로 들어갈 때마다 매번 완벽한 고점 피봇과 저점 피봇 조합으로 전개되지는 않는다. 따라서 이때도 여유를 두어야 하고, 당연히 거래량이 이를 지지해 주어야 한다. 간단히 거래량을 검토해 보기만 해도 횡보 구간에 진입한다는 것을 알 수 있다. 이때 거래량은 모두 평균 미만이다(점선 참고). 피봇은 구간을 정의할 때 보조적 역할을 할 뿐이다.

그러므로 피봇이 매우 중요하긴 하지만 횡보 구간의 처음을 구분할 때는 거래량도 중요하다. 가격 범위의 바닥과 천장을 정의할 때는 고점 피봇과 저점 피봇의 도움을 받을 수 있는데, 고점 피봇과 저점 피봇 중 하나가 없거나 둘 다 없는 경우에는 눈대중과 상식을 발휘해야 한다.

요트 타기에 비유해 보자. 요트를 타고 항해를 나갈 때 쓰는 항법 장치는 두 가지다. 모든 필요한 작업을 대신 처리해 주는 GPS 플로터와 지도, 나침반, 시간 기록, 조류 정보, 사전 입력 지점을 이용하는 옛날 방식이다. 시험에 통과하고 요트를 임대하려면 두 방법 모두를 배워야 한다. 선상의 전력 공급이 끊기면 종이로 된 해도를 써서 항해할 줄 알아야 한다. 같은 원칙을 여기서도 적용한다.

우리는 차트에서 거래량과 가격을 확인한 후에 현재 시장에서의 위치를 찾을 수 있다. 피봇은 이를 빠르고 쉽게 파악하는 데 도움을 줄 안내 표지다.

〈그림 11.2〉의 예시로 돌아가서, 정의한 바닥과 천장이 있다. 이제 우리는 신호를 기다리기만 하면 되는데, 기대하던 신호가 급등한 거래량을 동반한 교수형 캔들로 출현했다. 시장은 긴 몸통의 하락 캔들을 만들고 이 횡보 구간의 바닥을 뚫고 하락한다. 우리는 이제 이런 경우에 횡보하다가 추세가 전환될 것임을 안다. 숏 포지션을 취할 순간이다. 시장이 멈추고 상승 반전하지만 거래량이 감소하고 있는 데다가 시장에 추가적인 약세가 있을 것을 예견하는 두 번째 교수형 캔들이 발생했다. 그리고 현재 가격보다 위에 횡보 구간이 만든 보이지 않는 장벽이 있다. 이제 우리는 편안하게 숏 포지션을 취할 수 있다.

지지의 바닥이 이제 저항의 천장이 되었다. 이것이 횡보 구간이 트레이더에게 중요한 이유다. 추세 반전과 브레이크 아웃의 근원지일 뿐만 아니라 시장이 형성한 자연스러운 방어벽이기도 하다. 횡보 구간의 반대편보다 좋은 손절 가격대가 있을까?

저항 구간이 버티고 시장에 급격한 매도가 몰리면서 아름다운 가격 하락 폭포가 나타난다. 약세가 전개되면서 거래량도 말라가지만, VPA 트레이더인 우리는 이 추세가 멀리 가지 못할 거라는 걸 알고 있다. 그리고 아니나 다를까, 7시간의 하락 움직임 끝에 바닥을 치고 올라오고, 다른 가격대에서 또 하나의 횡보 구간으로 들어간다.

이 구간에도 고점 피봇은 보이는데 저점 피봇은 없다. 하지만 거래량과 가격 움직임이 우리의 위치를 정확히 알려 준다. 다음 단계가 시작되기를 기다리면 되는데, 몇 시간 후에 시작된다. 이번에도 어떻게 알았을까? 거래량이 답을 주었다. 브레이크 아웃이 우리가 기대하는, 평균을 초과하는 거래량을 바탕으로 나왔으니 이제 다시 한 번 움직임이 시작될 것이다.

4일여에 걸친 이 과정에서 여러분이 모든 것이 종합되는 순간을 볼 수 있기를 바란다. 특별한 이유가 있어서 선별한 것은 아니지만, 이 예시는 이전 장에서 설명한 개념을 공고히 할 여러 핵심 사항을 보여 주고 있다.

이런 방식으로 차트를 읽는 것은 어렵지 않다. 모든 시장은 비슷한 패턴과 파동으로 움직인다. 잠시 추세가 전개되다가 조정 구간이 형성되고 추세가 계속되거나 완전히 전환된다. VPA의 힘을 이해하고, 이를 횡보와 관련된 지식과 통합하면 90퍼센트는 도달한 것이다. 나머지는 연습, 연습, 더 많은 연습이다. 그러고 나면 될 것이다.

그때부터 트레이딩과 투자에서 이 방법의 힘을 깨닫게 되고, 여러분과 여러분 가족을 위한 금융 독립을 이룰 수 있다. 다시 한 번 말하지만, 약간의 노력은 들여야 한다. 그 결과로 얻는 보상은 크다. 여러분이 공부하고 배울 준비만 되어 있다면 종국에는 실제로 시장 움직임이 발생하기 전에 이를 예측하고, 이에 따라 수익을 낼 수 있을 것이다.

책의 앞부분에 다룬 매우 중요한 개념을 다시 한 번 보자. 내 트레이딩 접근법의 초석이 되는 개념이다. 고유한 방법이 아니며, 모든 시장과 모든 투자 대상, 모든 시간대에 적용될 수 있다. 이 개념은 VPA에만 국한되지 않는다. 이 개념은 대부분 트레이더가 채택한 일차원적 접근법과 대조적으로, 가격 움직임을 입체적으로 볼 수 있는 관점을 제공한다. 거래의 위험을 정량화하고 평가할 수 있다는 것이 이 개념의 주요 강점이다.

이 개념은 여러 시간대를 다중으로 이용해 가격과 거래량을 분석한다. 이를 통해 어떤 거래든 정량화하고 정성화할 수 있으며, 상대적으로 강점과 약점을 평가할 수 있다. 그렇기 때문에 보유 기간도 판단할 수 있다. 다시 말해 다중 시간대는 지배적인 추세와 고려 중인 투자 대상의 주요 편향성을 드러낸다.

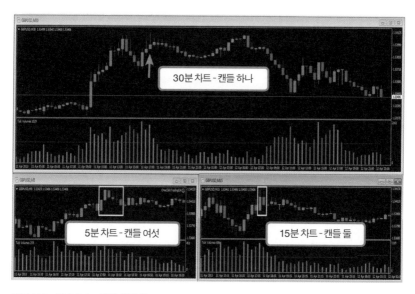

그림 11.3 GBP/USD 다중 시간대

〈그림 11.3〉은 세 가지 시간대를 보여 준다. 작긴 하지만 가격과 거래량 모두 볼 수 있으며, 내가 온라인과 현장의 세미나에서 교육하는 분석법이기도 하다.

〈그림 11.3〉은 케이블(GBP/USD) 차트 세 개다. 가장 위에 있는 차트는 30분 차트이며, 내가 종종 '벤치마크'하는 차트이기도 하다. 이 셋 중 우리에게 편향을 주는 차트이며, 다른 두 개를 비교해서 보는 기준이기도 하다. 아래의 오른쪽은 15분 차트이고, 왼쪽은 5분 차트다. 모두 내가 좋아하는 트레이딩 외환 현물 플랫폼인 MT5에서 가져왔다.

30분 차트에 화살표로 강조한 캔들은 매우 많은 거래량을 보이는 유성형 캔들로, 분명한 약세 신호를 보내고 있다. 역시 매우 많은 거래량과 함께 나온 짧은 몸통의 캔들이 유성형 캔들을 선행했는데, 이 캔들에서 최초의 약세 신호가 나왔다. 이 부분이 더 짧은 시간 차트에서는 어떻게 나타날까? 15분 차트에서 유성형 캔들 패턴은 두 개, 5분 차트에서는 6개 캔들로 이루어졌다. 차트 각각에 관련 가격 움직임을 상자로 표시했다.

내가 차트를 세 개 이용하는 이유는 간단하다. 주 거래 차트는 세 개 중 '중간' 시간대다. 이 예시에서는 15분 차트지만 MT5 차트 설정을 이용하면 30분, 60분, 240분 차트 세트 등 어떤 조합도 가능하다.

30분 차트는 가장 긴 시간대이며 지배적인 혹은 벤치마크 시간대로, 시장의 현재 위치를 알려 준다. 망원경으로 가격 움직임을 관찰한다고 상상해 보자. 이 차트는 멀리 떨어진 곳에서 보는 관점이므로 최근 며칠의 모든 가격 움직임을 볼 수 있다.

망원경으로 상을 점점 확대시키며 15분 차트, 다음으로 5분 차트로 넘어가자. 15분 차트를 이용하면 고속도로에서 중앙 차선을 달리는 것처럼 가격의 양 측면을 볼 수 있다. 더 긴 시간대를 통해 더 긴 여정의 현재 위치에 대한 시각을 가질 수 있고, 다른 편의 더 짧은 시간대를 통해 관련 가격 움직임을 상세히 관찰할 수 있다. 무엇이 보일까?

우선 유성형 캔들이 확실한 약세 신호를 보냈고, 이는 15분 차트에서 두 개의 캔들에 반영되는데, 많은 거래량을 동반한 긴 윗꼬리 상승 캔들이 나타났다. 여기서 요점은 이것이다. 이 가격 움직임을 15분 차트에서 독립적으로만 봤다면 명백하게 판단할 수 없었을 것이다.

캔들 하나를 다른 캔들 위에 얹어 놓고 결과를 상상하려면 정신적인 도약이 필요하다. 여기서는 30분 차트가 이를 대신하는데, 만약 포지션이 있는 경우라면 30분 차트가 15분 차트보다 약세를 즉각적으로 알아볼 수 있으므로 빠르게 털고 나갈 수 있다. 이렇게 시간대가 다른 차트를 함께 사용하는 것은 일석이조다.

두 캔들을 합쳐 하나로 만드는 일은 어렵다. 6개 캔들을 하나로 합치는 일은 거의 불가능한데, 그래도 6개 캔들은 여전히 동일한 유성형 캔들의 가격 움직임이며 5분 차트에서만 다르게 표현된 것뿐이다. 이후 시장은 조정 구간에 들어가는데, 이번에도 더 짧은 차트보다 긴 시간대의 차트로 보는 것이 훨씬 쉽다. 차트가 최대한 잘 보이도록 의도적으로 피봇 포인트는 뺐다.

다음 요점은 이렇다. 더 긴 시간대 차트를 화면에 표시하면 '지배적인' 추세에 대한 시각을 가질 수 있다. 지배적인 추세가 30분 차트에서 강세라면, 15분 차트에서 포지션에 들어가기로 결정한다. 그러면 지배적인 추세로 거래하기 때문에 위험도가 더 낮다. 흐름에 역행하는 것이 아니라 흐름에 따라 거래하는 것이다. 조류를 거슬러 수영하지 않고 조류를 따라 수영한다.

더 긴 시간대에서 지배적인 추세에 역행하는 포지션을 잡으면 역추세 트레이딩을 하는 거고, 그때는 두 가지 여건이 붙는다. 첫째, 더 긴 시간대의 지배적인 추세에 반대되는 거래를 하게 되므로 거래의 위험이 더 크다. 둘째,

지배적인 추세가 반대 방향이므로 포지션을 오래 보유할 가능성이 낮다. 이 트레이딩은 다시 말해 조정 또는 추세 반전에서 거래하는 방법이다. 트레이딩의 모든 것은 상대적이므로 문제는 없다. 일간 차트의 추세 반전이 며칠을 갈 수도 있으니까 말이다. 결국 모든 것은 시간대에 따라 상대적이다.

다중 시간대 차트를 이용하는 세 번째 이유는 이를 통해 물결처럼 시장에 확산되는 변화에 대한 시각을 가질 수 있기 때문이다. 대신 여기서 방향은 반대다. 나는 이를 연못에 비유한다. 연못 중앙에 차돌을 던지면, 차돌이 수면을 치면서 물결이 바깥으로 멀리 퍼져 나가서 마침내 연못가에 도달한다. 시장에서 일어나는 일도 마찬가지다.

모든 추세의 신호는 가장 짧은 시간대 차트에서 발생한다. 이 차트에서 가격과 거래량의 갑작스러운 변화가 가장 먼저 보인다. 변화가 진짜라면 그 영향이 최종적으로 30분 차트까지 퍼지기 전에 주요 차트에 나타날 것이다. 이 경우 주요 차트는 15분 차트다.

이것이 긴 차트부터 짧은 차트까지 오가며, 단서를 찾고 확인하며 거래하는 방법이다. VPA가 본인에게 맞지 않다고 판단하더라도 다중 시간대를 이용하는 트레이딩은 시장에 대한 입체적 관점을 제공하기 때문에 활용 가치가 있다. 네 개 이상의 차트를 이용해도 되지만 나에게는 세 개면 충분하고, 아마 여러분에게도 그럴 것이다.

마지막으로 내가 효과가 꾸준하다고 확인한 캔들 패턴에 대한 설명을 짧게 붙인다. 이 모든 패턴은 가격의 지지와 저항뿐만 아니라 횡보와 함께 분석할 때 특히 효과가 있다.

시장이 조정 구간에 있을 때 이 패턴들을 찾아 VPA 및 다중 시간대 분석과 연계하면 여러분의 트레이딩이 한 차원 높아질 것이다. 소개할 패턴은 하락 삼각형falling triangle, 상승 삼각형rising triangle, 페넌트pennant 그리고 삼중 천장

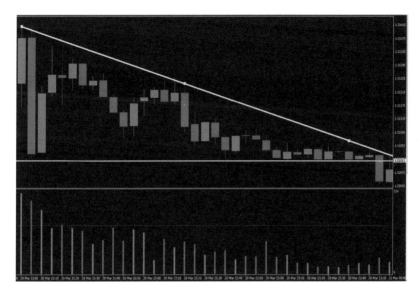

그림 11.4 하락 삼각형 - 5분 차트

과 바닥_{triple tops and bottom} 패턴이다.

〈그림 11.4〉의 하락 삼각형부터 시작하자. 이름이 시사하듯 하락 삼각형 패턴은 약세 신호다. 거래량을 보면 금세 횡보 구간임을 알 수 있는데, 이 경우 시장도 하락하고 있다. 각 랠리 시도마다 보이는 일련의 더 낮은 고점들은 명확한 약세 신호다. 랠리를 시도할 때마다 캔들의 고점을 기준으로 보면 점점 더 약해지고 있기 때문에 시장 어딘가에서 돌파세가 보인다면 하락 방향일 가능성이 높다. 횡보 구간의 바닥이 매우 잘 정의되었고 이 바닥을 뚫고 움직임이 잘 유지된다면 이에 대해 거래량이 신호를 내보낼 것이다.

하락 삼각형은 모든 시간대와 모든 차트에서 나타나며, 와이코프의 원인과 결과의 법칙에 맞게 원인이 크면 결과도 클 것이다. 이 예시는 5분 차트지만, 이런 종류의 횡보는 일간이나 주간 차트에서 자주 발견할 수 있을 것이다. 새로운 추세나 브레이크 아웃 이후 이어지는 추세의 반전을 촉발하는 막대한 힘을 가진다.

〈그림 11.5〉는 EUR/USD의 일간 차트에서 가져왔으며, 보이는 것처럼 상승 삼각형은 강세 패턴이다. 각 캔들의 저점이 천천히 상승하면서 강세 신호를 시장에 내며, 모든 캔들이 같은 가격대에 있는 하나의 천장을 시험 중이다. 만약 시장이 약세였다면 각 캔들의 저점은 점점 낮아지고 있었을 것이다. 그런데 오히려 저점이 높아지고 있으며, 이는 시장의 낙관적인 심리를 암시하고 있다. 가격이 천장(또는 저항)에 다가가는 동안 브레이크 아웃은 준비를 마쳤으며, 거래량이 이를 확인해 주었다. 저항이 없어지면 천장은 지지가 되고, 이때 거래에 들어가는 경우 이는 손절 주문의 자연스러운 가격 장벽이 된다.

세 번째 패턴은 페넌트인데, 게양대의 페넌트 깃발을 닮아서 그렇게 불린다. 〈그림 11.6〉은 마이크로소프트의 월간 차트에서 가져왔다. 차트는 긴 횡

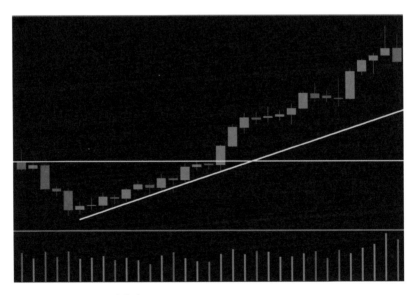

그림 11.5 상승 삼각형 - 일간 차트

보 구간을 보여 주는데, 마지막 브레이크 아웃 직전의 가격 움직임의 집중도를 보자. 시장이 짧은 시간에 급상승하면서 하단에 나타나는 전 저점보다 높은 저점을 동반한다. 차트에서 볼 수 있듯이 이 종목은 상승 돌파에 어려움을 겪고 있지만 아직 하락할 준비는 하지 않았다. 페넌트의 고유한 패턴을 만드는 게 바로 이 타이트한 관계다. 이 역시 다른 모든 패턴과 마찬가지로 원인과 결과의 법칙이 작용하는데, 페넌트의 경우 타이트한 상황이 더 오래 지속될수록 가격 움직임에 내가 '나선형 스프링 coiled spring'이라고 부르는 것이 더 많이 생성된다.

다시 말해, 가격 움직임에 저장되고 쌓이는 에너지가 폭발적인 브레이크 아웃으로 갑자기 방출된다. 문제는 이전 두 패턴과 달리 이 유형에는 브레이크 아웃의 방향에 관한 단서가 없다는 것이다. 이 패턴은 추세 트레이딩에는 맞지 않지만, 옵션으로 방향성이 없는 거래를 하기에는 훌륭한 패턴이다. 브

그림 11.6 페넌트 패턴 - 월간 차트

레이크 아웃이 나올 때까지 전적으로 인내하고 기다려야 한다.

마지막 두 패턴은 추세 전환 신호인데 내가 찾고 있는 패턴이다. 시장은 오르거나 떨어졌고, 현재 지지 또는 저항을 시험하고 있다. 이미 언급한 패턴들과 마찬가지로 이 패턴도 모든 시간대와 모든 차트에서 발생하는데, 저항을 만나서 상승에 어려움을 겪고 있는 시장의 예를 보면서 이야기하겠다.

〈그림 11.7〉은 AUD/USD의 일간 차트에 나타난 고전적인 삼중 천장 패턴인데, 1.0600 환율 수준을 세 군데서 시험했다는 것을 알 수 있다. 이 구간은 지난 몇 년 동안 여러 번 시험대에 올랐으며, 지난해에만 세 번 시험을 거쳤는데 매번 하락했다. 그리고 이제 두 개의 기회가 보인다.

첫 번째는 숏 포지션 거래인데, VPA와 다중 시간대 분석에서 이 계획의 유효성을 확인받는 경우다. 두 번째로, 시장이 이 구간의 상단을 상향 돌파한다면 이 구간이 매우 강력한 지지대가 될 것이다.

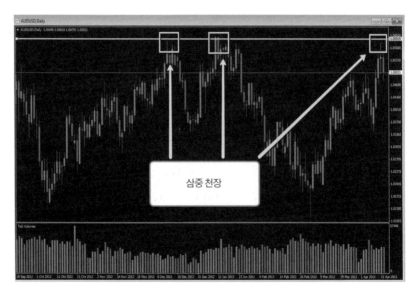

그림 11.7 삼중 천장 - AUD/USD 일간 차트

삼중 천장의 반대는 삼중 바닥이다. 삼중 바닥 패턴에서 시장이 지지를 시험하고 있으며, 매번 반등하고 있다. 예시는 EUR/CHF의 1시간 차트에서 가져왔다.

삼중 천장처럼 여기도 두 가지 트레이딩 시나리오가 있다. 첫 번째는 롱 포지션인데, VPA로 유효성을 검증하거나 지지 구간 밑에 머무르는 브레이크 아웃을 기다려 숏 거래를 하는 것이다. 숏 방향으로 지속된다면 위로 강한 저항이 생길 것이다. 이 패턴은 채권, 주식, 외환 등 모든 투자 상품과 모든 시장에서 볼 수 있다는 좋은 소식도 있다.

이 패턴들은 한 가지 공통점이 있는데, 우리에게 두 가지 관련 신호를 보내서 트레이딩 기회를 만든다. 시장이 횡보 구간일 때와 시장이 천장이 되는 가격 저항 혹은 바닥이 되는 가격 지지를 형성하고 있을 때다. 우리는 이 구간에서 추세 반전 혹은 추세의 지속성 여부를 알리는 브레이크 아웃이 나오

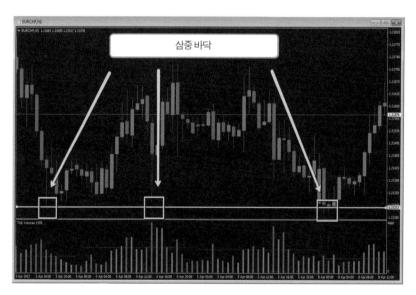

그림 11.8 삼중 바닥 - EUR/CHF 1시간 차트

면, VPA와 함께 차트에서 이 가격대를 강조해서 보여 줄 VAP를 이용해 움직임의 유효성을 검증하기만 하면 된다.

A COMPLETE GUIDE TO
VOLUME PRICE ANALYSIS

Chapter 12

이제는 혁신이 필요하다

> 내가 올린 가장 큰 수익은 달러 가치가 아닌 무형 자산에 있었다.
> 내가 옳았고, 앞을 내다봤으며, 분명한 계획을 따랐다는 것이다.
>
> _ 제시 리버모어(1877-1940)

트레이딩에 새로운 것은 없다는 말로 이 책을 시작했는데, 거래량을 보면 이는 분명한 사실이다. 지난 세기의 상징적인 트레이더들이 그에 관한 기초를 다졌고, 그 이후로 거의 변한 것이 없다. 방법론은 그때도 오늘날도 유효하다.

유일하게 변한 건 기술과 시장이다. 그 이외에는 그들이 사용했던 것과 동일한 원칙을 적용하고 있다. 그렇긴 하지만 거래량의 열렬한 지지자로서 내 트레이딩 경력의 초석이 된, 시장을 분석하는 이 접근법의 발전을 지속적으로 모색하고 있다. 발전 가능성을 무시하는 건 어리석은 일이다. 1990년대 서구에서 아무도 들어 보지 못했던 캔들 차트가 이제는 기술적 트레이더들이 이용하는 사실상 표준이 된 것만 봐도 그렇다.

따라서 이 마지막 장에서 나는 새로우면서 혁신적인 거래량 가격 분석법의 최근 발전 사항 몇 가지를 소개하고자 한다. 나도 사용해 보지는 않았기 때문에 유효성에 대해서 말할 수는 없지만, 이 책에서 이들을 제시하고 싶었고, 앞으로 책이 개정되면 이 기법들이 발전함에 따라 장을 추가하고 아마 내 트레이딩에도 도입할 수 있을 것이다.

이큐볼륨 차트

'이큐볼륨equivolume'이라는 용어로 불리는 이 접근법은 리처드 암스Richard Arms가 개발했고, 1994년 그의 책 『주식시장의 거래량 주기Volume Cycles In The Stock Market』에 처음 소개되었다. 거래량은 시간보다 중요하며, 그래서 Y축은 예전처럼 여전히 가격을 쓰지만 차트의 X축을 거래량으로 교체된다는 원리다. 이 접근법을 가격과 거래량의 관계를 차트로 표현할 때 도입하면, 거래량이 차트의 하단에 고립된 지표가 아니라 차트에서 스스로 움직이면서 가격과 합류하기 때문에 가격과 거래량의 관계가 강조된다. 이와 함께 X축의 시간을 거래량으로 바꾼 결과로 '시간' 요소는 제거되고, 거래량 가격 관계에만 단독으로 초점을 맞출 수 있다.

관계는 '상자box' 형태로 나타난다. 상자의 수직축 요소, 즉 높이는 해당 시간대의 가격 고점과 저점이다. 가로축 요소는 거래량인데, 매우 많음, 많음, 중간, 적음에 따라 다르고, 이는 다시 각 상자의 너비가 된다. 즉 각 상자의 너비도 다양하다. 차트에는 캔들이 없는 대신 너비가 좁거나 넓고 키가 크거나 작은 일련의 상자들이 있는데, 이 상자들은 거래량과 가격의 직접적인 관계를 시각적인 방식으로 표현하고, 이때 시간 요소는 제외된다. 시간 요소가 존재하지만 별도의 축으로 하단에 있다. 이 축이 없다면 차트에서의 위치를 파악하는 것은 불가능하다. 암스는 이렇게 말했다.

시장이 손목시계를 찼다면 시간이 아닌 주식 수로 나눌 것이다.

사실 어떤 면에서 이 말은 틱 기준 차트를 기반으로 한 트레이딩의 개념을 요약한다. 결국 시간은 인간이 만든 개념으로 무시할 수 있다. 틱 차트로 거래할 때의 백미는 시장이 시장의 '속도'를 결정한다는 것이다. 다시 말해 틱 차트에서 우리는 시장과 조화롭게 트레이딩한다. 시간 기준 차트로 옮겨가면 우리가 선택한 시간 기준을 시장에게 강요하는 것이며, 이는 미묘하지만 중요한 차이다. 틱 차트에서 우리는 시장의 속도에 맞추어 거래한다. 시간 기준의 차트에서는 아니다.

이와 동일한 철학이 가격과 거래량이라는 두 요소의 더 순수하고 의미 있는 관계를 만들기 위해 분석에서 '거짓' 시간 요소를 제거하려는 시도인 이큐볼륨 차트에도 적용된다.

이 상자들이 어떻게 형성되고 가격대별 거래량 관계에 대해서 무엇을 알려 주고 있는지 〈그림 12.1〉을 통해 보자.

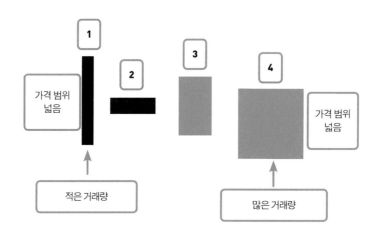

그림 12.1 이큐볼륨 상자

각 상자의 X축은 거래량, Y축은 가격이다. 1번은 좁고 긴 상자다. 다시 말해 거래량이 적었지만 가격 움직임이 컸으므로 이는 이상 징후다. 2번 상자는 반대로 가격에는 거의 변화가 없는데 거래량은 많다. 여기서 시작가와 종가가 아닌, 고점과 저점임을 기억하자. 이 역시 평균 또는 매우 많은 거래량과 짧은 몸통을 가진 이상 징후에 해당할 수 있다. 3번 상자는 양호한 거래량과 견고한 가격 변화를 보여 주는 '정상적인' 거래량과 가격의 관계를 나타낸다고 볼 수 있다. 마지막으로 4번 상자는 거래량과 가격 모두 극단적인 경우다. 상자가 넓으므로 거래량이 평균 이상이며, 가격도 넓어서 3번처럼 노력과 결과가 일치한다. 상자의 색은 종가로 결정된다. 종가가 이전 종가보다 높으면 검정색, 낮으면 빨간색이다.

화면 비율을 맞추고 차트의 의미를 유지하기 위해서 거래량은 해당 기간의 실제 거래량을 차트에 나타낸 모든 거래량의 총합으로 나눈다. 시간이 박스에서는 사라졌지만, 차트에 거래 시간대의 맥락을 유지할 수 있도록 여전히 표시된다.

이 상자를 이용해 트레이딩하는 것은 상상하기 어렵지만, 이 책에 설명된 기법 중 많은 부분을 이 상자에 적용할 수 있다. 이 접근법은 상자의 모양, 추세에서의 위치 등 상자에 초점이 맞추어져 있다. 횡보 구간의 브레이크 아웃은 일반적인 VPA를 이용할 때만큼 이큐볼륨 트레이딩법에서도 중요하며, 이때 '파워 상자power box'라는 것이 종종 나타날 수 있다. VPA 용어로 보자면 횡보 구간에서 형성된 브레이크 아웃에 보이는 평균 초과 거래량과 긴 몸통 캔들이다. 원리는 대동소이하지만 표현 방식이 많이 다르다.

이 시점에서 내 개인적인 생각을 덧붙이고 싶다. 가격과 거래량을 즉시 드러나는 '상자' 하나에 보여 준다는 개념은 좋지만, 시간을 제외했다는 것이 나에게 문제가 된다. 결국 와이코프 자신이 말했듯이 추세의 발달에서 핵심은 원인과 결과에 있다. 다시 말하면 시간은 거래량과 가격 관계의 세 번째 요소다. 시간을 제거하면 접근법이 3차원이 아닌 2차원이 되고, 내가 이 책 전반에 밝힌 것처럼 시장이 더 오래 횡보 구간에 있으면 이 단계가 깨졌을 때 결과적으로 발생하는 추세도 더 클 것이다. 횡보 구간은 추세가 만들어지고, 멈추고, 또다시 움직이는 곳이며, 이를 분석할 때 시간 요소를 제거하면 나에게는 따라올 추세의 힘을 판단하는 거래량 가격 분석법의 기둥 하나를 없애는 거나 마찬가지다.

이는 어디까지나 나의 개인적인 견해다. 직접 이큐볼륨 차트의 개념에 대해 한 번 자세히 알아보는 것도 좋을 것이다. 또 다른 문제는 캔들 분석의 역할이 없어진다는 점이지만, 이 부분은 캔들 거래량 차트의 도움을 받을 수 있다.

캔들 거래량 차트

캔들 거래량 차트는 말 그대로 이큐볼륨 차트와 전통적인 캔들 차트를 합친 결합본이다. 다시 말하면 이큐볼륨 차트의 '상자'가 시작가, 고가, 저가, 종가를 갖고 있는 전통적인 캔들 위에 포개져 독특한 차트를 형성한다.

조금 더 알아보기 쉬울 수 있다. 이 차트에서 캔들은 거래량을 반영하느라 제각각 너비가 다르며, 가격 움직임은 평소처럼 수직적으로 표현되지만 시작가, 고가, 저가, 종가가 함께 표시된다. 꼬리도 캔들의 꼭대기와 바닥에 보인다.

자세히 공부해 보지는 않았지만, 장점이 일부 있을 수 있고 최소한 내가 이큐볼륨 차트의 큰 단점이라고 생각한 것 중 하나인 시간의 부재는 이 차트법에서 해결된다. 나는 시간을 VPA 접근법의 기본 개념이라고 생각한다. 그래도 나는 열린 마음을 갖고 있으며, 이 책의 독자 중 누구라도 캔들 거래량 차

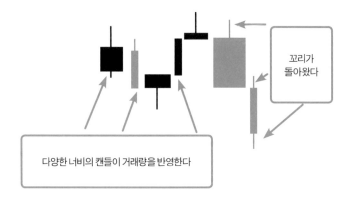

꼬리가
돌아왔다

다양한 너비의 캔들이 거래량을 반영한다

그림 12.2 **캔들 거래량 차트**

트를 사용해 보고 이 방법이 도움이 된다는 걸 발견했다면 여러분의 생각, 의견을 알려 주기 바란다. 트레이딩에서 학습은 절대 멈출 수 없다.

델타 거래량

마지막으로 점점 인지도를 넓혀 가고 있는 두 가지 방법에 대해 알아본다. 델타 거래량delta volume과 누적 델타 거래량cumulative delta volume이다. 간단히 말해 델타 거래량은 '매수 호가'에 거래되는 계약과 '매도 호가'에 거래되는 계약 간 거래량 차이다. 즉 매도 주문과 매수 주문의 차이가 '델타'로 표시된다. 한 예로 소프트웨어가 막대 하나의 델타 거래량을 계산하는데, 매수 호가에 매 도된 계약이 500개이고 매도 호가에 매수된 계약이 200개밖에 되지 않는다 면 이 두 거래량의 차이인 300 계약이 델타 거래량으로 표시된다. 델타 거래 량을 측정하는 모든 지표는 이를 거래량의 음봉(-300)으로 표시할 것이고, 일 반적으로 〈그림 12.3〉처럼 그려진다.

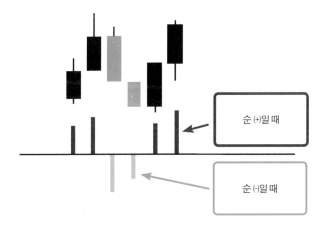

순 (+)일 때

순 (-)일 때

그림 12.3 **델타 거래량**

이 그림에서 델타 거래량은 시장이 오르내릴 때 매수와 매도 간의 순 차이를 알려 준다. 거래량과 가격의 관계를 해석하는 또 하나의 방식이다. 이 접근법은 선물, 주식처럼 공개 거래소가 있는 시장에 이상적이다.

누적 델타 거래량

마지막으로 누적 델타 거래량은 모든 델타 데이터를 수집해서 각 막대의 델타 거래량을 직전 막대의 델타 거래량에 더한다. 다시 말해 합들의 합계이며, 이 누적 합계는 일련의 막대로 표시되어 일일 가격 움직임에 대한 시각을 제공한다. 다시 말해 가격 움직임에 연계된 매수 혹은 매도의 강세에 관한 관점을 제공한다.

델타 거래량과 누적 델타 거래량은 거래량 가격 분석법의 세계에서 상대적으로 새로운 개념이며, 그래서 둘 다 표준 지표로 취급되지 않고 무료로 제공되지도 않는다. 다만 나는 앞으로는 달라질 것이고, 향후 몇 년 사이에 델타 거래량과 그 파생 상품들이 특정 시장에서 점점 더 많이 도입될 거라고 생각한다. 지금 마음속에 떠오르는 시장은 지수를 거래하는 E-mini 시장이 다. 나의 모든 것이 시작된 시장이기도 하다.

감사의 말

> 🐦 감사는 멋진 일이다. 다른 이들의 훌륭한 점을 우리 것으로 만들어 준다.
>
> _ 볼테르(1694-1778)

이제 이 책의 끝에 도달했다. 나는 오랫동안 VPA에 대해 쓰고 싶었고, 책을 쓸 시간을 마련했으며, 명확한 예시를 들어 설명하려고 노력했다. 이제 여러분의 차례다. 차트 읽기를 연습하고 VPA 기법을 직접 적용해 볼 시간이 왔다.

거래량과 가격의 힘에 대해 그리고 이 방법을 적용했을 때 앞으로 여러분을 기다리고 있을 성공에 대해 충분히 설득했기를 바란다. 이 방법을 습득하기까지 시간은 필요하지만 충분히 그럴 만한 가치가 있다. 다시 한 번 강조하는데 VPA를 대신해 준다는 소프트웨어에 비용을 들이지 말자. VPA는 시간, 노력, 인내를 들여야 하는 기법이지만, 기본 개념을 이해하면 나머지는 매우 빠르게 습득되고 자리를 잡을 것이다.

가격과 거래량은 함께 쓰였을 때 시장의 심리와 내부자의 움직임을 드러내 주는 유일한 지표다. 가격과 거래량 없이 거래한다면 맹목적인 거래를 하고 있는 것이다. 가격과 거래량이 함께할 때 모든 것이 드러난다. VPA로 부터 숨을 수 있는 곳은 없다.

마지막으로 읽는 데 시간을 투자해 준 여러분께 감사하며 의견, 질문, 제안이 있다면 언제든지 내 개인 이메일 anna@annacoulling.com으로 연락하길 바란다. 꼭 답을 하겠다. 이 책은 내 개인적인 트레이딩 경험과 오랜 기간 내게 효과가 있었던 방법을 바탕으로 하고 있다. 이 책이 도움이 되었다면 시장을 이해하는 데 어려움을 겪고 있는 다른 트레이더들에게 추천하길 바란다. 서평도 좋다. 서평을 써 줄 독자들에게 미리 감사 인사를 전한다.

이 책은 거래량 가격 분석의 기초다. 이 책을 출간한 뒤에 VPA 원리를 주식, 외환, 디지털 화폐에 적용하는, 주해를 곁들인 사례를 포함하는 책을 여러 권 냈다. 이 책들은 모든 시간대의 차트를 포함하는 자세한 사례를 담고 있으며 VPA의 개념을 강화할 수 있을 것이다.

다시 한 번 과거의 모든 위대한 트레이더에게 인사하고 싶다. 또한 독자들도 그들에 대해 좀 더 공부해 보라고 권하고 싶다. 리처드 네이는 내가 가장 좋아하는 위인이다. 네이의 책은 절판됐지만 중고본을 구입할 수 있을 것이다. 보물찾기를 한 번 해 보자. 충분한 가치가 있다.

리처드 와이코프는 내가 존경하는 인물이며, 와이코프의 모든 책과 글은 초판이 남아 있거나 전집으로 재출간됐기 때문에 고생하지 않고 수월하게 찾을 수 있을 것이다. 마지막으로 티커 테이프에 관심이 있다면 제시 리버모어의 삶과 시대를 기술한 에드윈 르페브르의 《어느 주식투자자의 회상》을 빼놓을 수 없다.

이 책의 차트 예시 중 많은 부분은 닌자트레이더 트레이딩 플랫폼에서 가져왔다. 닌자트레이더 플랫폼은 키네틱Kinetick 사의 데이터를 이용하는 시장에서 가장 강력한 트레이딩 플랫폼 중 하나이며, 종가 기준 데이터를 쓴다면 무료로 이용 가능하다.

마지막으로 최신 시장 분석이나 책에 관한 소식을 보고 싶다면 내 웹사이트나 트위터, 페이스북에 방문해 보길 바란다. 또한 정기적인 웹 세미나에서 실시간으로 시장을 따라가는 방법과 개념에 대해 더 자세히 설명하고 있으니, 거기서도 만나게 되길 기대한다.

나의 다른 책들

◆ 거래량 가격 분석을 이용한 주식 트레이딩 & 투자 Stock Trading & Investing Using Volume Price Analysis

VPA 이론을 200가지가 넘는 사례에 적용해 소개하는 종합적인 자습서다. 사례는 주로 미국 주식시장에서 가져왔지만 지수, 상품, 외환 선물, 채권 등 선물 시장의 다른 사례도 포함한다. 각 차트에는 풍부한 해설이 포함되었으며 차트의 핵심 부분은 눈에 띄게 표시했다. 종목의 다음 행선지에 관한 명확한 신호를 주는 거래량과 가격 관계를 종합적으로 공부할 수 있을 것이다.

◆ 거래량 가격 분석법을 이용한 외환 트레이딩 Forex Trading Using Volume Price Analysis

현물이나 외환 거래를 하고 있다면 큰 도움이 되어 줄 책이다. 이 책 역시 길고 짧은 모든 시간대의 차트로 가득 차 있다. 분 차트로 매매하는 트레이더, 시간별 혹은 일간 차트로 거래하는 스윙 또는 추세 트레이더 등 모든 종류의 트레이더를 위한 사례가 담겨 있다. 모든 차트에 풍부한 해설이 포함되었으며 차트의 핵심 부분은 눈에 띄게 표시했다. 각 통화의 다음 행선지에 관한 명확한 신호를 주는 거래량과 가격 관계를 종합적으로 공부해 볼 수 있다. 가장 중요하게, 이 사례들은 중앙 거래소가 없는 시장에서 거래량 가격 분석법이 발휘할 수 있는 힘을 알려 준다. 거래량을 대신해서 틱 움직임을 사용했는데, 완벽하게 작동하고 있음을 여러분도 곧 알게 될 것이다.

◆ 거래량 가격 분석법을 이용한 암호화폐 투자 & 트레이딩 Investing & Trading in Cryptocurrencies Using Volume Price Analysis

거래량 가격 분석법의 암호화폐 관련 최신작이다. 암호화폐 시장은 중앙 거래소가 없고 사실 외환 현물시장보다도 덜 규제된 곳이다. 시장을 초월하는 거래량 가격 분석법이 주식, 외환시장에서처럼 이 시장에서도 완벽히 작동한다.

이 책은 암호화폐의 사례를 가득 담고 있다. 가장 많이 거래되는 비트코인부터 시작해서 이더리움, 라이트코인, 리플을 포함한 주요 암호화폐를 다루고 있으며, 각 차트는 풍부한 해설을 포함하고 있다. 흥미롭고 변동성 높은 암호화폐라는 신규 시장에 적용될 수 있는 거래량과 가격 관계를 공부할 수 있는 내용을 담았다.

암호화폐의 트레이더나 투자자라면, 이 책은 당신을 위한 책이다. 이 책을 통해 감정적인 반응에 기인하지 않은, 합리적이고 논리적인 의사 결정을 내릴 수 있을 것이다.

◆ 초보를 위한 외환 투자 Forex For Beginners

이 책은 20년 이상 경험을 가진 트레이더이자 투자자로서 한 가지 목적만 생각하며 집필했다. 그것은 외환시장에서 거래하기 위한 명확하고 상세한 최고의 안내를 제공하는 것이다. 외환시장을 둘러싼 열기는 두 가지로 간단히 요약될 수 있다. 첫째, 시작이 쉽고, 둘째, 적은 노력으로 돈을 벌기 쉽다. 첫 번째 진술은 확실히 참이다. 두 번째는 그렇지 않다. 외환은 모든 금융시장의 심장에 있는 매우 복잡한 시장이며, 성공하기 위해서는 겉으로 보이는 것보다 깊은 이해가 필요하다. 너무나 많은 사람이 고군분투하고 결국 실패하는 이유다.

◆ 바이너리 옵션 해부 Binary Options Unmasked

바이너리 옵션이 나한테 맞을까? 내가 이 책에서 당신을 위해 답하고 싶은 질문이다. 나는 이 혁신적인 투자 상품에 접근하는 방법에 대한 실용적인 예와 함께 이 주제에 대한 완전한 개론서를 쓰고자 했다. 이 시장의 좋은 또는 그다지 좋지 않은 모든 면에 대해 설명한다. 이 시장에 대한 것은 하나도 빠짐없이 담았다. 바이너리 옵션은 매우 쓸모가 있으며, 유효한 트레이딩 도구다. 책은 이 시장의 진정한 모습을 보여 준다. 현재 시장 참여자들은 누군지, 어떤 상품이 나와 있는지 등이 포함되어 있다. 트레이딩 도구로써의 활용법도 상세히 기술한다. 변동성을 해석하는 혁신적이고 실용적인 트레이딩 전략과 접근법도 살펴본다.

◆ 외환 트레이딩에 관한 입체적 접근법 A Three Dimensional Approach To Forex Trading

진심으로 외환 전문 투자자로 성공하고 싶다면 혹은 수익을 향상시키고 싶다면 읽어 보길 권한다. 많은 외환 트레이더가 포부를 갖고 외환시장에 들어왔다가 자본시장의 우선순위에서 이 시장이 차지하는 위치를 이해하지 못하고 실패한다. 그들은 다른 시장들은 사실 외환시장을 중심으로 돌아간다는 사실에 놀라지만, 어찌 보면 당연하다. 모든 시장은 위험과 수익을 중심으로 돌아가며 더 높은 수익을 더 높은 위험으로, 더 낮은 수익은 더 낮은 위험으로 돈을 좇기 때문이다. 외환시장은 시장 심리와 자금 흐름이 반영되는 관문이다. 한 시장에서 심리가 바뀌면 다른 시장에 즉각 반영된다. 이 책은 그런 모든 연결과 관계를 설명한다. 관계적인 측면은 다시 펀더멘털과 기술적 분석의 깊은 이해와 통합되어 외환 트레이딩의 완성된 입체적 접근법으로 탄생한다.

A COMPLETE GUIDE TO
VOLUME PRICE ANALYSIS

거래량 투자 기법

초판 2쇄 발행 2024년 09월 27일

지은이 애나 쿨링
옮긴이 송미리

펴낸곳 ㈜이레미디어
전화 031-908-8516(편집부), 031-919-8511(주문 및 관리)
팩스 0303-0515-8907
주소 경기도 파주시 문예로 21, 2층
홈페이지 www.iremedia.co.kr   **이메일** mango@mangou.co.kr
등록 제396-2004-35호

편집 이병철 **디자인** 황인옥 **마케팅** 김하경
재무총괄 이종미 **경영지원** 김지선

ISBN 979-11-93394-47-2 (03320)

· 가격은 뒤표지에 있습니다.
· 잘못된 책은 구입하신 서점에서 교환해드립니다.
· 이 책은 투자 참고용이며, 투자 손실에 대해서는 법적 책임을 지지 않습니다.

당신의 소중한 원고를 기다립니다.
mango@mangou.co.kr